云南省旅游规划研究院暨
中国旅游研究院昆明分院

云南省旅游发展研究丛书

云南旅游产业发展年度报告

ANNUAL REPORT OF YUNNAN TOURISM INDUSTRY DEVELOPMENT

（2022—2023）

云南省旅游规划研究院暨中国旅游研究院昆明分院○编著

中国旅游出版社

《云南旅游产业发展年度报告（2022—2023）》编委会

主　　　编：蒙　睿
副　主　编：李庆雷　张文娟
编辑部成员：张　冬　张文娟　杨　晓　杨晓旭　苏训美　文　卿
　　　　　　万海波
主要撰稿人员：李庆雷　罗冬晖　高大帅　蒋梅英
参与编写人员：张　冬　张文娟　周子渊　李　亚　王　珍　黄诗琪
　　　　　　江　醒　阎晓娜　张来凤　潘龙宇　石晓红　吕　明
　　　　　　杨　婷　许力才　乔　茜　李从文　黄雅新

前 言

云南历届省委、省政府高度重视旅游业发展，依托云南得天独厚的旅游优势，顺应国际国内旅游发展趋势，科学谋划云南旅游产业发展，走出了一条符合云南实际的特色旅游发展之路。经过多年开发建设，云南旅游逐步形成了较为完备的产业体系，云南省由旅游资源大省成为全国重要的旅游大省，成为在国际国内旅游市场上有较高知名度的旅游目的地。

在云南省文化和旅游厅的正确领导下，在中国旅游研究院的关心指导下，云南省旅游规划研究院暨中国旅游研究院昆明分院（以下简称"两院"）自成立以来，围绕云南文化和旅游中心工作逐步展开了科学研究、规划编制和学术推广等工作，《云南旅游产业发展年度报告》（以下简称《报告》）是"两院"长期坚持发布的主要成果之一。《报告》结合旅游行业管理部门日常的工作和科研机构专家学者的理论研究，从"非官方""非学术"的"第三方视角"来客观、科学地反映云南旅游业的整体运行态势。

2022年，新冠肺炎疫情进入第三年，面对全球疫情肆虐的情况，云南省统筹疫情防控和旅游恢复发展，全面落实纾困帮扶政策，加强宣传营销和客源招徕，推出文旅惠民政策，圆满举办中国国际旅游交易会，多项工作取得突破性进展，恢复发展态势良好。进入7月以后，昆明、大理、丽江、西双版纳等地游客增长迅速，迎来新型冠状病毒肺炎疫情以来的客流高峰，有媒体报道称"半个中国的人在云南"。《报告》系统梳理了2022年云南旅游发展中的重点、热点和亮点，从云南旅游发展态势、现状分析、主要特点、存在问题等方面对2022年云南旅游产业发展现状进行了系统总结，结合旅游发展形势预判对2023年云南旅游业的发展提出对策建议与展望。同时，《报告》也为共同关心、支持和推动云南旅游产业发展的社会各层提供合适导向，以更好认识云南旅游和宣传云南旅游。

《云南旅游产业年度发展报告（2022—2023）》编委会

2023年10月

目 录
CONTENTS

第一章 2022年旅游发展综述 /1
  第一节 全省旅游经济运行总体状况 /1
  第二节 各大片区旅游经济运行状况 /10
  第三节 各州（市）旅游经济运行状况 /14

第二章 2022年旅游发展亮点 /22
  第一节 旅游融合发展走深走实 /22
  第二节 旅游产品业态优化升级 /41
  第三节 涉旅政策和机制创新 /87

第三章 2023年旅游发展形势预判 /94
  第一节 宏观环境变化 /94
  第二节 疫情影响和旅游业复苏振兴分析 /101
  第三节 2023年云南旅游发展总体预测和重点研判 /108

第四章 2023年云南旅游工作建议 /119

附录 云南旅游业大事记（2022年） /137

后 记 /172

第一章　2022年旅游发展综述

2022年是党和国家历史上具有里程碑意义的一年。面对错综复杂的发展形势、艰巨繁重的发展任务、跌宕起伏的疫情考验、经济下行压力的严峻挑战，全省旅游系统深入学习贯彻党的二十大精神，坚持以习近平新时代中国特色社会主义思想为指导，认真贯彻落实党中央、国务院和省委、省政府决策部署，踔厉奋发，旅游业提档升级、蓄势复苏，向高质量发展迈出坚实的步伐。

第一节　全省旅游经济运行总体状况

一、2022年发展环境

2022年，全球性通胀、新冠疫情、地缘性摩擦等因素对经济增长的影响相互交织，使宏观经济形势更加复杂多变。在宏观政策收紧、疫情形势延宕反复、地缘政治冲突升级、重大气候灾害频发等短期因素的冲击下，发达国家CPI持续大幅上涨、大国地缘政治经济博弈加剧、金融市场动荡加剧、美元指数急速攀升和大宗商品价格巨涨落等相互交织，2022年世界经济增速明显下滑，仅为3.5%。虽然全球经济增长预期放缓，但是随着疫苗接种率普遍上升，各国逐渐完全放开疫情管制措施，并相继出台促进旅游复苏的策略，旅游经济增长速度继续提高。2022年全球旅游总人次达到95.7亿人次，旅游总收入达到4.6万亿美元，分别恢复至2019年的66.1%和79.6%；全球旅游总收入增速达到21.1%，比2021年的19.1%提高2个百分点。

2022年，新冠疫情进入第三个年头。全国本土聚集性疫情呈现点多、面广、频发的特点，持续面临同时段多地发生以奥密克戎变异株为主的疫情风险，防控形势日趋严峻复杂。

相关部门坚持"人民至上、生命至上"理念、"外防输入、内防反弹"总策略、"动态清零"总方针不动摇,采取果断措施,坚决控制局部聚集性疫情。2022年,从全国来看,疫情呈现以下特征:潜伏期、代间距短,疫情发展迅速;传播速度更快、传播能力更强、传播范围广;传播隐匿性强、防控难度大;聚集性明显;多链共存。多数省份疫情持续发生,多个省份疫情传播范围广、传播链条多,有的省份面临三年来最严峻复杂的局面,上海、深圳、东莞、长春、吉林等城市采取了封城措施。这对以人员流动为前提的旅游业产生了致命冲击。

云南省拥有8个边境州(市)、25个边境县(市),又是旅游热点省份,疫情防控形势更加严峻。截至2022年4月下旬,瑞丽市采取"封城"管理措施的时间累计超过160天。自8月7日开始,受西藏疫情影响,大量出藏入滇的游客从214国道进入迪庆,波及丽江市和大理州的部分地区。10月5日,国庆黄金周尚未结束,景洪市主城区连续3天开展区域全员核酸检测,西双版纳傣族园、告庄西双景、热带植物园等多处旅游场所被迫关闭,直至10月21日和23日才陆续恢复对外开放。全省旅游企业在承受疫情带来冲击的同时,积极配合疫情防控工作,承担了隔离安置等重要任务。文化和旅游部制定出台的旅游行业应对疫情相关文件如表1-1所示。

表1-1 文化和旅游部制定出台的旅游行业应对疫情相关文件

序号	时间	名称	备注
1	2021年12月17日	《关于加强2022年元旦春节期间旅游团队疫情防控工作的通知》	至2022年3月15日,暂停旅行社及在线旅游企业经营进出陆地边境口岸城市的跨省团队旅游及"机票+酒店"业务
2	2022年5月	《关于进一步做好当前文化和旅游行业疫情防控工作的通知》	严格落实门票预约制度,严格执行旅行社及在线旅游企业不得经营出入境团队旅游及"机票+酒店"业务,严格实施跨省旅游经营活动管理"熔断"机制
3	2022年5月31日	《关于加强疫情防控 科学精准实施跨省旅游"熔断"机制的通知》	严格执行《旅行社新冠肺炎疫情防控工作指南(第四版)》,跨省游"熔断"机制实施范围由省级缩小到县级
4	2022年7月7日	《关于将旅游专列业务纳入跨省旅游"熔断"机制统一管理的通知》	扎实做好旅游专列疫情防控工作
5	2022年11月15日	《关于进一步优化新冠肺炎疫情防控措施科学精准做好文化和旅游行业防控工作的通知》	跨省旅游经营活动不再与风险区实施联动管理
6	2022年11月17日	《旅游景区疫情防控措施指南》(2022年11月修订版)	坚持常态防控、科学防控、精准防控
7	2022年12月9日	《旅游景区疫情防控措施指南》(2022年12月修订版)、《旅行社新冠肺炎疫情防控工作指南(第六版)》《剧院等演出场所新冠肺炎疫情防控工作指南(第七版)》《剧本娱乐经营场所新冠肺炎疫情防控工作指南(第三版)》	进一步优化落实新冠肺炎疫情防控措施

二、2022年总体情况

2022年，全省旅游行业一手抓疫情防控，一手抓安全生产，多项工作取得突破性进展，恢复发展态势良好。

投资是国民经济发展的"三驾马车"之一，旅游是云南省服务业固定资产的重要领域。云南省文化和旅游厅起草并报省政府办公厅印发了《关于进一步加强文旅项目投资建设工作的通知》，进一步完善旅游项目投资工作推进协调机制。落实"周、月、季"调度机制，大力推进旅游项目建设，抓实固定资产投资工作。全省纳入旅游固定资产投资统计的文旅项目1560个，纳入2022年度省级重大项目清单的文旅项目106个，集中开工的重大文旅项目402个。2020年，全省共完成旅游固定资产投资1053.2亿元，首次突破1000亿元大关，增速居全国第1位、全省11个重点行业第2位。

游客招徕与接待是旅游业的基本业务，是旅游经济运行的核心部分。全省旅游系统利用国际旅交会等平台，加强宣传营销和客源招徕，推出文旅惠民消费券、景区门票减免、铁路旅游专列、核酸检测免费等措施，充分利用以暑期为代表的节假日，推动旅游业加快复苏。进入7月以后，昆明、大理、丽江、西双版纳等地游客增长迅速，迎来2020年以来的客流高峰，有媒体报道"半个中国的人在云南"。7月6日至12日，丽江古城瞬时人流量连续7天突破5万人。7月12日，石林景区停车场停放了259辆旅游大巴、594辆小轿车。8月17日，西双版纳机场进出港航班达到152架次，旅客吞吐量超过2万人。

2022年，全省共接待国内外游客8.4亿人次，比2021年（6.49亿人次）增长29.43%，恢复到2019年的104.2%；实现旅游总收入9449亿元，比2021年（7477亿元）增长26.37%，恢复到2019年的85.60%（表1-2）。

表1-2 云南省2019年以来旅游业发展情况

	2019年	2020年	2021年	2022年
旅游人次（亿人次）	8.00	5.29	6.49	8.40
同比增长（%）	17.40	-34.40	22.68	29.43
恢复率（%）	—	65.60	81.13	104.20
旅游收入（亿元）	11035.20	6477	7477	9449
同比增长（%）	22.70	-39.60	15.44	26.37
恢复率（%）	—	60.40	67.76	85.60

从全国来看，云南省旅游业恢复程度远高于全国平均水平，名列全国前茅（表

1-3）[①]。根据国家统计局发布的《2022年国民经济和社会发展统计公报》，2022年全年国内游客25.3亿人次，国内旅游收入20444亿元，分别较上年下降22.1%和30.0%。全国旅游人次恢复到2019年的42.12%，旅游总收入仅恢复至2019年的35.70%，绝大部分省市旅游收入在2022年出现断崖式下跌。相较之下，云南省旅游行业2022年交出的这份成绩单实属难得，不仅表明云南省旅游资源禀赋和几代旅游人的努力已经形成了难以替代的吸引力，也体现了云南省旅游产业体系具有较强的韧性，疫情结束后有望实现快速恢复。

表1-3 云南省与全国其他地区旅游业2022年复苏情况比较

序号	省区名称	2022年旅游人次（亿人次）	2021年同比增长（%）	恢复到2019年水平（%）	2022年旅游收入（亿元）	2021年同比增长（%）	恢复到2019年水平（%）
1	云南	8.40	26.9	104.2	9449.00	4.4	85.6
2	贵州	4.92	-23.6	43.3	5245.64	-21.0	42.6
3	重庆	0.55	-38.2	8.3	1063.26	-1.2	18.5
4	西藏	0.30	-27.7	75.0	407.07	-7.9	72.8
5	海南	0.60	-25.9	72.2	1054.76	-23.8	99.7
6	江西	6.55	-11.8	82.9	5758.70	-14.9	60.0
7	福建	3.91	-3.8	72.8	4327.70	-11.6	53.4
8	江苏	5.30	-24.5	60.2	9263.80	-20.6	64.7
9	上海	1.89	-35.9	51.0	874.02	-42.3	37.8
10	河南	4.36	-45.0	48.3	3160.00	-48.0	32.9
11	山东	5.90	-19.5	62.9	6026.30	-27.2	54.4
12	北京	1.80	-28.5	55.9	2520.30	-39.5	40.5
13	吉林	1.15	-45.4	46.4	1543.00	-52.9	31.4
14	青海	0.22	-45.7	44.0	145.33	-58.5	25.9
16	黑龙江	1.18	-27.5	54.4	706.10	-47.5	26.3
17	河北	3.32	-22.6	42.6	3008.88	-32.0	32.3
18	甘肃	1.35	-51.2	36.5	665.00	-63.9	24.9
19	山西	0.30	-34.7	9.1	41.00	-23.9	1.4
20	安徽	5.00	-14.6	60.9	4640.20	-16.8	52.4
21	湖北	1.67	-72.2	27.8	2087.00	-65.4	30.9
22	湖南	4.30	1.0	51.8	6488.00	-0.9	66.5
23	新疆	1.20	-35.8	57.1	907.57	-35.9	24.9

[①] 资料来源：https://baijiahao.baidu.com/s?id=1759179109426838450&wfr=spider&for=pc.

续表

序号	省区名称	2022年旅游人次（亿人次）	2021年同比增长（%）	恢复到2019年水平（%）	2022年旅游收入（亿元）	2021年同比增长（%）	恢复到2019年水平（%）
24	内蒙古	0.9	-30.8	47.4	1053.90	-27.8	22.7
25	宁夏	0.39	7.2	97.5	304.28	6.3	89.5
26	广西	5.89	-26.2	67.7	6418.33	-29.2	62.7
27	天津	1.12	-37.4	46.7	773.06	-60.7	18.6

数据来源：根据各省（自治区、直辖市）统计公报整理；其中陕西、四川、浙江、广东缺少数据。

三、2022年主要特征

2022年，云南省旅游行业坚持改革创新，坚持问题导向，用深化改革统揽文化旅游发展全局，破解改革发展难题，积极打造"引领全国旅游发展创新的一面旗帜"，高效统筹疫情防控和旅游业恢复发展，统筹推进重点领域和关键环节改革攻坚，持续推动旅游业强劲复苏。全省旅游业在疫情的阴影中艰难前行，总体呈现出以下几个方面的特征。

（一）统筹疫情防控和旅游恢复发展

严格落实各项疫情防控措施，牢牢守住疫情不通过文化和旅游途径传播、不发生规模性疫情的底线，坚持第九版防控方案，落实二十条优化措施，执行好"新十条"要求，更加精准有效地做好疫情防控工作。云南省文化和旅游厅派出由厅领导带队的8个专班工作组到16州市开展统筹疫情防控和旅游恢复发展工作督导，8个专班工作组在一线与当地文旅部门共同检查落实防控措施，与当地文旅企业负责人进行面对面的交流，共商共议精准纾困、疫情防控等事宜，督促文旅企业和单位把疫情防控措施落实到位。紧盯旅游景区、公共文化场所、文化娱乐场所、旅行社等重点场所和文旅单位，落实"限量、预约、错峰"以及扫码、测温、消毒、戴口罩、一米线等常态化疫情防控措施；严格落实文旅行业重点人群核酸检测"两天一检"、入滇游客"三天两检"，重点文旅场所查验24小时或48小时核酸检测阴性证明；优化核酸检测点设置，为游客提供"自愿免费、即采即走"的检测服务；严格监测从业人员健康状况。守住了全省350万余文旅从业人员、20万余一线职业暴露人员无一人感染的底线，给游客提供了健康、安全、放心的旅游环境，确保了2022中国国际旅游交易会成功举办，为文旅业恢复发展创造了良好的前提条件。其中，南华县在开展境外入滇人员安置工作中受到外交部电报表扬。

（二）全面落实纾困帮扶政策

1月28日，省政府印发《关于2022年稳增长的若干政策措施》，提出支持旅游业加快升级和市场恢复。次日，由云南省文化和旅游厅、教育厅、财政厅等十二部门联合印发了《云南省关于文旅行业的纾困帮扶措施》。3月4日，省政府办公厅印发《关于精准做好疫情防控加快旅游业恢复发展的若干政策措施》。云南省系全国第一家及时制定"文旅纾困帮扶13条""统筹疫情防控和旅游业恢复发展20条"等政策措施的省份，纾困政策的时效性、系统性、创新性、针对性均走在全国前列，得到文化和旅游部的肯定和业内外一致好评。4月，在全国率先探索推出针对团队旅游的"云南旅行社责任保险附加疫情'熔断'损失保险"（以下简称"熔断险"）、"团体意外伤害保险附加旅行传染病隔离津贴保险"（以下简称"隔离险"）两个疫情特设旅游险种。5月，协调人民银行昆明中心支行、省地方金融监管局等联合印发《金融支持文旅行业纾困发展工作任务清单》，对重点文旅企业实施名单制管理，全年推送16个州市248户文旅企业融资需求。旅游系统用足用好纾困帮扶政策，扶持特殊困难市场主体，推动文旅市场主体活下来、强起。完成旅游演艺企业纾困补助、文旅企业上半年新增流动资金贷款贴息补助2项政策落实，旅游演艺企业奖补20家、1050万元，上半年新增流动资金贷款贴息33笔、贴息资金259.13万元。加快落实创意文旅项目策划补助、特色旅游商品销售奖补、创作歌舞艺术精品奖补、省级重大文旅项目投资奖补政策。截至10月底，对100家旅行社、20家旅游演艺企业发放助企纾困补助资金5550万元。对旅行社按100%比例退还旅游服务质量保证金，云南省921家旅行社暂退质保金2.44亿元；对71家A级旅游景区减免门票奖补资金约1.1亿元，预计惠及400余万各游客。落实减税降费政策，为涉旅行业减税降费44亿元，旅游业企业养老保险费缓缴184户、2981.46万元；旅游业企业工伤保险缓缴190户、35.03万元；落实金融支持政策，通过行业和银行建立融资需求项目库，云南省文旅相关行业（含交通运输、住宿餐饮、文化娱乐）贷款余额8520.59亿元，同比增长20.2%。云南省文化和旅游厅联合相关油企与线上平台，发放2.1亿元文旅消费券和加油券，带动消费16.39亿元，为涉旅行业减税降费44亿元，100%退还旅行社质量保证金2.44亿元，"熔断险""隔离险"销售71万多份，受到国务院第九次大督查的好评和中央领导同志的充分肯定。

（三）本地周边游占据主角

受新冠疫情多点散发、局部地区规模爆发的影响，跨区域人员流动受到限制，2022年国内旅游的出游距离和目的地游憩半径明显收缩，近程旅游和本地休闲成为国内旅游的空间特征，游客出行行为逐渐呈现日常化和近距离的特征，休闲活动和户外运动成为游客日常旅游的首选。推进"云南人游云南"，各地组织文旅惠民消费季活动，70余家A级旅游景区推出门票减免或优惠政策，助推近程旅游和本地休闲发展。例如，石林风景名胜区自5月10日到12月31日，对昆明市辖区内和周边九地市民实行免收130元/人门票的优惠政策。城市旅游、乡村休闲、夜间旅游、户外露营等成为2022年全省旅游业表现亮眼的业态，主城区的旅游休闲街区（如昆明南强街、玉溪青花街、景洪告庄西双景等）、位于环城游憩带的乡村旅游地（如昆明市滇池周边、大理市洱海周边、丽江市拉市海周边）受到青睐。国庆黄金周期间，"亲子游"相关搜索热度上涨69%，适合亲子游玩的主题乐园、动植物园、展览馆等成热门去处，各大公园景区也迎来观景人潮。例如，黑龙潭公园国庆期间共接待游客2.50万人次，同比增长19.84%。

（四）暑期跨省游加速回暖

5月31日，文化和旅游部办公厅发布《关于加强疫情防控 科学精准实施跨省旅游"熔断"机制的通知》，将跨省旅游熔断机制的范围由省市调整为区县，各地跨省游有序开放。6月以来，浙江、甘肃、江西、江苏、青海等地调整跨省流动政策。6月27日，国务院发布《新型冠状病毒肺炎防控方案（第九版）》，取消通信行程卡"星号"标记。在这些利好政策的促动下，云南省暑期省外游客接待量迅速上升。航空入滇人数不断增长，"游云南"平台全省景区预约、日均订单量、旅行团预约人数呈现增长态势，全省7—8月接待游客1.94亿人次，比2019年同期高出29.4%，实现了疫情防控和旅游恢复发展"双胜利"。7月实现了单月有史以来最高最快的增长，全省接待游客9925.8万人次、实现旅游收入1150.2亿元，恢复到2019年的138.6%、119.6%。铁路暑运期间，累计发送旅客1542万人次，同比增加532.7万人次，增长52.8%，较2019年增长6%；日均发送旅客24.9万人次，其中8月6日发送33.1万人次，创暑运单日新高。机场运输起降架次达到9.6万架次、旅客吞吐量达1283万人次、货邮吞吐量达6.9万吨，分别恢复至2019年的98.68%、101.09%、87.86%。"中国一半的人都在云南""云南的风是凉的""熟悉的云南又回来了""一房难求""一票难求"等新闻报道不绝于耳。热门景点人气旺盛、市场热度持续升温，为云南旅游业的快速复苏回暖注入了"强心剂"。

（五）旅交会提振行业信心

7月22日至24日，由文化和旅游部、中国民用航空局、云南省政府共同主办的2022中国国际旅游交易会在昆明滇池国际会展中心举行，进一步提振了行业投资信心和游客消费信心。本届旅交会是疫情发生以来全球规模最大的线下旅游展会，受到业内外一致好评，被赞誉为"给疫情肆虐下的全球旅游点亮一盏灯、照亮前行路"。旅交会的成功举办以及取得的重要成果和影响，有助于提振全球旅游行业信心、进一步推动旅游市场复苏和促进旅游业恢复发展。旅交会以"智慧创新 共启未来——服务旅游业高质量发展"为主题，共有71个国家及地区、通过线上或线下参展；国内31个省（自治区、直辖市）通过文旅形象展示馆、文化旅游消费馆、体育旅游馆、云南文化旅游主题形象馆等8个展馆进行现场展示。全省16个州（市）471家涉文旅单位和要素企业参展，共设立云南文化旅游主题形象馆、健康生活目的地馆、体育旅游馆、文化旅游消费馆4个馆。在全国展团的评奖中，云南省文化和旅游厅获最佳组织奖。在云南展团的评奖中，153家单位分别获得最佳组织奖、优秀组织奖、最佳展台奖、优秀展台奖。

（六）项目投资工作快速推进

省政府办公厅印发了《关于进一步加强文旅项目投资建设工作的通知》，进一步完善旅游项目投资工作推进协调机制。在全国率先开展旅游固定资产投资考核，用考核奖补推进项目建设，建立"周月季"旅游业发展常态化调度机制和省、州市、县三级旅游重点项目库。1—10月，8个重点项目推进工作专班先后3轮到16州（市）开展项目实地调研督导，6个重点文旅项目要素保障协调组，分别对口协调州市和省级要素保障部门，"一对一"精准协调解决项目投资建设和要素保障问题。树立绩效运用导向，将旅游项目和投资作为旅游高质量发展评价体系的重要内容，纳入省综合考评。落实"周、月、季"调度机制，大力推进旅游固定资产投资工作。新谋划"35102"项目597个，总投资1.9万亿元；推动106个文旅项目纳入2022年度省级重大项目清单，总投资1911亿元；全省集中开工重大文旅项目402个，总投资1922亿元；纳入省级固定资产投资统计的旅游项目从去年年初的605个增至2055个，增长281%；新引进10亿元以上的文旅项目54个，同比增长100%。1—10月，全省完成旅游固定资产投资同比增加60.3%，增速在全省11个重点行业中稳居第2位。旅游业首次成为云南省五大投资支柱行业之一。全年完成旅游固定资产投资1053.2亿元，同比增长52.9%，增速居全国第1位。

（七）旅游品牌建设继续推进

推动大理苍山洱海、腾冲和顺古镇等建设中国最美乡愁旅游地，推动昆明石林、丽江古城、红河哈尼梯田等创建世界级旅游景区，大理苍山洱海、昆明环滇池旅游圈等创建世界级旅游度假区。10个村镇入选第四批全国乡村旅游重点村镇名录，澜沧拉祜族自治县老达保村、玉龙纳西族自治县甲子村、丘北县仙人洞村3个案例入选世界旅游联盟"旅游助力乡村振兴案例"，普洱"世界茶源·养生养心"之旅、丽江市"柔软时光·亲近纳西"之旅、西双版纳州"热带雨林·梦回傣乡"之旅等10条线路列入"乡村四时好风光"全国乡村旅游精品线路。创建国家级夜间文旅消费集聚区5个、省级夜间文旅消费集聚区24个，新增29个4A级旅游景区，创建6个省级全域旅游示范区、6个省级旅游度假区。扎实开展景区绿美行动，完成153家A级旅游景区绿美建设任务。中国怒江皮划艇野水公开赛入选全国十佳体育旅游精品赛事。下关沱茶工业旅游区入选国家工业旅游示范基地，"中老铁路游"小程序和"游泰东北"小程序荣获2022年文化和旅游数字化创新实践优秀案例。云南6个国家级非遗代表性项目（全国仅44个项目入选）为"中国传统制茶技艺及其相关习俗"成功列入联合国教科文组织人类非物质文化遗产代表作名录提供了重要支撑。景迈山古茶林申遗工作完成国际专家组现场评估，推荐河泊所遗址申报国家考古遗址公园立项，澄江化石地世界自然遗产博物馆基本陈列上榜第十九届（2021年度）全国博物馆十大陈列展览精品。长征国家文化公园、长江国家文化公园建设积极推进。

（八）宣传推介多点发力

借助旅交会、南博会等契机，加大文化旅游业宣传营销力度，提升了云南旅游的知名度和美誉度。开展了云南文旅品牌规划、文旅宣传口号征集宣传、昆明—北京高铁和中老铁路列车冠名活动、全省文化旅游宣传推广案例征集和文化旅游公益广告评选、"云南人游云南"及"周边游"宣传推广活动。打造"大象旅行团"等一批新IP，策划推出《云南春光好》《15秒看云南》《早安云南》《寻觅滇味》《大美乡村》《红伞伞 白杆杆》等主题宣传。加强海外宣传推广，"七彩云南文化周边行""文化中国·七彩云南"等品牌影响力持续提升。大理市古生村、元阳县阿者科村等入选文化和旅游部与央视联合摄制的大型文旅乡村探访类节目《山水间的家》。"我是云南的 云南怒江的"在各大网络平台迅速走红，"怒江""为家乡上分"等成为网络热词，相关内容播放量达百亿次。旅交会宣传片及全省多个州市的城市形象宣传片集体亮相美国纽约时代广场"中国屏"。端午节期间，各州市文化和旅游局局长纷纷出镜向全国网友发出盛情邀请，"大美云南期待你的到来"登上微博同城热搜第一名。

（九）治理和服务保障能力持续提升

持续深化"放管服"改革，下放行政审批权限12项，清理取消全部3项证明事项。制定"优化营商环境激发文旅市场主体活力27条"，被文化和旅游部转发全国各地推广并报中办、国办，受到新华社等媒体点赞。持续提升"30天无理由退货"服务质量，累计退货2.26万起，涉及金额1.62亿元，满意度为99.64%。部署开展旅游市场秩序整治"铁拳行动"、行业文明建设"彩云行动"，出动文化市场综合执法人员20.24万人次，检查文旅企业6.92万家次，公布曝光4批次36件旅游市场违法违规典型案例，有力维护了市场秩序和游客合法权益。统筹发展和安全，及时稳妥处置了"2·02"昆明禄劝轿子雪山景区3000余名游客深夜被困、"8·11"大理苍山索道上千名游客被困事件，全省文旅行业安全平稳。

（十）产业生态创新活力增强

虽然面临疫情的严峻考验，但旅游行政管理部门、企业和相关涉旅机构的产业创新活动依然活跃，在节事活动、产品业态和宣传促销等方面表现亮眼。围绕度假康养、文化体验、户外运动、研学旅行、乡村旅游等，新策划推出新业态项目近600个。制定《云南旅游新业态示范基地评选办法（试行）》及一批新业态标准，认定161家新业态企业。制订印发《云南省文化和旅游厅关于贯彻新发展理念推动旅游高质量发展"十大工程"三年行动计划》，高水平打造"16个10"世界级精品旅游产品。政府方面，大理州政府推出"苍山为盟·洱海为誓——情定大理·一生有你"文旅系列产品，红河州文化和旅游局全新打造长水国际机场"创意宣传长廊"，昆明市五华区华山街道发起成立"翠湖大文创"产业联盟，石林彝族自治县上线全域旅游发展联盟智慧平台——"阿诗玛游石林"等。企业方面，剧本游戏、滑雪运动、夜间消费等新业态、新产品、新场景层出不穷，如昭通航旅集团的黑颈鹤飞行营地、世博集团的世博牧云·悠所摩旅营地（腾冲）、宜良九乡风景区的"趣探九乡"、中国科学院西双版纳热带植物园的"闻香之旅"、天龙八部影视城的剧本游《玲珑迷局》、洱海游船分公司的"夜游西洱河"新玩法、古滇名城的"昆明首届城市度假节"、南中爨城的"烟火夜市"等。其他机构方面，除了创新推出"云南旅行社责任保险附加疫情'熔断'行程取消损失保险"和"团体意外伤害保险附加旅行传染病隔离津贴保险"两个旅游险种为团队游护航之外，还有云南旅游图书馆、云南数字文旅卡、商标质押"知惠行""银旅携手 惠游普洱"信用卡、"坐着火车游云南"旅游专列、香格里拉市建塘镇仓房社区供销合作社（独克宗古城文曲巷）、云南省文物考古研究所考古夏令营、大理旅游行业协会目的地婚礼协会等。

第二节 各大片区旅游经济运行状况

2022年，全省六大片区主要旅游经济指标和复苏程度依然存在较大差异。从旅游人次上看，滇中片区遥遥领先，接着为滇西北、滇西南、滇东北、滇东南，最后为受疫情防控影响较大的滇西片区。旅游收入排序与旅游人次相近，唯一不同的是滇东北超过滇东南。从复苏程度上看，滇东北片区旅游人次和收入分别恢复到疫情之前2019年的124.77%、132.05%，名列榜首。滇中、滇西南、滇东南的旅游人次也已超过2019年的，但旅游收入尚未达到2019年的水平，游客人均消费额有所下降。复苏较为缓慢的是滇西片区，旅游人次和收入分别恢复到2019年的93.06%、66.59%（表1-4）。

表1-4 2022年云南省各大片区旅游经济指标对比

	2022年接待总人次（万）	2019年接待总人次（万）	旅游人次恢复到2019年（%）	2022年旅游总收入（亿元）	2019年旅游总收入（亿元）	旅游收入恢复到2019年（%）
滇中	29836.1	29156.13	102.33	3540.4	3780.43	93.65
滇西北	12515.01	13381.17	93.53	1632.4	2354.71	69.32
滇西	6103.96	6558.92	93.06	670.09	1006.36	66.59
滇西南	12198.81	12160.28	100.32	1285.82	1611.49	79.79
滇东南	11059.25	10642.58	103.92	1140.76	1358.21	83.99
滇东北	11203.45	8979.52	124.77	1118.74	847.24	132.05

一、滇中片区

滇中片区地处滇中城市群，包括昆明市、玉溪市、楚雄彝族自治州，是金沙江生态旅游带的重要组成部分。其中，昆明国际旅游中心是全省"十四五"规划中重点建设的六个国际旅游中心之一。

2022年，昆明市提出科学精准抓好疫情防控，深化"旅游革命"，推进派拉蒙、嵩明万达文旅综合体等项目建设，加快世博园等老景区提升改造。玉溪市提出构建康养旅游全产业链，大力发展全域旅游，提升旅游消费数量和质量，让更多游客了解玉溪、来到玉溪、留在玉溪、消费在玉溪。楚雄州提出启动文旅融合发展三年行动计划，做深文旅融合、做特康养旅游、做活特色夜游。

该片区是云南省最重要的旅游集散服务中心所在地，区内城市居民出游能力较强。全年共接待游客29836.1万人次，在六大片区中稳居榜首，恢复到2019年的102.33%，名列第三；实现旅游收入3540.4亿元，在六大片区中稳居第一，恢复到2019年的93.65%，名列第二。

二、滇西北片区

滇西北片区由大理白族自治州、丽江市、迪庆藏族自治州、怒江傈僳族自治州组成，是大滇西旅游环线的核心片区。本片区是滇川藏大香格里拉生态旅游圈的重要门户和集散中心，旅游资源品位高，产业体系完善，知名度和市场影响力较高。其中，大理苍洱国际旅游中心、丽江古城—玉龙国际旅游中心跻身全省"十四五"规划中重点建设的六个国际旅游中心之列。

2022年，大理州提出努力在文化旅游提品质、树品牌上做文章，加快文旅发展核心和枢纽建设，提升景区品质，推出新的引爆点，开发新业态、新产品。丽江市提出全面重塑丽江旅游，推进世界文化旅游名城建设，打造旅游新业态、新产品、新品牌。迪庆州提出大力发展文化旅游产业，优化旅游产品供给，守护好世界的"香格里拉"金字招牌。怒江州提出围绕"小众、特色、高端"定位，高起点策划、规划和营销，着力建设世界级高山峡谷旅游胜地。

该片区是云南省吸引省外旅游者的重地，全年共接待游客12515.01万人次，在六大片区中排名第二，恢复到2019年的93.53%，名列第五；实现旅游收入1632.4亿元，在六大片区中稳居第二，恢复到2019年的69.32%，名列第五。7月，大理古城、丽江古城旅游客流稳定增长，酒店入住率大幅度提高。8月上旬，西藏疫情暴发、大量自驾车游客沿214国道进入滇西北的影响，本片区旅游业恢复程度受到较大影响。

三、滇西片区

滇西片区涉及保山市、德宏傣族景颇族自治州，是大滇西旅游环线的重要片区、沿边跨境文化旅游带的重要组成部分。保山腾冲国际旅游中心是全省"十四五"规划中重点建设的六个国际旅游中心之一。

2022年，德宏州提出坚决打赢疫情防控阻击战持久战，加快文旅产业和养老产业融合发展，持续推进重点文旅项目建设，积极推动文化旅游产业复苏。保山市提出全力筑牢安全发展防线，积极融入大滇西旅游环线建设，加快构建县域旅游内环线，创新开发新产品、新业态、新场景，推动旅游业转型升级。

该片区全年共接待游客6103.96万人次，在六大片区中排名最后，恢复到2019年的93.06%，名列第六；实现旅游收入670.09亿元，在六大片区中排名最后，恢复到2019年的66.59%，名列第六。这主要是因为保山市和德宏州地处边境地区，旅游支出与时间成本高。同时，以瑞丽为代表的沿边县市疫情防控形势严峻，在高风险区、抵边村和重点人员定期核酸检测中发现无症状感染者多例，"外防输入""内防反弹""严防外传"任务繁重，景区景点、宾馆酒店、民宿客栈、旅游购物店、珠宝交易场所等涉旅场所无法正常开展经营活动。

四、滇西南片区

滇西南片区包括临沧市、普洱市、西双版纳傣族自治州，是沿边跨境文化旅游带的重要组成部分。西双版纳景洪国际旅游中心是全省"十四五"规划中重点建设的六个国际旅游中心之一。

2022年，西双版纳州提出积极融入大滇西旅游环线和"中国最美乡愁旅游带""茶马古道旅游经济带"建设，大力推进景洪澜沧江沿岸景城一体休闲旅游示范区、勐海普洱茶康养旅居目的地、勐腊热带雨林生态旅游目的地建设，推动文旅康养产业向深度融合迈进。普洱市提出全面融入全省健康生活目的地和大滇西旅游环线建设，积极创建国家文化和旅游消费试点城市。临沧市提出加快旅游度假区、旅游综合体、旅游特色小镇、乡村旅游示范村建设，积极创建省级文旅消费示范（试点）城市和夜间文旅消费聚集区。

该片区全年共接待游客12198.81万人次，在六大片区中排名第三，恢复到2019年的100.32%，名列第四；实现旅游收入1285.82亿元，在六大片区中排名第三，恢复到2019年的79.79%，名列第四。其中，景洪市告庄西双景、普洱市茶马古城等夜间旅游场所火爆，成为旅游业快速复苏的样本。例如，告庄西双景夜市12月28日至29日接待人数达31498人，酒店入住率达98%。

五、滇东北片区

滇东北片区通常包括曲靖市、昭通市，是金沙江生态旅游带的重要组成部分。该片区中的曲靖市是全省第二大城市和第二大经济体，经济增速连续保持全省第一，工业化、城镇化水平较高。同时，毗邻成渝城市群，交通基础设施不断改善。昭通市昭阳区、曲靖中心城区麒麟区被中国气象局应急减灾与公共服务司评为全国"避暑旅游目的地"，曲靖市麒麟区、马龙区、水富市创建全域旅游示范区迈出实质性步伐。

昭通市提出把抓产业作为抓发展的根本之策，充分挖掘乡村生态、文化等资源潜力，积极发展体验消费、夜间经济等业态。曲靖市加快建设新型消费载体，提振餐饮服务消费，打造区域性消费中心城市，大力提高旅游业发展水平，全面落实旅游产业高质量发展三年行动计划和"两高两新"专项行动方案。

2022年，本片区的市场区位优势和夏季气候优势得以发挥，来自周边地区的避暑游客大量增加，助推旅游业强劲复苏。7月1日至8月9日，从外省经停曲靖北站的动车，在曲靖北站下车的旅客约15万人（次），高峰时段每日有1500余人（次）旅客抵达曲靖，避暑旅游成为曲靖市新名片。该片区全年共接待游客11203.45万人次，在六大片区中排名第四，恢复到2019年的124.77%，名列第一。实现旅游收入1118.74亿元，在六大片区中排名第六，恢复到2019年的132.05%，名列第一。

六、滇东南片区

滇东南片区涉及文山苗族自治州、红河哈尼族彝族自治州，是沿边跨境文化旅游带的重要组成部分。建水—元阳国际旅游中心是全省"十四五"规划中重点建设的六个国际旅游中心之一。

2022年，文山州全力管好边境、防住疫情，精准对接全省旅游高质量发展十大工程，加快推进旅游"十百千万"工程建设，推动独具特色的山水田园乡村旅游目的地建设取得新进展。红河州认真落实旅游高质量发展十大工程，加快培育生态旅居、养生旅游等新业态，打造建水石屏"滇南最美乡愁之旅"。

该片区边境县数量多，疫情防控任务重，以河口、麻栗坡、金平为代表口岸旅游及出入境旅游受到极大影响。全年共接待游客11059.25万人次，在六大片区中排名第五，恢复到2019年的103.92%，名列第二。实现旅游收入1140.76亿元，在六大片区中排名第四，恢复到2019年的83.99%，名列第三。

第三节　各州（市）旅游经济运行状况

2022年，全省16州（市）统筹疫情防控和经济发展，旅游业得到不同程度的恢复。昆明、曲靖、昭通、文山、红河、大理、怒江、保山、普洱9个州市的旅游人次已超过2019年同期水平，昆明、曲靖、昭通、保山、普洱5个州市的旅游收入已超过2019年同期水平。从旅游人次来看，全省名列前三位的是昆明市、红河州、曲靖市，恢复水平名列前三位的是怒江（152.23%）、曲靖（141.64%）、昆明（116.96%）。从旅游收入来看，全省名列前三位的是昆明、大理、红河，恢复水平名列前三位的是昭通（143.08%）、曲靖（125.36%）、保山（106.96%）（表1-5、表1-6）。

表1-5　2022年云南省各州（市）旅游经济主要指标一览表

	接待总人次（万）	旅游总收入（亿元）	国内旅游人次（万）	国内旅游收入（万元）	海外旅游人次（万）	海外旅游收入（万元）
昆明	21806.41	2744.79	21803.45	2741.56	2.96	32300.00
玉溪	3862.60	379.60	—	—	—	—
楚雄	4167.09	416.01	4167.06	415.96	0.03	523.07
曲靖	6506.04	661.54	—	—	—	—
昭通	4697.41	457.20	—	—	—	—
文山	4176.70	393.80	—	—	—	—
红河	6882.55	746.96	—	—	—	—
大理	5693.60	783.40	5691.60	782.70	2.00	6976.98
丽江	4560.00	640.00	—	—	—	—
迪庆	1535.29	148.17	1533.77	147.56	1.52	5744.09
怒江	726.12	60.83	—	—	—	—
保山	4037.30	473.10	4036.80	473.00	0.49	622.64
德宏	2066.66	196.99	—	—	—	—
临沧	3130.00	228.00	—	—	—	—
普洱	4285.88	450.84	—	—	—	—
版纳	4782.93	606.98	4782.71	606.89	0.22	944.00

表1-6 2022年云南省各州（市）旅游经济主要指标恢复情况

	2022年接待总人次（万）	2019年接待总人次（万）	旅游人次恢复到2019年（%）	2022年旅游总收入（亿元）	2019年旅游总收入（亿元）	旅游收入恢复到2019年（%）
昆明	21806.41	18644.03	116.96	2744.79	2733.61	100.41
玉溪	3862.60	4716.60	81.89	379.60	452.00	83.98
楚雄	4167.09	5795.499	71.90	416.01	594.82	69.94
曲靖	6506.04	4593.50	141.64	661.54	527.70	125.36
昭通	4697.41	4386.02	107.10	457.20	319.54	143.08
文山	4176.70	3860.30	108.20	393.80	426.96	92.23
红河	6882.55	6782.28	101.48	746.96	931.25	80.21
大理	5693.60	5300.00	107.43	783.40	941.90	83.17
丽江	4560.00	5402.40	84.41	640.00	1078.30	59.35
迪庆	1535.29	2201.77	69.73	148.17	265.76	55.75
怒江	726.12	477.00	152.23	60.83	68.75	88.48
保山	4037.30	3613.20	111.74	473.10	442.30	106.96
德宏	2066.66	2945.72	70.16	196.99	564.06	34.92
临沧	3130.00	3180.84	98.40	228.00	340.06	67.05
普洱	4285.88	4126.23	103.87	450.84	443.48	101.66
版纳	4782.93	4853.21	98.55	606.98	827.95	73.31

一、第一梯队

第一梯队包括旅游收入在500亿元以上的6个州（市），即昆明（2744.79亿）、大理（783.40亿元）、红河（746.96亿元）、曲靖（661.54亿元）、丽江（640.00亿元）、西双版纳（606.98亿元）。这些州（市）可以分为两类：第一类是区域中心城市和旅游集散地，自身客源充足，受惠于本地游客和中转游客，如昆明和曲靖；第二类是传统的目的地城市，旅游热度不减，如大理、丽江和西双版纳。其中，曲靖首次跻身全省第一梯队，与暑期周边省份尤其是川渝地区游客前来享受清凉气候密切相关。

（一）昆明市：文旅产业持续发展

2022年，积极培育半山酒店、红色旅游、乡村旅游等新产品、新业态，旅游市场秩序持续好转，旅游业复苏步伐加快。起草出台《关于贯彻新发展理念推动"十四五"期间旅游高质量发展的实施意见》《昆明市关于精准做好疫情防控加快旅游业恢复发展的若干政策措施》。全年新开工建设的投资额达1亿元以上的文旅项目共计85个，纳入省级重大文旅项目推进项目17个。云南民族村、世博园、轿子山等传统景区提升改造有序推进，新增1个4A级旅游景区（安宁玉龙湾）、7个3A级旅游景区。官渡古镇等12个夜间经济集聚区成为消费新地标，斗南花市、昆明老街—南强街2个夜间文旅消费集聚区入列"国家队"。完成翠湖片区景观提质、蓝花楹特色街区打造，大观楼、金殿、黑龙潭等7家公园免费开放，草海至三个半岛段37.1公里生态绿道基本贯通。旅交会、第6届南博会、昆明高原半程马拉松等重大活动成功举办。滇池生态绿道、卧龙浦古渔村、晋宁小渔村等成为网红打卡地，草海干沟尾被誉为昆明版"天空之镜"，石林彝族自治县和摩站村入选"中国美丽休闲乡村"。全年接待国内外游客2.18亿人次，比上年增长25.2%（其中，国内游客21803.45万人次、增长25.3%），恢复到2019年的116.96%；旅游总收入2744.79亿元，比上年增长15.0%（其中国内旅游收入2741.56亿元、增长14.9%），恢复到2019年的100.41%。

（二）大理州：旅游市场加快复苏

2022年，大理州旅游基础设施不断改善，旅游格局深度重构，普德赋、百老汇等重大项目加速落地，成功创建4A级旅游景区3家，"有一种生活叫大理"深入人心，大理成为"中国最佳爱情表白地"。智慧文旅等场景应用不断拓展，苍山世界地质公园再评估工作有序推进。历史文化名城、国际旅游名城和大滇西旅游环线示范区建设有序推进，剑川国家历史文化名城申报通过实地评审，32个村落列入中国传统村落名录。全年共接待海内外旅游人数5693.6万人次，其中国内旅游人数5691.6万人次、入境旅游人数2.0万人次；实现旅游业总收入783.4亿元，其中国内旅游收入782.7亿元、旅游外汇收入1037.3万美元。

（三）红河州：旅游产业建设稳健扎实

2022年，红河州蔓耗至金平、建水（个旧）至元阳高速公路建成通车，弥蒙高铁开通运营，红河综合交通枢纽投入使用。新增开远南洞—凤凰谷、屏边滴水苗城国家4A级旅游景区2个，4A级旅游景区数量居全省第一，"云上梯田·品味乡愁"之旅入选全国乡村旅游精品线路，元阳县入选全国休闲农业重点县。音乐剧《绽放》在全国巡演引起热烈反响，红河书院被命名为云南省首家铸牢中华民族共同体意识教育实践基地。全年接待国内外旅游者6882.55万人次，同比增长34.5%；实现国内旅游收入746.96亿元，同比增长39.6%；实现旅游业总收入746.96亿元，同比增长39.6%。

（四）曲靖市：推进旅游业高质量发展

2022年，曲靖市成功创建马龙区马过河、罗平县相石阶、师宗县五龙生态小镇等3个4A级旅游景区以及宣威尼珠河大峡谷等11个3A级旅游景区，创新开展旅游促消费系列活动，"清凉曲靖"成为文旅消费新热点。麒麟公园提升改造等项目有序推进，麒麟湖等重点片区开发加快推进，会泽杨梅山获评中国美丽休闲乡村。全年共接待国内外游客 6506.04 万人次，比上年增长 51.2%；旅游总收入达 661.54 亿元，增长 49.3%。其中，7 月接待国内游客 741.38 万人次，同比增长 14.99%；实现国内旅游收入 78.2 亿元，同比增长 18.81%。

（五）丽江市：世界文旅名城建设加快推进

2022 年，《丽江市旅游条例》颁布实施，新创 A 级旅游景区 16 个，累计建成 28 个半山酒店、22 个国家级旅游民宿，创建国家级文明旅游示范单位 2 家，新增 17 个省级非遗项目。推动丽江旅游商业综合体 TOD 项目建设，完成市游客集散中心、玉龙雪山冰川博物馆、狮子山景区夜游、世界记忆遗产纳西东巴古籍文献馆等项目建设。推出木府·奇遇夜、红谷坡地艺术区、星托邦营地等新产品，甲子村、玉湖村、均良村农文旅发展模式全省推广，重启丽江雪山音乐节，举办"七彩云南·格兰芬多"自行车节、国际汽车拉力赛等品牌赛事和"神采飞扬首届丽江写生双年展"活动，全球首列全景观光山地旅游列车空载试运行。丽江入选全国 2022 年度文化和旅游产业工作激励 10 个城市之一，丽江古城智慧小镇案例入选全国文旅数字化创新实践优秀案例，老君山黎明景区认定为国家级森林康养试点基地，拉市镇入选全国乡村旅游重点镇，永胜县美丽三川国家级田园综合体入选《"2022 全国乡村振兴旅游目的地"名单》。全市完成旅游业投资 47.34 亿元，增长 97.36%；接待游客 4560 万人次，增长 58.6%；实现旅游总收入 640 亿元，增长 67%。

（六）西双版纳州：旅游业恢复势头强劲

2022 年，西双版纳州持续推进文旅＋康养有机融合，获中国最美绿色休闲旅游名城、康养度假旅游名城称号。旅游领域投资有较大提升。景洪"两江一城"景城融合项目加快推进。建成野象谷、望天树 2 个自然教育基地，亚洲象国家公园创建稳步推进。实施少数民族优秀文化保护传承项目 10 个，18 个项目入选省级非遗代表性名录，"云过泼水节"直播和微博累计点击量过亿。成功举办 COP15 第二阶段会议边会、第三届"一带一路"国际传统医药联盟会议。全年接待国内外游客 4782.93 万人次，比上年增长 36.6%，其中国内游客 4782.71 万人次，增长 36.6%；旅游总收入 606.98 亿元，比上年增长 36.1%，其中国内旅游收入 606.89 亿元，增长 36.2%。

二、第二梯队

第二梯队包括旅游收入在 300 亿~500 亿元的 6 个州（市），即保山（473.10 亿元）、昭通（457.20 亿元）、楚雄（416.01 亿元）、普洱（450.84 亿元）、文山（393.80 亿元）、玉溪（379.60 亿元）。这些州（市）多数旅游资源或区位优势明显，有些受到可进入性改善的推动（如保山开通动车、普洱位于中老铁路沿线），旅游业发展较为强劲。

（一）保山市：旅游产业迎来新突破

2022年，保山市旅游业顶住严寒恢复发展，腾冲连续5年进入全国县域旅游百强榜，隆阳创成省级全域旅游示范区，A级旅游景区数量走在全省前列。高质量承办首届腾冲科学家论坛，组建咖啡、温泉研究院，配合完成高黎贡山国家公园创建方案编制。国家公共文化服务体系示范区复核为优秀，体育事业融合发展。全年共接待国内外游客4037.3万人次，比上年增长41.3%。其中，海外旅游者4936人次，增长75.5%；国内旅游者4036.8万人次，增长41.3%。实现旅游业总收入473.1亿元，比上年增长28.5%。其中：旅游外汇收入92.57万美元，增长64.9%；国内旅游收入473亿元，增长28.5%。

（二）昭通市：旅游服务业快速发展

2022年，昭通市新增国家4A级旅游景区3个，水富铜锣坝森林公园开园运营，大山包、小草坝景区提升有序推进。完成旅游固定资产投资71.2亿元，占省、市预期目标的218.4%、284.8%，同比增长332%；接待国内外游客4697.41万人次，同比增长19.14%，旅游人次首次恢复到2019年同期水平，实现旅游总收入457.2亿元，同比增长9.14%。A级旅游景区增至21家，成功创建全国乡村旅游重点村1个、省级全域旅游示范区1个，3条线路入选"2022云南新业态旅游线路"，建成运营高品质酒店1家、半山酒店2家，评定丙级旅游民宿9家，文化市场综合执法考评总分在全省16个州（市）中排第二名，旅游高质量综合考评总分在全省16个州（市）中排名第四。

（三）楚雄州：旅游产业加快恢复发展

2022年，制定出台《楚雄州支持旅游业加快恢复发展的若干政策措施》《楚雄州加快旅游高质量发展助推三产提速增效工作方案》等政策措施。楚雄州侏罗纪文旅产业园、楚雄彝风文旅康养度假区、武定喜鹊窝温泉康养旅游度假区等项目加快推进，长征国家文化公园（楚雄段）建设取得突破性进展，琢舍、星河房车营地等一批高品质酒店及新业态产品开业运营。完成旅游固定资产投资91.13亿元、增长77.4%，全省旅游业固定资产投资工作现场会在楚雄召开。新增方山、金山古镇、黑井古镇旅游景区、十月太阳历文化园、查姆湖5个4A级旅游景区、居全省第1位，文旅产业增加值增长12.1%。元谋人遗址等保护利用全面加强，"中国绿孔雀之乡"品牌全面打响，大姚荣获"中国天然氧吧"称号，"彝绣"带动5.7万名"绣娘"稳定增收。全年接待国内游客4167.06万人次，海外入境游客334万人次，分别比上年增长62.7%和45.9%，旅游人次指标恢复到2019年的71.90%；实现旅游收入416.01亿元，增长29.9%，恢复到2019年的69.94%。其中：国内旅游收入415.96亿元，增长29.9%；外汇收入523.07万元，增长81.7%。

（四）普洱市：旅游产业发展质效双升

2022年，普洱市新增景迈山茶林文化、老达保及景东文庙4A级旅游景区3个，老达保、茶马古城、那柯里、娜允古镇入选全国非遗与旅游融合发展优选名录。实施中老铁路沿线开发三年行动计划。亚洲象国家公园创建稳步推进。舞蹈《摆出一个春天》获第十九届群星奖，12个项目列入第五批省级非遗代表性项目名录，景迈山古茶林文化景观申报世界遗产完成国际专家现场评估。2022年，全市接待游客4285.88万人次，恢复至2019年同期的103.87%；实现旅游总收入450.84亿元，恢复至2019年同期的101.66%。

（五）文山州：旅游人数和收入增长较快

2022年，文山州"十百千万"工程深入推进，在建高品质酒店10个，建成半山酒店和精品民宿58家、绿带3030公里、花带11220公里，七都古镇、六郎城石斛小镇等项目加快推进，西洋江大峡谷获评国家4A级旅游景区，西畴香坪山、马关云山草场入选国家级森林康养试点建设基地，丘北双龙营确定为第二批全国乡村旅游重点镇，广南坝美获评省级旅游度假区，丘北舍得获批新建国家石漠公园，民族舞剧《幸福花山》荣获第十届"云南省文化精品工程"奖。天保口岸恢复通关，边民互市恢复运营，田蓬口岸通过国家验收。完成旅游投资70.31亿元，占全州固定资产投资的6.8%，带动就业7.5万余人。接待游客4176.7万人次，同比增长33.5%，恢复至2019年的108.20%，连续5个月实现提速增长；实现旅游收入393.8亿元，同比增长15.18%，恢复至2019年的92.23%。

（六）玉溪市：旅游服务业稳中有进

2022年，玉溪市铂尔曼等酒店投入运营，青花街被认定为省级夜间文旅消费集聚区。聂耳和国歌传习中心开工建设，新平新寨村获评"中国美丽休闲乡村"，澄江寒武纪化石地入选全球首批100个地质遗产地名录。成功举办纪念云南李家山古墓群考古发现50周年学术研讨会、第二届中国（玉溪）品质生活论坛。中老铁路玉溪境内累计发旅客252.1万人次。2022年全市接待游客3862.6万人次，增长33.5%，恢复到2019年水平的82%；旅游总收入379.6亿元，增长14.8%，恢复至2019年水平的84%。文旅项目固定资产投资同比增长62%，住宿业营业额增速全省排名第三。年底，全市拥有星级饭店20家、国际国内旅行社44家、国家A级以上旅游景区39个、全国工业旅游示范点1个。探索"旅游+"和"+旅游"与相关产业深度融合发展，推出"康养+旅游""研学+旅游""工业+旅游"等产品。大力发展乡村旅游，不断丰富乡村特色旅游产品，新增乡村旅游星级接待单位34家，新增等级旅游民宿8家。

三、第三梯队

第三梯队为全年旅游总收入在300亿元以下的州（市），共有四个，分别为临沧（228.00亿元）、德宏（196.99亿元）、迪庆（148.17亿元）、怒江（60.83亿元）。这四个州（市）为边境地区或涉藏地区，旅行成本相对较高，又受到疫情的严重制约，旅游总收入排位靠后。

（一）临沧市：旅游产业提质提效

2022年，临沧市编制了《临沧市文化旅游招商引资项目推介》，共谋划优质招商项目74个，沧源崖画谷景区、凤庆禅茶文化庄园、滇红第一村、双江冰岛旅游区等一批重大文旅项目推进顺利。全年新增4个国家4A级旅游景区，翁丁老寨完成原址重建并全面开放，5个乡镇、19个村被评为全国全省乡村旅游名镇、名村、重点村，凤庆县勐佑村被评为"2022年中国美丽休闲乡村"。南滚河国家级自然保护区被纳入亚洲象国家公园创建范围。成功举办第九届亚洲微电影艺术节，滇红茶制作技艺被列入联合国教科文组织人类非物质文化遗产代表作名录。全年实现旅游固定资产投资39.87亿元，同比增长201.36%，增幅位列全省第二，为全市经济社会发展做出了积极贡献；接待国内旅游者3130万人次，同比增长59%；实现旅游总收入228亿元，同比增长44%。

（二）德宏州：文旅市场加快复苏

2022年，德宏州成功举办咖啡产业发展大会，芒市傣族古镇创建为4A级旅游景区并入选国家级夜间文旅消费集聚区，盈江县雪梨村入选全国乡村旅游重点村。航空旅游市场持续回暖，新增上海、杭州等热门航线，芒市直飞曼德勒国际航班恢复运营。消费活力日益显现，翡翠直播、毛料公盘、免税购物等业态稳步恢复，9个口岸通道恢复通关。非遗保护传承富有成效，"德昂族酸茶制作技艺"列入联合国教科文组织非遗名录。全年接待国内外游客2066.66万人次，比上年增长43.7%，其中，国内游客2066.66万人次，增长43.7%；旅游业总收入196.99亿元，增长29.2%。

（三）迪庆州：旅游产业后劲增强

2022年，迪庆州紧紧围绕打造世界的"香格里拉"的目标定位，制订实施旅游高质量发展三年行动计划，积极推进梅里雪山、虎跳峡景区、巴拉格宗特色小镇品质提升和塔城田园综合体建设，完成8家半山酒店申报，培育打造系列精品旅游线路和乡村旅游产品。实施独克宗古城提质扩容等重点项目，编制完成香格里拉国家公园设立申报材料，举办松茸论坛。2022年，共接待国内外旅游者1535.29万人次，同比增长77.9%。其中，接待海外旅游者1.52万人次，同比增长8%；接待国内旅游者1533.77万人次，同比增长78%。全州累计完成旅游总收入148.17亿元，同比增长34.3%，创旅游外汇收入854.24万美元。

（四）怒江州：旅游产业提档升级

2022年，怒江州实施产业强州三年行动，成功创建国家4A级旅游景区2个，建成运营半山酒店2个，举办首届怒江峡谷文化周、第三届怒江草果文化周、中国怒江自行车跨年邀请赛等活动，中国怒江皮划艇野水公开赛入选中国十佳体育旅游精品赛事，"天境怒江·峡谷探秘"入选全国乡村旅游精品线路，老姆登村入选国家乡村旅游重点村。

有序推进高黎贡山国家公园创建,成功申报3个国家级传统村落,贡山独龙族怒族自治县被授予"中国天然氧吧"称号。怒江绿色香料产业园入选国家农村产业融合发展示范园,粒述咖啡庄园入选首批"云南省精品咖啡庄园","老窝火腿"荣获云南省特色休闲食品类金奖。第三产业增加值增长3.6%,位居全省第二。全年接待游客726.12万人次,同比下降2.87%;实现旅游总收入60.83亿元,同比下降2.87%。

第二章　2022年旅游发展亮点

2022年，全省旅游业与文化、农业、体育、交通、生态文明等融合发展格局进一步巩固，智慧旅游、康养旅游、研学旅行、乡村旅游、城市旅游、工业旅游、红色旅游、美食旅游、影视旅游等产品不断优化，剧本游戏、旅游书店、星空旅游等新业态不断涌现，旅游景区、酒店、购物场所等升级步伐加快，疫情防控与恢复发展等政策机制日益完善。

第一节　旅游融合发展走深走实

一、文旅深度融合发展

文化是旅游的灵魂，旅游是文化的载体。近年来，云南省提出文化、旅游"双强省"建设，文化和旅游融合的广度与深度不断拓展，公共文化空间、非遗工坊、夜间文化和旅游消费集聚区等载体更加丰富。

2022年，全省坚持"以文塑旅，以旅彰文，推动文化和旅游融合发展"的根本要求，制定了《云南省"十四五"旅游业发展实施方案》，引领推动文化和旅游转型升级高质量发展。立足省情、顺应时势，云南将文化旅游业发展纳入文化强省、旅游强省建设重要部署，与时俱进制定若干重要政策措施。按照全省打造世界一流"三张牌"部署和旅游高质量发展要求，全省文旅系统聚焦供给侧结构性改革，通过强化项目支撑、培育旅游新业态、打造文旅品牌，推动文旅融合高质量发展。一系列政策助推和务实行动下，融合趋势催生文旅新业态，推动"一流资源"向"一流产品""一流品牌"转化，文旅融合更加全面深入。

（一）融合趋势催生文旅新业态，文化空间创新融合新阵地

2022年，全省创建5个国家级夜间文旅消费集聚区（昆明市斗南花市、昆明市昆明老街—南强街巷、保山市高黎贡文化创意产业园、德宏傣族景颇族自治州傣族古镇、迪庆藏族自治州独克宗古城）、24个省级夜间文旅消费集聚区、6个省级全域旅游示范区、6个省级旅游度假区，新增29家4A级旅游景区。此外，各地积极申报第二批云南省级夜间文化和旅游消费集聚区。开远市指导南正街主题街区申报云南省夜间文化和旅游消费集聚区，在壹然广场、南正街主题街区设立"城市舞台"开展街头微演艺活动，增加"夜游、夜演"等夜间经济业态，推动以街区集聚旅游产业要素，打造"商旅文体"融合发展的经济消费氛围。各县市积极开展"当好排头兵"大讨论大竞赛活动，重视业态培育，产业融合加快推进。西双版纳深入挖掘夜间旅游产品，新开发沙河小镇星光夜市、勐景来星空夜市2个夜间旅游产品。勐腊县南腊河星光夜市文旅综合体、曼听御花园景区被认定为第一批省级夜间文化和旅游消费集聚区。普洱思茅区持续推进阳光悦城、普洱茶小镇·星光夜市2个夜间经济商圈。

各地因地制宜创建了一批新型公共文化主题功能空间，全省遴选了20个"最美公共文化空间"典型案例进行宣传推广。2022年年底，昆明市共建成107个新型公共文化服务空间。五华区继续推进历史文化名城核心区打造，以翠湖环线为重点，辐射南屏街片区、西南联大片区等区域，整合云南大学、云南师范大学、连云宾馆、昆明老街、圆通山等文旅资源，规划打造"九巷十三坡"文创街区文化旅游地标；西山区融创文旅城与春雨937工业文旅商街、茶马花街、西山风景区和大观公园已连片融合，打造云纺、西山万达广场、公园1903、融创文旅城等8个夜经济文旅街区，其中云纺商业区获评云南省首批省级夜间文化和旅游消费集聚区，东西寺塔、近日楼步行街夜经济示范区建成运营；官渡区推荐、指导官渡古镇、螺蛳湾滇忆465风情街等申报文化和旅游夜间消费集聚区、旅游休闲街区。阳宗海打造"文化＋金融"新模式，利用七甸农信社打造综合性文化服务阵地，对农信社内部增设书籍、阅读区、七甸当地民俗、文化资源展示区，为文化空间探索更多可能；石林彝族自治县杏林大观园健康产业有限公司被省文化和旅游厅认定为2022年文化旅游新业态企业。大理永平县创建博南镇花桥村"博南书院"、龙门乡龙门"村官"庄综合文化活动中心2个最美公共文化空间；洱源以"书香洱源"为主题，打造西湖景区乡愁书社，完成洱源县图书馆大理地热国景区分馆的前期筹备工作。丽江石鼓镇文化站、宁蒗彝族自治县图书馆等5家单位分别入列国家级、省级文旅融合试点。迪庆维西傈僳族自治县与塔城镇启别村慢来悦民宿酒店共同筹建民宿书屋"慢阅书屋"，探索出了"图书馆＋民宿"的文旅融合新模式。普洱市9个案例入选全省公共文化服务高质量发展和文旅融合典型案例，茶马古城旅游小镇创建为全省最美公共文化空间；思茅区丰富书籍产品供给，打造"阅读＋生活方式＋文化创意"的多功能公共文

化空间；景东彝族自治县图书馆长期在锦屏镇景范开展"关爱留守儿童"文化志愿服务，举办"雕版印刷""一本书的诞生"研学活动。玉溪红塔区联合挂牌成立"城市书房"3个，推进公共文化数字化。德宏芒市耕读拾光正式开放，成为文旅融合新典范和网红打卡新地标。曲靖麒麟区图书馆新型阅读空间"麟界点"建设完工，研发文创产品30余个。沧源佤族自治县完成班洪"国门书社""云上乡愁书院"、国门新村"国门书社"建设。3月22日，云南旅游图书馆在昆明开馆，并全年向公众免费开放。

（二）非遗保护成果创意转化，助推文旅融合创新突破

各地推动非遗保护传承与发展现代服务业、乡村振兴相结合，将非物质文化遗产与美丽乡村建设、农耕文化保护、城市建设相结合，将非遗文化内涵、文化价值融入旅游产业链各环节，发掘"非遗"文化IP，开展"非遗+科技""非遗+乡村振兴""非遗+旅游""非遗+文创"等跨界、跨域、跨业创新探索，促进"非遗+数字产业"融合发展，推进非遗文化创造性转化和创新性发展，展示非遗时代魅力，增强非遗文旅消费者的黏性，为旅游者拓展新的文化消费场景，让非遗为旅游赋能。不断拓展非遗传播途径，推出一批具有鲜明非物质文化遗产特色的主题旅游线路、研学旅游产品和演艺作品，进一步提高非遗的可见度和影响力，推动非遗融入现代生活、融入时代文化，激发非遗传承活力。

丽江古城区深化"非遗进旅企"活动，起草完成《2022年"非遗进旅企，旅企推非遗"双向互动融合发展活动方案》。各县市以非遗赋能旅游，旅游赋能非遗传承，加强传统民俗文化的体验，如非遗展示馆、非遗传承馆、非遗进景区、非遗伴手礼、非遗文创等，丰富了文化和旅游深度融合发展的载体。利用传统音乐、传统舞蹈类非物质文化遗产资源进行文艺创作。阳宗海首届"文化旅游节"期间，组织关索戏、洞经音乐、板凳龙等一批辖区非物质文化遗产及辖区原创歌舞小品节目开展现场巡演。晋宁区文化和自然遗产日通过现场展演、产品展销等形式让群众零距离、沉浸式体验非遗传承人的匠心技艺。楚雄姚安县采取"理论+非遗文化+艺术表演"的方式推出歌舞《"梅葛"宣讲新篇章》剧目，融入"娃娃梅葛""小邑拉花""姚安坝子腔"元素，充分发挥非物质文化遗产项目的展演优势。怒江泸水音乐小镇、福贡知子罗、贡山茶腊、兰坪罗古箐依托片区改造和景区开发挖掘了一批非遗项目和民族歌舞。

为进一步发挥非物质文化遗产助力乡村振兴的作用，国家级"非遗工坊"建设着力推进，"剑川县嘉林木雕非遗工坊（剑川木雕）：在守正创新中焕发新活力""福贡县群发民族服饰加工专业合作社非遗工坊（民族服饰）：峡谷深处蹚出致富路"入选文化和旅游部《"非遗工坊典型案例"推荐名单》。着力推进省级"非遗工坊"建设，各州市积极申报云南第一批省级非遗工坊，促进当地脱贫人口就业增收。普洱景东彝族自治县青云村非遗+乡村旅游开启乡村特色旅游新篇章。加强文物价值开发利用，制作特色伴手

礼。云南省文化和旅游厅组织举办2022年云南省首届"非遗伴手礼"评选活动，将非遗技艺、现代设计与大众市场紧密连接，通过现代设计手段将非遗元素植入现代生活的日常用品、餐饮食品、医药保健等方面，形成独具云南特色的非遗日用伴手礼、食味伴手礼、健康伴手礼，共有339件（套）作品参评，评选出非遗伴手礼优秀入选作品74件（套）、非遗伴手礼入选作品共236件（套）。

全省继续加强保护传承，提升展示与活态利用水平。成功创建2个国家级民族文化生态保护实验区，4家传承人企业列入国家非遗生产性保护示范基地。申报入选国家级非遗代表性项目127项，公布省级非遗代表性项目541项、省级民族传统文化生态保护区85个。非物质文化遗产区域性整体保护不断加强，以成功创建国家级文化生态保护区为契机，建设一批文旅融合发展的国家级、省级和州级非遗工坊，大理文化生态保护试验区大理验收工作有序推进，建成大理文化生态保护实验区非遗展示中心和大理、巍山非遗街区，新建12个非遗传习所、10个"非遗+旅游"示范点，培育"李小白手工银壶""璞真""蓝续"扎染、剑川木雕等知名非遗品牌。石林彝族自治县进一步完善省级文化生态保护区规划编制工作，完成《石林县历史文化遗产空间保护规划》的编制工作。迪庆民族文化生态保护实验区复核验收工作稳步推进，成立迪庆民族文化生态保护实验区委员会、专家委员会，管理中心，落实编制人员，不断强化工作领导。楚雄南华县《咪黑们村彝族传统文化生态保护区保护规划》完成州级评审。丘北县建成非遗展示厅5个，传承基地9个。大关县天星镇绿南村汤家坪村"苗族芦笙文化生态链传习所"成立，进一步完善了"1个中心基地+N个技艺传习点"的非遗传承保护网格化体系。

普洱那柯里茶马驿站景区成功申报为"全国非遗旅游景区"，普洱茶·贡茶制作技艺作为"中国传统制茶技艺及其相关习俗"44个子项目之一入选联合国教科文组织人类非物质文化遗产代表作名录，4个项目入选全国非遗与旅游融合发展优选项目；建水紫陶里、思茅区茶马古城旅游小镇入选全国非遗与旅游融合发展优选项目名录非遗旅游街区；澜沧拉祜族自治县老达保拉祜族传统文化保护区入选全国"非遗旅游村寨"，酒井乡入选"中国民间文化艺术之乡"建设典型案例。

为传承保护和利用好申遗成果、促进文化和旅游深度融合发展，省文化和旅游厅举办"茶香云南 共享非遗"系列宣传活动，临沧市、普洱市、西双版纳州、大理州、德宏州的6个项目参加文化和旅游部在杭州举办的"茶和天下 共享非遗"主会场庆祝活动，并在临沧市开设庆祝活动云南分会场。中国民俗摄影协会、中国乡土艺术协会、云南省非物质文化遗产保护中心、云南省美术馆、云南省民俗摄影协会、云南OPPO等单位共同举办"OPPO非凡记忆——云南非物质文化遗产影像大赛"。5月16日，文山州文化和旅游局到富宁县坡芽村开展"直播+非遗"活动，打造了一场"坡芽文化"盛宴；《红河非遗之旅》随身书出版发行；楚雄彝族自治州推进非遗代表性项目彝族火把节、彝族左脚舞等动漫制作工作。

（三）文化引领文博场馆新体验，挖掘文旅融合流量新密码

云南以文塑旅、以旅彰文，推动文物博物馆事业发展取得长足进步，成为云南旅游业发展的重要助推。全省已建成备案博物馆（纪念馆）181个，并推进实施"云南博物馆群建设计划"，积极推动8个博物馆集群和6个博物馆群落建设。昆明围绕历史文化名城的发展定位，充分挖掘翠湖周边的西南联大、文林街、陆军讲武堂、起义纪念馆等历史文脉，集中建设了19家博物馆集群；龙泉片区博物馆群落建设成效明显，共计开馆6家。游客在博物馆接受自然教育、进行深度考古研学，文旅融合使遗产活起来。

官渡区博物馆充分运用现代技术设计制作网上数字展厅文物，数字展厅建设丰富文化新体验；东川区完成区博物馆和区数字博物馆建设项目；大理下关沱茶博物馆创建为国家级工业旅游示范基地；石屏县以泛博物馆打造文化体验，通过推出专题展览、探索文庙管理模式、编撰书籍等方式，充分发挥文物在社会教育等方面的作用；绿春县博物馆内建造沉浸全息式旅游体验馆、预期开通智慧语音讲解服务、小程序景区预约等功能；保山市继续推进清河农耕文化博物馆项目；景谷傣族彝族自治县在基层公共文化服务建设中开展的"院馆合作"模式作为全省典型案例在全省和全国进行示范推广；新平彝族傣族自治县完成花腰傣露天生态博物走廊项目中《喊月亮》项目的策划、可研及剧本创作，完成原"花腰宴舞"演艺场所的产权流转；芒市景颇族博物馆获云南省文物局批复同意注册备案，建成全国第一家注册备案的景颇族博物馆。

以文物为纽带，通过"走出去，引进来"交流联展等方式加强区域文旅合作。安宁市引进马鞍山市博物馆的"契约中国——马鞍山市博物馆馆藏契约展"、枣庄市博物馆的"汉画石语 舞动汉风"——汉画像石精品拓片展等4个不同的历史文化展览，同时也将安宁市博物馆的"螳川遗风 连然古韵——安宁名碑名帖拓片展"带到了广东省东莞市可园博物馆、内蒙古呼伦贝尔市扎赉诺尔博物馆展出；禄丰市与上海倚克斯工程公司共同策划《禄丰恐龙的故事》对外科普展览工作。"5·18国际博物馆日"主会场系列宣传活动启动仪式在澄江化石地世界自然遗产博物馆举行，线上同步开展"云"游博物馆直播看展，云南各博物馆举办主题展览、科普讲座、科学实验室等线上线下活动。

（四）聚力抓项目，推动文旅融合升级发展

只有项目的工作抓实抓好，才能为整个文旅业的发展奠定好的基础。聚焦"产业提质"，文旅产业发展"升上去"，以项目为引擎，推动文旅产业升级。6月1日，云南省文旅产业"35102"重点项目推介招商会在昆明举办①。云南省一共对外宣传发布了全省第一批30个云南文旅产业"35102"重点招商项目，涵盖康养度假、文旅综合体、城镇文

---

① 注："35102"项目是指每个州市新策划100亿元以上项目不少于3个、50亿元以上项目不少于5个、20亿元以上项目不少于10个，每个县策划10亿元以上项目不少于2个。

旅、乡村休闲、研学旅游和高品质酒店等领域，总投资约1300亿元。现场集中签署了文旅产业重点项目12个，涉及云南省9个州市，协议投资总额近300亿元，项目涉及特色小镇、高品质酒店、康养、旅游综合体、景区景点开发等。

呈贡区推进万溪冲特色文旅小镇建设，充分利用梨园和周边森林资源，开发万溪冲登山步道户外运动和旅游观光。安宁市推进"旅游+教育""旅游+工业""旅游+交通"融合发展，丽江将武钢、云南交通技师学院、读书铺服务区打造为国家3A级旅游景区。石林彝族自治县培育以露营旅游、演艺剧场、半山酒店、亲子乐园为代表的新业态产品，阿诗玛365剧场、冰雪海洋世界萌宠乐园、长湖露营地等新业态项目正式建成开放。宾川县申报鸡足山文旅融合发展等地方政府专项债券资金项目5个，完成鸡足山文旅融合发展等项目。南涧彝族自治县依托土林、西山跳菜村田园景观和跳菜文化，整合土林游客服务中心建设项目、西山村农文旅融合田园综合体建设项目，打造彝族跳菜文化民族风情体验、美食体验为主的景区。镇沅彝族哈尼族拉祜族自治县完成云漫金山旅游度假村、紫马春秋文旅融合项目、千家寨八大古茶园茶旅融合项目、古城卡多卡多现代农业产业园建设项目、者东飞来寺、秀山水体旅游、老乌山文旅融合、高品质酒店建设等项目包装。易门县抓好项目包装，推进滇铜工业遗址旅游基础设施建设项目申报地方专项债工作德宏州走访对接昆明、腾冲各大组团旅行社，成功策划"天天目瑙纵歌"文旅融合项目。丘北县密切跟进帅源文旅小镇和菜花箐科技文旅示范项目招商引资，聚焦打造"世界一流"山水田园旅游康养胜地决策部署，谋划招商引资储备项目20个。麻栗坡县结合民族、军旅文化，谋划了城寨"倮人谷"民族文化开发、国门文化传承中心等项目储备工作。楚雄州与云南省文化和旅游厅合作举办文化旅游产业专场招商推介大会，签约项目协议金额达130亿元，大姚三潭瀑布景区、姚安光禄古镇农旅文旅融合项目落地实施。沧源佤族自治县"滇红第一村文化旅游专债项目"稳步推进，彰显凤庆滇红茶文化特色，"茶文旅融合"发展龙头带动效应明显。昭阳区深入推动田坝木厂野奢山居民宿、昭璞绿道景区提升改造、昭阳阿鲁温泉康养旅游综合体、渔洞名樱田园综合体项目、昭通大老林滑雪场项目、苹果湖乡村旅游项目、昭通大老林半山酒店项目、广东会馆修缮项目、昭通苹果主体游乐园项目、昭通苹果小镇二期、大山包极限运动小镇凤凰片区二期项目建设；鲁甸县协调上海李也旅游文化发展有限公司做好"半山红谷""半山童话""半山课堂"等项目策划规划。

（五）以规划为基础，融合发展更加全面深化

文旅融合渠道和载体更加丰富，水平与成效稳步提升。顶层设计不断加强，5月27日，云南省人民政府发布《云南省"十四五"文化和旅游发展规划》，突出文旅融合发展，在整体谋篇布局上坚持文化与旅游"双轮驱动"，体现以文塑旅、以旅彰文的要求，促进文旅深度融合、高质量发展。各地区旅游行业政策措施持续完善，助推文旅融合产业生态体系建立健全。西山区编制完成《西山区旅游发展远景规划》《关于打造滇池沿岸农文旅融合美丽乡村示范村的实施方案》；官渡区拟定了《官渡区"旅游＋"产业发展路径的报告》，提出"旅游＋"相关产业思路；禄劝彝族苗族自治县制订实施《禄劝彝族苗族自治县农旅、文旅、康旅、体旅、林旅"五旅"融合化发展促农民增收三年行动方案（2022—2024年）》，助推构建"一核引领、两翼齐飞、三带拉动、多点支撑"的"五旅"融合发展格局；石林彝族自治县编制了《石林彝族自治县全域旅游发展"51068"重点任务实施方案》和《石林彝族自治县"十大文化旅游宣传活动"实施方案》并印发实施，完成了《石林县历史文化遗产空间保护规划》的编制工作，启动了政府专债项目《滇黔桂边区（石林县）红色旅游资源保护利用基础设施建设项目》申报工作；丽江市古城区编写了《古城区促进旅拍产业发展措施》；西双版纳州制定印发了《西双版纳州文化旅游产业与生物多样性融合发展三年行动计划》；怒江州印发了《关于高质量推进农文旅融合示范村建设的实施方案》；师宗县编制了《师宗县全域旅游发展规划》，制订了《师宗县打造滇东旅游环线重要的健康生活目的地三年行动计划》；禄丰市《禄丰市文旅融合发展三年行动计划》政府常务会议已审定；临沧市制定《临沧市加快茶旅融合发展实施方案》，大力推进茶旅融合发展；昭通市国家文化公园建设有序推进，编制了《长征国家文化公园（昭通段）建设保护规划》。

（六）创意与数字赋能，文旅融合创新产品与体验

数字文旅产业快速发展，"云看展"、线上演播、沉浸式体验等新业态加速崛起，大众旅游、智慧旅游持续发展。7月举办的2022中国国际旅游交易会，以"智慧创新·共启未来——服务旅游高质量发展"为主题，从形式到内容都有极大的深化、创新和突破。五华区五一期间举办"翠湖四时""花Young五华·城市自然音乐春游会"摩登雅集文创集市、蓝花楹艺术节消费季等活动，推广"翠湖大文创"系列旅游产品，为"九巷十三坡"文创街区打造进行预热；正式对外发布上线翠湖四时·文化五华——"翠湖15分钟文化艺术圈"手绘地图导览平台；官渡区举办第三届非常官渡"文创＋"产品设计大赛，推出一批独具特色的"官渡礼物"；呈贡区卧龙古渔村开发了"卧龙古泉""卧龙雪糕"等系列文创农创产品；宜良县推出七彩梦乡Logo、三角梅系列产品、宜良Duck、小书童等IP形象设计及相关衍生文创产品；祥云县借助传承人的优势，不断拓展作坊、基地、传习所点、体验基地等文创产品开发功能，着力打造"器蕴五彩""陶醉祥云""云滋云味""云乡舞绣"等"云南源"文旅品牌；勐海县推出了曼陀罗、曼召造纸、勐海吉祥物、勐海态田等一批文创产品和伴手礼产品；蒙自市组织相关文创企业、非遗传承点在第四届中国石榴博览会暨第十届全国石榴生产与科研研讨会上进行以石榴元素为主题的文创产品展示；红河县与广西游礼公司合作，围绕竹编、刺绣、傣陶等特色民间技艺，开发出了一批展现地方民间传统文化的文创产品；普洱市开发灰碟咖啡、波波杯、车载

香薰等咖啡文创产品；西盟佤族自治县开展文创产品征集、研发工作，共征集到文创产品44件，开展文创产品展览1次；通海县红色印章、书画、聚奎阁雪糕、钢模艺术品、"通海国家历史文化名城"旅游宣传手袋等一批文创产品推向市场；马关县联合职业学校、非遗传承基地举办纺麻刺绣培训3期，推出民族芭比文创产品系列。

五华区引导和鼓励云南艺术剧院、马家大院、莲花池庭院小剧场运用数字艺术、智能演艺、自控技术、多媒体技术等技术，探索"科技＋文化旅游演艺业"新形式；盘龙区持续打造"盘龙文旅More life"全媒体服务平台，精准配送群众文旅需求；晋宁区以文物博物、文化非遗、图书博览、旅游导览、场馆预约、景区服务等模块搭建文旅云数字宣传平台；昆明经济开发区引入云链科技、玖号传媒、火牛科技等一系列科技、平台类企业及项目，云南火牛科技有限公司开发撒梅文化数字化保护和传承项目，建设和开发的撒梅文化数字化保护和传承大数据平台、自由象文创园区完成5G+智慧化应用展厅建设；大理弥渡首个数字农业公园——大理弥渡数字农业公园正式亮相，安乐窝露营建设基本完工等已开启数字农业观光、民族风情体验之旅；墨江哈尼族自治县开发推出"墨江文旅"运用小程序、抖音号取得实效；云南湄公河集团有限公司在思茅区茶马古城旅游小镇打造了《穿越时空的马帮》大型沉浸式主题演艺。

二、探索推进铁旅融合

自2016年12月，沪昆高铁和南昆客专云南段开通运营，云南从此步入高铁时代，与全国高铁网联通。随着铁路网的不断完善，特别是中老铁路的开通运营，在极大方便旅客出行的同时，也为促进地方经济、旅游业发展注入了新动力。相关部门积极推进铁路运输、交通遗产与旅游业深入融合，取得了显著进展（表2-1）。

表2-1　云南省2022年铁路客运与旅游发展情况

序号	时间	具体事件
1	7月22日	大瑞铁路大理至保山段开通运营，结束了保山市不通铁路的历史
2	7月23日	丽江至西双版纳的旅游列车Y774次正式开行
3	8月6日	大理至西双版纳旅游专列正式开通
4	11月15日	中老铁路国内段高品质动车组列车昆明至磨憨C384/1次列车正式开行
5	12月2日	中老铁路通车运营一周年，累计发送旅客850万人次，黄金大通道作用日益显现
6	12月16日	弥蒙高速铁路开通运营，滇南蒙自、开远、弥勒三市实现半小时通达，昆明南站至红河站最快69分钟可达
7	12月26日	新成昆铁路全线通车运营，从成都至攀枝花、昆明的运行时间缩短为5小时、7.5小时

（一）多个部门与中铁昆明局签订合作协议

为贯彻落实中央对铁路和文化旅游工作的重要指示精神，云南省文化和旅游与中铁昆明局集团发挥各自优势、实现合作共赢，共同推出了"坐着火车游云南"服务品牌，加快铁路与文化旅游创新融合发展。双方达成建立长期稳定的战略合作伙伴关系的共识，共同探索"铁路+旅游"融合发展新模式，让"游客变旅客、旅客变游客"，开创铁路和地方文化旅游合作与创新发展新局面。除了云南省文化和旅游厅之外，保山市政府与昆明铁路局集团国际旅游服务公司达成了战略合作协议，引导旅行社结合动车开发市内旅游环线产品。昆明市政府与中国铁路昆明局集团有限公司签订了昆明至磨憨的《旅客列车开行合作协议》，增开昆明至磨憨动车班列。

（二）"铁路+旅游"成为旅交会亮点

在昆明滇池国家会展中心举办的2022年中国国际旅交会上，"铁路+旅游""坐着火车游云南"、中老铁路旅游项目成为一大亮点，开创了铁旅融合发展新局面。中国铁路昆明局集团向公众推介了7个系列42个"铁路+旅游"的精品线路和旅游产品，与云南省文化和旅游厅签署协议，双方就"坐着火车游云南""云南文化进车厢""米轨铁路保护与开发""搭建云南文旅对外宣传平台""推进中老铁路旅游开发"5个项目开展合作。7月22日，"中老铁路助力亚洲命运共同体建设论坛"举行，来自中老两国相关部门、企业、协会、院校的代表共话中老铁路国际旅游发展及其对亚洲命运共同体建设作用和价值，并发布了《中老铁路国际旅游合作云南倡议》（以下简称《倡议》）。《倡议》提出共同开发好沿线铁路资源与产品，持续推动沿线文化和旅游基础设施、智慧旅游设施及文化和旅游公共服务设施的建设，开发好"铁路+景区""铁路+村镇""铁路+城市""铁路+酒店"等复合式联运国际旅游产品。

（三）依托铁路开展宣传营销

7月5—6日，昆明市、西双版纳州、普洱市三州市联合在景洪市主办了"穿越中老 情通万里2022中老铁路沿线会员城市（国内段）文旅宣传主题日"活动，以铁路为媒，进一步深化了联盟会员城市友好交流合作。西双版纳站正式开通丽江、大理至西双版纳旅游列车及西双版纳至成都直达班列，进一步深化航铁旅融合。蒙自市结合弥蒙高铁开通时机，开展"爱在云南、吃在蒙自"系列文旅推介系列活动，与招商银行、邮政储蓄银行推出联名优惠银行卡，开发蒙自元素系列文创产品。保山市与省文化和旅游厅推出"厅市合作宣传"模式，开展"坐着动车游保山"等一系列主题宣传活动。9月15日，"七彩云南"保山腾冲旅游列车在昆首发，围绕"七彩云南·保山腾冲文化旅游"主题开展宣传营销。昌宁县积极参加保山动车通车宣传推介活动，以"现场演说推介+昌宁敬茶歌曲推介+伴手礼推介"的方式向列车上的旅客推介昌宁文化旅游。针对暑期游和保山站动车通车契机，制订特定节点宣传推广方案，积极动员涉旅企业针对暑期和动车通车2个时间节点推出系列优惠措施，共收集到14家企业分别在线路产品、住宿、餐饮、购物等方面推出免费、折扣或一口价等优惠措施24条。

（四）依托旅游业推进铁路遗产活化

红河州在保护滇越铁路和个碧石铁路的基础上，积极发展遗产交通旅游。围绕百年米轨，已经推出建水东至团山小火车、石屏米轨小火车、开远市南北轨道交通米轨旅游列车以及米轨铁路网红打卡点为亮点的旅游产品。个旧市加强个碧石铁路及沿线文化旅游资源保护利用，积极融入"米轨时光"跨国精品旅游体验带，正在推进米轨、寸轨博物馆建设，打造富有锡文化底蕴的世界级锡文化工业旅游景区。石屏县围绕"一湖两城、双城带动、两廊串联、十团闪亮"的"滇南最美乡愁之旅"规划部署，百年米轨恢复开通运行，"状元号"小火车驶入建水临安站，石屏—建水"滇南最美乡愁之旅"米轨漫游廊道互联互通更加紧密，坐上小火车"探寻边地中原文化、体验滇南田园风光、品味康养烟火味"成为假期旅游的新亮点和热点。

此外，全省相关县（市、区）还以铁路历史文化为魂，通过项目带动铁旅深度融合。屏边苗族自治县新华乡倮姑村滇越铁路帐篷营地（人字桥）建设争取到2022年上海市对口帮扶资金800万元，项目建设得到有序推进。临沧市配合做好云南省文物考古研究所滇西南（临沧）考古工作站的建设和挂牌，开展滇缅铁路遗址博物馆验收移交。耿马傣族佤族自治县则继续推进大湾江滇缅铁路遗址生态文化旅游度假村等景区景点建设。

三、体旅融合发展加速

2022年，全省立足于云南独一无二的自然资源禀赋，借助政策激励与资源聚集优势，主动服务和融入"体育强国""健康中国"战略及"健康云南""健康生活目的地"建设大局，着力发展高原特色的"体育+旅游"产业，积极申报并把云南建设成为全域体育与全域旅游融合发展实验示范区，"体育+旅游"产业持续保持两位数以上的高速增长态势。体育与旅游相互融合、同频共振，已成为驱动云南经济社会高质量发展的新引擎。2022年，云南全省体育产业及相关产业总规模达458亿元、同比增长23%，体育企业达7396户、增长15%，城乡居民体育消费总规模约710亿元、增长14%。

（一）加快体育旅游项目建设

全省各地以体育为牵引，以旅游为带动，"体育+旅游"融合发展加速，释放体育旅游消费潜力。昆明市晋宁区梁王村植入国术文化，以兵器、弓箭、投石等以梁王文化为主，培育体育旅游项目。昆明高新区与市文旅、体育、滇管等部门积极协调，全力推进昆明渔浦高原国际射击射箭体育公园建设相关工作。大理以"一带三道十八廊"为核心打造"漫步苍洱"世界级康旅品牌，举办自行车、马拉松、徒步登山、户外露营等赛事活动，发展"旅游+体育"新业态。宾川县运用"旅游+体育"模式，鸡足山景区以

"重走霞客路·鸡足灵山行"越野跑大赛、"重走霞客路叩禅鸡足山"丛林穿越大赛和山地自行车速降赛、爬坡赛等活动为载体，着力为游客提供"可观赏、可参与、可体验"的旅游产品，鸡足山体育旅游景区入选2022年云南省体育旅游精品项目。丽江市推出云南省第十二届少数民族传统体育运动会文旅优惠活动，推出赛事人员"丽江一日游"、赛事人员及亲属优惠、"丽江欢迎你"奖励旅游等优惠活动，积极推进"体育+旅游"，培育体育赛事旅游市场，满足参赛人员"随着比赛去旅游"的需求。赛事活动期间，共向赛事人员发放2600多份"亲属卡"。迪庆州注重推进滑雪场项目建设及"冬游迪庆"产品研发，保山市建设启迪冰雪运动基地等项目。玉溪市利用抚仙湖、磨盘山等资源开展体育旅游；新平彝族傣族自治县积极谋划重点项目，完成磨盘山民族体育运动公园"35102"文旅项目谋划。兰坪白族普米自治县对接谋划徒步、山地越野等体验型旅游产品，购置山地越野车，初步选定山地越野线路，谋划推进"云上丹霞"等大众旅游体验产品。丘北县编制完成官寨漂流探险旅游区、清水江秘境旅游区概念规划，启动丘北县西部溶洞探险区概念性规划经费事宜；麻栗坡县着力抓好国门水上运动旅游项目建设。

（二）积极举办体育赛事活动

腾冲市积极筹备马拉松赛、界头花海马拉松赛等赛事活动，谋划好南部5乡镇赛事，打造南部乡镇"一乡一赛""一镇一品"特色户外运动体育赛事。怒江州成功举办中国怒江皮划艇野水赛，中国怒江皮划艇野水公开赛入选全国十佳体育旅游精品赛事，泸水市加快推进怒江州国际皮划艇野水赛事（泸水段）比赛场地基础设施改扩建二期项目建设。西畴县举办了"最美西畴·香坪山汽车摩托车运动嘉年华"赛事活动。

（三）冰雪旅游成为体旅融合亮点

在2月由国家体育总局、文化和旅游部联合发布的"2022年春节假期体育旅游精品线路"中，曲靖大海草山滑雪旅游线路榜上有名，引领了全省冰雪旅游优质产品供给，满足了常态化疫情防控形势下人民群众不断增长的冰雪运动需求。位于会泽县的大海草山国际滑雪场是全国纬度最低，云南海拔最高、规模最大的大型室外滑雪场，自运营以来采取增加指导人员和滑雪设备、丰富冰雪产品供给等方式，吸引人们参与冰雪运动，体验冰雪运动的乐趣。

（四）体育旅游亮相旅交会

2022年中国国际旅游交易会期间，云南省体育局组织搭建了体育旅游馆，设置有州市体育旅游展示区、体育企业展示区、赛事活动展示区、户外运动装备及体育用品展示区、户外运动项目体验区、论坛区等展区，邀请多家体育旅游领域市场主体参展，聚焦新形势下体育旅游市场发展的新趋势、新特点，宣传展示云南体育旅游发展成果、体育企业品牌和疫情防控常态化下体育产业在促进云南文化旅游产业消费升级的特点和亮点，扩大云南省体育旅游项目影响力的同时，持续深化体育旅游融合，以高水平体旅融合发展促进产业升级和跨越式发展。展馆还同期举办体育旅游项目推介会、签约仪式、论坛及培训。7月22日上午，云南省体育局与红河哈尼族彝族自治州人民政府、中体产业集团股份有限公司签订《建设中国·弥勒亚高原全域体育训练基地战略合作三方框架协议》，下午举办了2022年云南省体育旅游项目推介会，宣传云南体育旅游资源。

（五）体育旅游品牌得到提升

2022年7月，云南省体育旅游精品项目评审委员会公布了《2022年云南省体育旅游精品项目和体育文化优秀项目名单》，50个项目入选体育旅游精品项目（表2-2），30个项目入选体育文化优秀项目（表2-3）。

表2-2 2022年云南省50个体育旅游精品项目名单

序号	类型	入选名单
1	体育旅游精品景区	保山永子棋院、宾川鸡足山体育旅游景区、可邑小镇、普者黑景区、安宁温泉小镇、会泽大海草山滑雪旅游度假区、丽江东巴谷汽车旅游营地、普达措国家公园、腾冲启迪双创冰雪运动基地、丽江老君山体育旅游景区
2	体育旅游精品赛事	上合昆明马拉松、中缅瑞丽—木姐跨国马拉松、梅里100极限耐力赛、昆明网球公开赛、德钦格萨尔射箭节、北纬21°勐腊热带雨林跨境越野赛、"七彩云南·运动德宏"体育文化旅游节、"一带一路·七彩云南"昆明电子竞技公开赛、中国东川泥石流国际汽车越野赛暨中国汽车越野锦标赛东川站、中国丽江武术文化节、中国怒江皮划艇野渡公开赛、西双版纳热带雨林汽摩越野挑战赛、西双版纳古六大茶山山地自行车挑战赛、楚雄紫溪山越野赛、彝州之巅大姚百草岭登山大会、元谋越野摩托车耐力赛、大理徒步旅游节、AA百公里主题徒步活动、香格里拉户外运动大会、昆明环滇池高原自行车邀请赛、元阳哈尼梯田越野赛、"昆明地标"穿越城市定向越野挑战赛、澜沧拉祜族自治县糯扎渡大江野钓邀请赛、孟连傣族拉祜族佤族自治县万人捉鱼大赛、"中国·萨王纳"元江滑翔伞邀请赛、大理松桂茶马古道系列赛事
3	体育旅游精品线路	昆明十峰登山体育旅游线路、怒江大峡谷美丽公路运动绿道、红军翻越香格里拉雅哈雪山徒步线路、中国远征军之路、普达措尼汝徒步线路、石屏异龙湖环体育旅游线路、昆明丰碑之路、滇越铁路徒步线路、滇西徐霞客寻踪之旅、平那色峰海体育旅游线路、昭璞运动绿道
4	体育旅游目的地	腾冲体育旅游目的地、弥勒体育旅游目的地、澄江抚仙湖体育旅游目的地

表2-3 2022年云南省30个体育文化优秀项目名单

序号	类型	入选名单
1	体育文化节庆项目	中国沧源佤族司岗里摸你黑狂欢节系列活动、陇川县"目瑙纵歌"狂欢节、中老越三国丢包狂欢节、中国石林彝族摔跤节、孟连傣族神鱼节系列体育赛事活动、武定发窝六月六民族体育文化节、西双版纳傣族泼水节龙舟赛、腾冲龙舟赛、中国双柏彝族虎文化节、元江"梯田人家"哈尼民俗体育节庆、弥勒阿细跳月节、马关苗族花山节系列民间项目

续表

序号	类型	入选名单
2	体育文化民俗民间项目	德钦格萨尔射箭节、牟定县彝族"三月会"左脚舞大赛、怒江州弩王争霸赛、昆明滇池国际龙舟争霸赛、宜良九乡"猎神节"民俗体育系列活动、镇康县民族民间陀螺赛、泸水市登埂澡堂会系列体育活动、元江傣族狮子舞争霸赛、德宏盈江县香额湖围鱼节
3	体育文化民族项目	普洱镇沅彝族哈尼族拉祜族自治县全国陀王争霸赛、迪庆香格里拉端午赛马节、石屏彝族烟盒舞、石屏花腰彝族女子舞龙、弥勒彝族摔跤节、"新中国民族团结第一碑"民族团结进步教育系列赛事活动、元谋彝族摔跤、石屏县彝族跳鼓坡节、怒江保保族"阔时节"民族体育竞技会

9月22日，国家体育总局、文化和旅游部发布了《关于发布"2022年国庆假期体育旅游精品线路"的公告》，全国共12条旅游线路入选，其中就有香格里拉虎跳峡高路徒步线路。11月，国家体育总局体育文化发展中心公布了"2022中国体育旅游精品项目"入选名单（表2-4），云南省有13个项目入选，入选总数位列全国第一位。其中，腾冲市已是连续第三年荣获全国十佳体育旅游目的地称号，昆明十峰登山体育旅游线路则是第二次被评为全国十佳体育旅游精品线路。

表2-4 云南省入选2022中国体育旅游精品项目名单

序号	类型	入选名单
1	体育旅游精品景区	保山永子棋院（十佳）；可邑小镇；普者黑景区
2	体育旅游精品线路	昆明十峰登山体育旅游线路（十佳）；中国远征军之路
3	体育旅游精品赛事	中国怒江皮划艇野水公开赛（十佳）；上合昆明马拉松；昆明网球公开赛；孟连傣族拉祜族佤族自治县万人捉鱼大赛；德钦格萨尔射箭节；中缅瑞丽—木姐跨国马拉松；中国丽江武术文化节
4	体育旅游目的地	腾冲市（十佳）

四、生旅融合切实推进

优良的生态环境是旅游业发展的基础，绿色是云南最亮丽的底色，生态旅游是全省的优势旅游产品。2022年，全省各地坚持生态优先、绿色发展，加快生态文明建设，统筹推进"山水林田湖草沙"一体化保护和系统治理，开启绿美云南建设，深入推进生态与旅游融合发展。《云南省"十四五"文化和旅游发展规划》为全省培育康养文化旅游新业态指明了方向和路径，即建设国际康养旅游胜地，开发生态养生旅游、温泉康养旅游、康体健身休闲新业态新产品。

（一）积极开发生态旅游产品

各地发挥生物多样性资源与高原特色农产品优势，积极培育新业态、新产品。滇池西岸湖滨生态文化旅游休闲带渐成规模；呈贡区与云南中医药大学合作举办第三届"小小中医郎"国医启蒙学堂中医文化科普夏令营,带领小学员探索生物多样性中草药的奥秘;宜良县积极发展米户生态旅游资源;西双版纳合理利用雨林生态资源,结合"大健康"产业发展契机,有序推进植物园、望天树、勐远仙境创建生态旅游示范区工程;金平县马鞍底坪河生态露营区、蝴蝶文化生态体验园区、金平蝴蝶谷小镇数字化建设项目等项目建设完成可研评审;保山市建成玛御谷温泉等高中档温泉30多个,壮大"康养+旅游"业态;昌宁县积极打造橄榄河温泉等一批温泉康养项目,康藤·高黎贡帐篷营地被评为"国家森林康养基地",世博牧云·悠所摩旅营地成为云南首个摩旅主题高端营地;砚山县推进龙坝岗生态休闲旅游区、坡索农庄木屋建设,拓展旅游景区、休闲农园功能;罗平县引入伟光汇通、喜林苑就罗平花海酒店、野奢帐篷露营地、古建筑和传统村落保护开发项目达成了合作事宜。10月16日,楚雄老君山生态文旅产业园建设项目与南京玉虎文旅集团正式签约,拟投资80亿元建设野生动物世界、奇险律动森林、理想桃园美村、未来生物小镇四大功能板块及相关配套基础设施;南华县规划实施南华县龙川江生态旅游带建设项目、两旗海生态景区开发建设项目,打造集娱乐休闲、体验观光、文化教育、亲子互动、自然生态于一体的生态旅游景区。西双版纳州发挥生态旅游优势,推进研学旅游发展,雨林学校、雨林探秘等科普研学产品迭代更新。怒江州泸水市三河村的"观鸟经济"入选文化和旅游部全国100个乡村旅游扶贫示范案例。金平苗族瑶族傣族自治县加强生态保护和修复保护蝴蝶及其他生物多样性,扩大绿色空间,COP15期间5·22国际生物多样性日系列主题发布会,金平县蝴蝶博物馆馆长杨镇文出席新华网发布的"中国·红河蝴蝶谷COP15蝶翩翩生物多样展新颜系列活动"推介红河蝴蝶谷。

(二)推进绿美景区建设

按照《云南省绿美A级旅游景区三年行动方案》,坚持"巩固、提升、整治"原则,分级分步推进绿美景区建设,开展景区植绿补绿,以提高景区绿化率,促进生态环境保护修复。8月13日,云南省绿美景区建设在昆明启动,全省各地将合理提升景区绿地率、绿化覆盖率,促进景区生态环境保护修复和旅游资源价值提升,推动景区更高质量、更可持续、更为安全地发展。临沧市、砚山县、屏边苗族县等地制订实施了《临沧市绿美景区十年规划(2022—2031)》《砚山县绿美A级旅游景区三年行动实施方案(2022—2024年)》《屏边县绿美景区三年行动实施方案(2022—2024年)》。

(三)丰富生态与旅游融合的载体

2022年4月,根据国家林业和草原局公布的2022年国家级自然公园评审结果,弥勒云峰山国家石漠公园、丘北舍得国家石漠公园获批准新建,普洱五湖国家湿地公园、泸西黄草洲国家湿地公园获批准调整范围。此外,争创亚洲象国家公园被写入2022年云南省政府工作报告中,普达措、高黎贡山国家公园创建工作也在积极推进之中。国家植物博物馆在3月被列入2022年昆明市重点开工建设的文旅项目名单,昆明市自然资源和规划局于 10 月 14 日发布了《国家植物博物馆核心区和门前区的控详规修改方案批前公示》。西双版纳州在全省率先开展碳中和示范区建设，印发《西双版纳州"十四五"低碳发展规划》，推进旅游业低碳发展。4 月 2 日，望天树景区采取线上会议的形式召开了碳中和示范区建设和管理规范项目开题会议，委托中央文化和旅游管理干部学院和中科天元（北京）城乡规划设计院联合编制《望天树景区碳中和示范区建设和管理规范》。9 月 26 日，洱海上第一艘零排放、零污染的新能源游船——"风花雪月号"成功首航，是全省第一艘纯电动入级中国船级社（CCS）的船舶，也是云南省第一艘绿色Ⅲ级船舶。

（四）申报创建相关案例与品牌

2022 年 3 月，云南省自然资源厅开展自然资源领域生态产品价值实现典型案例征集工作，并筛选出云南省第一批生态产品价值实现 5 个典型案例，分别是西畴县石漠化综合治理（创建 5 个 A 级旅游景区成功）、保山市施甸县善洲林场"绿色+金色+红色"生态产业融合发展、昆明市西山区引入社会资本整治废弃矿山（推动现代苹果采摘休闲示范园建设）、个旧市阳山片区综合治理废弃采选区（建设阳山生态公园）、泸沽湖滇川两地联合护湖绿色发展。这五个案例都与旅游业密切相关，成为推进生态文明建设与旅游产业融合发展的样板。云南省 2022 年创建生态类旅游品牌名单如表 2-5 所示。

表 2-5　云南省 2022 年创建生态类旅游品牌名单

序号	类型	入选名单
1	中国天然氧吧	昆明市盘龙区、安宁市、墨江县、大姚县、水富市、南涧县
2	国家级全域森林康养试点建设县（市、区）	蒙自市
3	国家级森林康养试点建设基地	屏边县大围山悦森酒店、西畴县香坪山、腾冲市火山热海、玉龙县黎明景区、思茅区蓝眉山、南涧县无量药谷、武定县泉心荟、盘龙区野鸭湖、马关县云山草场
4	中国森林康养人家	马关县马洒森林康养人家
5	避暑旅游目的地	昭阳区、麒麟区、安宁市、大理市、弥勒市

除此之外，昆明玉龙湾、腾冲火山热海景区列入 2022 年国家青少年自然教育绿色营地拟认定名录公示名单，西双版纳州在第二届"新时代·中国美丽城市、美丽乡村巡礼"暨 2022 中国文旅和景城融合发展峰会上获评"中国最美绿色休闲旅游名城"荣誉称号，云南省文化和旅游厅联合中青旅联科数字营销有限公司、"游侠客"联合推出了"跟着大象游云南"绿色生态高品质系列旅游线路产品（表 2-6）。

表 2-6 "跟着大象游云南"绿色生态高品质旅游线路

序号	名称	线路走向	目标市场
1	玉溪环游记	昆明—笔架山—抚仙湖后山—庄园下午茶—希尔顿酒店—帆船体验—化石博物馆	微度假客群
2	普洱野趣派	思茅区—倚象山—普洱太阳河国家森林公园—小凹子咖啡庄园—景迈山	生态休闲客群
3	版纳万物生主题线路	景洪市—基诺山寨—野象谷—曼掌村—热带植物园—傣族园	亲子研学客群

五、农旅融合全面开花

2022年,全省各地抓住巩固拓展脱贫攻坚成果和乡村振兴战略深入实施的机遇,以乡村振兴"百千万"工程示范乡镇、精品村、美丽村庄、国家重点旅游村、省级金牌旅游村、最美乡愁旅游地、现代化边境幸福村、精品咖啡庄园、农耕文化实践营地创建等为抓手,推进农业(农村)、文化、旅游融合发展,积极探索乡村旅游高质量发展模式。

(一)推进农旅项目建设

昆明市开展磨憨—磨丁经济合作区乡村旅游发展调研,编制农文旅融合村寨建设工作方案;五华区整合沙朗片区旅游资源,依托沙朗民族文创园、西游洞、云花谷、西翥温泉田庄等打造沙朗印象旅游区;盘龙区将乡村旅游与新农村建设一体化发展,借助麦冲村、双龙旅游小镇、野鸭湖旅游小镇等建设,提升农家乐档次和服务水平,推出特色餐饮、劳作体验、森林观光、康体运动等系列乡村休闲产品;呈贡区卧龙古渔村于7月23日举办了"此中有真意"卧龙古渔村耕读生活艺术系列展览、乡村露营节、繁星闪耀春水流——冰心先生昆明生活与文学回顾展等主题活动;晋宁区在沿滇四个"美丽乡村"文化旅游示范村的打造中提出分别以农耕文化、梁王文化、古滇文化和贝丘历史文化、郑和文化为主体的文化展呈线索。嵩明县结合露营热,引导乡村旅游点积极开展露营游,打造伴山露营,搭建新的社交场景。提升打造牛栏江镇水海村委会鸽文化体验中心项目。宜良县推出"后备箱计划",优化延伸农旅产业链;包装打造"米户"系列品牌,实现"樱桃+"产业融合发展;宁蒗县广泛发动各乡镇参与"一乡一景""一乡一味"创建申报工作,由文化和旅游局统一收集筛选后制作形成了"宁蒗画册"和"宁蒗菜谱";个旧市推出了锡城哨冲典型经验,以梨花为主题的观光农业+民宿、+露营等乡村旅游业态粗具规模;临沧市做好"茶旅"文章,制订《临沧市加快茶旅融合发展实施方案》,大力推进茶旅融合发展。

(二)打造农文旅融合型目的地

以旅游供需品质化、品牌化为导向,推动打造了一批具有影响力的农旅目的地品牌。

富民县申创东村镇小松园、罗免镇西核村（梦园农庄）为市级乡村旅游示范村，禄劝县推荐申报省级金牌旅游村5个、最美乡愁旅游地3个。大糯黑村、矣美堵村、彝族第一村、堡子村、阿着底村5个重点村成功创建为石林县第一批乡村旅游重点村。开远市卧龙米业农耕文化实践营地入选农业农村部、共青团中央、全国少工委第一批农耕文化实践营地推荐名单，是云南省唯一入选的农耕文化实践营地。龙陵县以"小粒咖啡+文旅业态"为发展路径，成功创建4A级高黎贡国际精品咖啡景区，2A级保岫景区。思茅区淞茂滇草六味中医药博览园、云南农业大学热带作物学院、爱伲庄园世界咖啡博览园、普洱·祖祥万亩有机茶庄园创建为国家3A级旅游景区。德宏州芒晃村南客林舍、三台山出冬瓜民宿、梁河芒东青丘迷谷、盈江拉勐帐篷营地等一大批新业态成为网红打卡胜地。怒江州以古炭河农文旅融合示范点为典型引领、示范推动，抓紧推进以农文旅融合为模式的20个示范村，项目总投资约为4.18亿元。泸水市统筹推进"乡愁保护地"建设，制定泸水"乡愁保护地"工作意见，组建工作专班按照资源及基础条件，分2个批次实施有序推进中。丘北县完成双龙营镇创建全国乡村旅游重点镇申报材料和申报视频的制作并上报州级，10月27日，双龙营镇进入拟入选第二批全国乡村旅游重点镇（乡）名单。楚雄双柏县"打造中国·双柏彝族虎文化节品牌助推乡村振兴发展典型案例"入选乡村文化建设类典型案例。昭通彝良县小草坝镇申报创建全国乡村旅游名镇、金竹村和小草坝社区申报创建省级乡村旅游名村，宝藏村申报金牌旅游村；角奎街道申报创建省级乡村旅游名镇，洛泽河镇云中苗寨申报最美乡愁旅游目的地。

（三）策划举办农旅融合型节庆

禄劝县举办了杜鹃花海乡村旅游节、中屏乡村旅游节、转龙荷花节；阳宗海组织开展的"汤池首届草甸杨梅节""七甸街道首届蜜桃采摘节""阳宗镇文化旅游节"获得全区春城文化节优秀项目奖；阳宗海首届"文化旅游节"，以"斗村烟雨花弄潮 文化旅游助振兴"为主题，时间上横跨了整个六月和七月，空间上串联了阳宗海全域，草甸杨梅季、阳宗花海季、七甸蜜桃季、温泉养生季、三名美食季、欢乐亲子季、夏日畅玩季七大主题活动，囊括了吃、住、行、游、购、娱等各个方面。墨江哈尼族自治县哈尼祭竜节、"十月年""苦扎扎"，彝族火把节等特色民俗文化活动日趋成熟，新安新米节、团田山歌大赛暨野生菌交易会等地方节庆活动推陈出新。泸水市组织参与"第三届怒江州草果文化周"。楚雄南华县扩大中国·南华2022年野生菌美食文化节的影响力。

（四）推进乡村旅游和景区创建

立足资源禀赋和产业基础，通过抓项目、抓基础配套服务等工作，乡村旅游和景区创建稳步推进。嵩明县百花箐山谷利用自身花卉优势，开展蜜蜂养殖，推出了蜜蜂研学项目，打造百花箐劳动教育实践基地，满足中小学生多种研学体验。大理弥渡首个数字农业公园——大理弥渡数字农业公园正式亮相；密祉永和乡村旅游发展项目蜜那多精品民宿试运营，安乐窝露营建设基本完工等已开启数字农业观光、民族风情体验之旅。石屏县坝心桥头打造了乡愁记忆馆和坝心镇文化服务中心，实现一馆多用，植入了乡愁美食、乡愁茶苑、乡愁记忆馆等业态，点亮了"乡愁"品牌；大桥乡大平地村按照"规划、绿化、文化、整治化"思路，实施了村庄环境整治、稻田景观、石斛花沟、林下餐厅、烧烤区、垂钓区、栈道、游乐区等建设，把村庄变成一幅幅美丽画卷，实现了田园变公园。保山市建成司莫拉幸福佤乡、深闺里、牧云栖等项目，发展"农业＋旅游"业态。昌宁县启动卡斯农业示范园、嗨森中药材基地、三道桥等研学基地建设前期工作。思茅区立足茶咖产业，培育发展庄园经济，培育打造爱伲庄园、普洱·祖祥万亩有机茶庄园等4个旅游庄园。玉溪市加快华宁冲麦村、易门绿汁镇等乡村与国家级省级旅游重点村、旅游名镇的融合发展，打造红塔区七号田庄、江川星云稻场和花漫光山等田园综合体。新平县完成哀牢山农旅基础设施建设项目规划设计及哀牢山国家公园文旅项目谋划。江川区7月星云湖南岸乡村振兴"星云稻场"项目完成入库。怒江兰坪县围绕"小浆果"特色产业，启动小浆果特色度假庄园项目前期。文山麻栗坡县着力抓好"茨竹坝云海"乡村旅游、麻栗坡县旅游环线提升、老寨红色旅游项目、偏马乡村休闲旅游项目4个巩固脱贫攻坚、推进乡村振兴建设项目前期工作。曲靖麒麟区老角寨乡村旅游特色村新建高空水滑、彩虹滑道、露营基地等新产品新业态。景东彝族自治县推出黄草岭、岔河美丽乡村游、青云彝族风情体验游、文华露营休闲、文井蓝莓采摘体验游等多条路线，有序推进传统村落、自然风光和新兴业态、休闲旅游线路。

（五）推广10个实践模式

云南省政府办公厅印发《发展乡村旅游助农增收10个实践模式的通知》，向全省推广做活做火乡村旅游10个具有代表性、参考性的实践模式，既有勐海县勐景来村、剑川县寺登村、丘北县仙人洞村为代表的"老面孔"，又有罗平县品德村、双江县允俸村、腾冲市老寨子村这样的"新成员"（表2-7）。全省形成了以澄江市小湾村为代表的乡村民宿带动型、以维西县启别村为代表的民俗文化依托型、以丘北县仙人洞村为代表的景区发展辐射型、以元阳县阿者科村为代表的生态资源依托型、以宜良县河湾村为代表的田园观光休闲型、以泸水市三河村为代表的旅游扶贫成长型6种乡村旅游发展模式，成为发展乡村旅游、促进农民增收可借鉴复制的路径。

表2-7 云南省发展乡村旅游助农增收10个实践模式

序号	地点	模式名称
1	维西县塔城镇启别村	嵌入式发展，做活做火乡村旅游
2	玉龙县拉市镇均良村	以花为媒，扮靓乡村旅游
3	元阳县新街镇阿者科村	内源式发展，让家家户户吃上"旅游饭"

续表

序号	地点	模式名称
4	勐海县打洛镇勐景来村	体验傣家生活吸引众多游客
5	罗平县板桥镇品德村	盘活闲置资产，激活乡村旅游
6	双江县沙河乡允俸村	村景一体化发展乡村全域旅游
7	剑川县沙溪镇寺登村	焕发新魅力，赓续文脉迎八方
8	腾冲市清水镇老寨子村	"三部曲"奏响乡村旅游"最强音"
9	澜沧县酒井乡老达保村	依托独特文化旅游资源，"摆"出乡村旅游的春天
10	丘北县双龙营镇仙人洞村	乡村变景区，风景变"钱景"

（六）评选咖啡庄园和茶咖旅融合线路

精品庄园与体验旅游的深度融合，受到农业农村、文化旅游部门的关注。2022年11月，云南省农业农村厅评选出了本年度"云南省精品咖啡庄园"，爱伲咖啡庄园、天宇咖啡庄园、来珠克咖啡庄园、比顿咖啡庄园、佐园咖啡庄园、新寨咖啡庄园、高晟咖啡庄园、益嘉园咖啡庄园、粒述咖啡庄园、荣康达咖啡庄园10个庄园入选，成为新晋网红打卡地。11月25日，云南省文化和旅游厅发布了"冬游云南"旅游线路产品，其中就包括6条茶咖旅融合旅游线路（表2-8）。

表2-8 云南省6条茶咖旅融合旅游线路

序号	线路名称	线路走向
1	寻觅咖香·保山精品咖啡旅游线路	保山市—高黎贡·勐赫小镇—比顿咖啡文化产业园—坝湾新寨咖啡庄园—山顶一号咖啡庄园—丙冈大榕树咖啡体验中心—汗营走马咖啡产业电商中心—板桥青龙街—保山市
2	远山树林的味道·普洱精品咖啡旅游线路	普洱市—漫崖咖啡庄园—TORCH炬点咖啡店—爱伲庄园—太阳河国家森林公园—野鸭塘河谷庄园—小凹子咖啡庄园—普洱市
3	品一杯咖啡，寻百年历史·大理精品咖啡旅游线路	大理古城—宾川县朱苦拉村—大理市
4	拉祜摆舞林间咖香之旅·澜沧精品咖啡旅游线路	澜沧县—老达保—景迈山—东回镇—澜沧县
5	北回归线上的咖啡之旅·思茅精品咖啡旅游线路	普洱市—北归咖啡庄园—大开河庄园—普洱市
6	浓郁醇香咖啡品鉴之旅·临沧精品咖啡旅游线路	临沧市—邦东村—松枫咖啡庄园—收获咖啡庄园—临沧市

六、其他领域跨界融合

在融合发展走实走深的过程中，各地结合自身优势探索出不同的融合路径，总结出了一些模式和经验。昆明经济开发区结合产业发展需求及趋势，坚持推动"文创＋科技＋金融＋旅游"的融合发展模式；楚雄市采取"村委会＋合作社＋企业"运作模式和"红色＋民俗＋生态＋美丽庭院"发展模式，拓展延伸红色文化乡村产业链；个旧市云庙庭院剧场品牌初见成效，"旅游＋演艺"运营模式初步形成；怒江州打造形成了以美丽公路小沙坝综合服务区为代表的交旅融合模式、以乡愁领地为代表的文旅融合模式、以现代特色农业庄园为代表的农旅融合模式、以三河村为代表的"生态＋旅游"融合模式；孟连县结合康养、研学、演艺、文创、智慧旅游等新型融合的产业，把芒信镇迦甸岚景区、勐马贺哈山神舞景区通过景区＋康养＋智慧等模式培育成新业态的增长点；师宗县已初步形成自然景观观光休闲游、人文景观研学游、文艺娱乐游、健康保健康养游、革命文化红色游等旅游产品。

第二节　旅游产品业态优化升级

一、智慧旅游

2022年，云南省大力推进数字经济发展，致力于提升旅游业智慧化水平。全年智慧旅游工作展现以下几个亮点。

（一）持续推进智慧文旅平台建设

各地区依托"一部手机游云南"平台，完善各地区各板块建设上传景区景点文旅资讯，展示地区地域形象，景区内部利用智慧化数字化进行迭代升级，旅游厕所、智慧停车场定位及时上传，景区咨询实时更新，提供景区智慧化服务，如门票预约、攻略分享、个性化线路定制等子项目服务内容。除了在服务端展现出智慧化数字化的新潮趋势之外，在管理端各地区同样引入智慧化理念，汇聚文旅行业各主体的综合态势监测网络，综合监管团队游、散客游全过程（表2-9）。

表2-9　云南省各地推进智慧文旅平台建设的举措

序号	州（市）县（区）名称	采取措施
1	五华区	继续推广"一部手机游云南"，不断更新完善"乐享五华"平台，2022年1—9月新增乐享五华及文惠卡注册用户20220人，其中乐享五华平台10016人，文惠卡平台10204人，上传文旅资讯181篇，平台累计访问量达1279万次

续表

序号	州（市）县（区）名称	采取措施
2	丽江市	依托"一部手机游云南"平台建设，持续推进智慧旅游景区建设，全市20个A级旅游景区全面实现线上预约。推进建设文旅大数据集成中心、文旅综合管理平台和文旅综合服务平台。在管理端，以"吃、住、行、游、购、娱"六要素为切入点，汇聚文旅行业各主体情况的综合态势监测网络已搭建；旅行团队"游前、游中、游后"全过程实时化、智能化监管的综合监管应用流程已打通。在服务端，咨询公告等公共服务、数字人等特色服务板块已可视化
3	红河州	"一部手机游云南"红河板块、4A级以上旅游景区智慧化建设持续推进，不断提升智慧旅游服务能力
4	金平县	积极申报金平县"一机游"应用深化建设、景区智慧化建设、蝴蝶谷小镇数字化、智慧旅游体系建设等项目，为做好"一部手机游云南"奠定了良好基础
5	河口县	进一步搭建完善了"河口文旅云"小程序。完成接入"一部手机游云南"平台厕所71座（其中旅游厕所37座、公厕34座）、洗手台230座、智慧停车场2座（河口火车北站停车场、河口城投顺达停车场），道路沿线停车位725个；上线宾馆酒店56家、餐厅44家；慢直播线路5路
6	孟连县	完成"一部手机游云南"3A级旅游景区名片的采集、制作和上传，3路A级旅游景区和3路非A级旅游景区直播上线，上报2条旅游精品线路，3A级旅游景区手绘地图和地理信息测绘工作，14座旅游厕所定位及1座景区停车场定位，1家旅行社、29家餐饮企业评价和10家酒店、客栈的评价上线，完成率100%
7	芒市	按照省、州的统一部署，稳步搭建"一部手机游云南"平台，芒市已完成第一、第二、第三批相关工作任务要求，芒市辖区内7家景区已完成智慧景区建设并成功上线"游云南"App。完成上线城市名片、景区名片优化和慢直播的优化更新，完成景区门票预约等工作
8	泸水市	维护"一部手机游云南"泸水板块，上传泸水市城市名片图片267张，游记玩法攻略16篇，宣传视频11个，将148座厕所（其中2座智慧厕所）、85个洗手台、7个停车场（其中智慧停车场4个）接入"一机游"
9	临沧市	依托大数据建设提升文化旅游智慧化水平，推进"一部手机游云南"临沧板块建设，完善9个城市名片、29个A级旅游景区、20个非A旅游景区和2个传习馆名片，优化提升203路直播流，在"游云南"App目的地板块发表游记500篇、玩法180篇、美文视频140篇，开展事件直播46件，推出精品线路23条，酒店上线532家，餐饮企业上线258家，旅行社上线13家，商品零售企业上线16家销售56款产品，销售额突破1000万元

（二）智慧旅游助力文旅宣传活动

在智慧平台搭建并进行完善的基础上，辅以新媒体技术力量，选用微信公众号、小红书、微博、抖音、快手等平台进行宣传推广，形成区域宣传矩阵，吸纳流量，增加粉丝量，提高粉丝黏性，浏览量、阅读量不在少数。其中，部分地区推陈出新，采用别样形式进行宣传，石林县文化和旅游局局长紧跟网络热潮，变身旅游推介官介绍石林县旅游资源；大理市明确"最佳爱情表白地"定位，开展营销活动；普洱市开发数字文创产品，设计微信红包，利用微信平台进行形象传播；游云南慢直播队伍阵容日益扩大，同样也是宣传云南旅游资源的有利途径（表2-10）。

表2-10　全省各地采取的智慧化旅游宣传措施

序号	州（市）县（区）名称	采取措施
1	五华区	在2022年昆明国际旅游交易盛会期间，集中投放朋友圈广告50万次，组织开展五华文旅优质IP短视频大赛，共征集205条参赛作品，话题点击量达1770.5万次，拍摄抖音专题视频11期，完成《这就是五华》精品文旅图书制作印发。充分运用"抖音""五华文旅"微信公众号等平台，对五华区文化旅游资源进行全方位的宣传推广
2	石林县	打造推出石林县全域旅游智慧导览系统（手绘地图），系统界面以手绘地图形式呈现，采用中文语音讲解和景区详情介绍，涵盖全县范围内文化旅游资源和公共服务设施，突出智慧"一码游"，更加符合游客和市民的使用习惯。打造涵盖微信公众号、视频号、新浪微博和抖音平台的石林文旅新媒体矩阵，文化和旅游局局长变身旅游"推荐官"，全方位介绍石林县域文化和旅游资源。"石林文旅"微信公众号累计阅读量突破12万，抖音平台累计播放量超过550万余次，粉丝数4万，获赞10.6万。微信视频号平台累计播放量33万余次。公众号图文色彩系列、旅游攻略系列文章浏览量突破2000，全域旅游短视频《石林十二时辰》《文旅局长邀你到石林过大年》冲上同城热榜，七夕阿诗玛等多个专题受到上级宣传部门、行业主管部门转发，巴江夜游等多个主题视频受到平台流量推广
3	大理市	一是局微信公众号编发37期282篇，阅读量18983次，转发1420次。二是联合云南网《早安云南》栏目推出"三月街""小满节气""绕三灵"三期图文视频宣传。三是完成"万名导游带你云游景区"蝴蝶泉景区直播，累计观看人数8454人次。四是配合市委宣传部开展央视正大综艺栏目拍摄工作。向省、州级媒体推送各类宣传稿件40余篇。五是联合百度智行科技公司、三江·滇和缘开展"相约大理·为爱表白"最佳爱情表白地婚礼活动。六是开展"中国旅游日"大理市分会场宣传活动，发放宣传资料4720份，赠送小礼品1270份，文旅优惠措施的影响力和覆盖面持续扩大。七是开展"五一"文旅系列惠民活动，发放各类宣传开400余份，关注大理市文旅微信公众号人数破千。八是拍摄"文旅局长推荐旅游"视频，并在文旅头条、云豹客户端、大理文旅App等媒体发布。九是完成大理海洋世界智慧景区提升工程，完成"数字大理"文旅板块数据归集工作。持续推进"游云南"慢直播推流恢复和维护
4	屏边县	推动智慧景区建设，适时推进景区慢直播现场推送监测，与昆明市五华区政府开展宣传合作，大围山景区、滴水苗城景区共8路慢直播在五华区实时播放；用好县内新闻媒体平台载体，开设"美丽屏边"专栏推介屏边的旖旎风光，针对节假日、活动，策划、推送相关主题宣传美文美图新闻，加大特色旅游商品宣传推介，截至目前推送视频137个、图文98篇
5	普洱市	"普洱文旅"等媒体平台共发布信息4930余条次，累计阅读量达465万；制作推出《普洱旅游推荐官》41期、《嗨！普洱》等20个系列宣传短视频，创作540余篇文旅攻略、游记作品，点击率累计达191.7万；"游普洱""Go Puer"海外社交媒体平台账号开通运营，形成普洱文旅新媒体宣传矩阵。开发灰碟咖啡、波波杯、车载香薰等咖啡文创产品，"普洱生态小精灵"表情包上架微信表情商店，发布普洱景区微信红包封面，举办"茶旅""咖旅"主题精品旅游线路大赛，普洱文旅智慧化水平和影响力持续提升

（三）吸纳企业智慧转型提质升级

全省多地积极引入科技产业，以成熟高科技企业对景区进行投资，带动地区景区转型升级，培育特色小微企业，为旅游景区吸纳资金，用于基础设施建设和智慧化设施升级改造，扩大企业业务涉及领域，丰富地区业态经济（表2-11）。

表2-11 全省各地促进科技企业与旅游景区合作的举措

序号	州（市）县（区）名称	采取措施
1	昆明经开区	全力推动园区文化产业的转型升级，通过对外文化交流服务平台建设，引入云链科技、玖号传媒、火牛科技等一系列科技、平台类企业及项目。由区内云南火牛科技有限公司开发撒梅文化数字化保护和传承项目，利用互联网、虚拟现实（VR）、增强现实（AR）等技术，建设和开发撒梅文化数字化保护和传承大数据平台；自由象文创园区完成5G+智慧化应用展厅建设，展厅融合当下前沿的数字化技术应用手段，配备了人脸识别、MR、AR、VR、智慧大屏、智控系统等系列软硬件设施，将人工智能、物联网IOT应用成果生动直观地展示
2	玉龙县	积极对接企业投资文旅产业，先后与中民康旅文化科技集团有限公司沟通洽谈马文化产业、墅家玉庐业主沟通太安乡开展雪山大地艺术节、重庆市通信产业服务有限公司开展智慧产业项目
3	勐海县	组织旅游企业参加主题为"智慧创新共启未来——服务旅游业高质量发展"中国昆明国际旅游交易会
4	江城县	培育生态、康养、体育、研学、演艺、文创、智慧旅游等新业态企业2家，新增特色小微企业35家
5	大姚县	2022年5月，县政府与中惠旅智慧景区管理股份有限公司就大姚县三潭瀑布旅游景区合作开发项目协商一致并签订了招商合同书，该项目概算总投资10亿元
6	芒市	正在与第三方（德宏智威科技有限公司）对接芒市智慧文化和旅游服务中心建设的前期准备工作

（四）科技赋能基础设施更新建设

全省各地将智慧化理念融入旅游景区日常运营之中，助力景区内部软硬件设施更新，主要包括消防系统的智慧化、安防工程的智慧化、讲解以及预约服务的智能化等；厕所、停车场接入智慧平台，便于服务游客；全省景区基本实现4G、5G网络全覆盖。智慧化理念更突出表现在博物馆管理工作之上，文物的数字建档工作在多个博物馆有序推进，对文物保护工作起到了极大作用（表2-12）。

表2-12 全省各地旅游景区基础设施更新情况

序号	州（市）县（区）名称	采取措施
1	大理市	完成概算投资3960万元的鸡足山景区智慧消防项目可研编制，待专家评审后争取中央预算内投资启动实施
2	巍山县	古城古民居改造项目、古城内部分文保单位及登录点智慧安防工程均已完工，并通过验收。一部手机游云南智慧旅游之智慧安防建设项目已完工，并通过验收。巍山古城消防基础设施建设项目（一期）智慧消防项目（文物部分），6月1日完成招投标工作，8月5日工程进场施工，目前工程仍在进行中。实施5G智慧博物馆系统采购项目

续表

序号	州（市）县（区）名称	采取措施
3	鹤庆县	鹤庆新华银器小镇智慧化建设项目（二期）388万元，已完成工程量的95%
4	丽江市	丽江古城持续推进"智慧小镇"提升项目，玉龙雪山景区推进玉龙雪山租赁景区智慧运营及资金结算管理系统项目，不断提升景区智慧化水平。"丽江古城智慧小镇"入选文化旅游数字化创新实践案例
5	玉龙县	通过建设智慧厕所、智慧停车场、智能语音讲解、网上购票、直播平台等建设，使玉龙雪山、老君山、玉水寨、东巴谷、东巴万神园等景区软硬件设施得到了极大提高
6	西双版纳	辖区内共有1个5A级旅游景区和10个4A级旅游景区完成了景区名片、慢直播、事件直播、手绘地图、AI识景、智慧厕所、智慧停车场等全面智慧化建设项目。12家4A级以上旅游景区视频监控已按照标准接入省级监控平台，且在线率不低于70%。全州A级旅游景区实现5G、4G网络全覆盖。不断完善门票预约服务，全年实现散客预约10.53万人次，团队预约51.11万人次，第三平台预约284.29万人次
7	勐腊县	充分优化线下景区、诚信评价、投诉处置、"刷脸"工程等"五体系两平台"运用，"一部手机游云南"显现新成效
8	景洪市	各景区以完善智慧旅游服务设施为重点，不断提升景区厕所、标识标牌、停车场等基础设施建设，对景区进行提升改造
9	德钦市	梅里雪山小镇二期计划总投资19403万元，目前正在进行小镇核心区智慧化建设、小镇建设风貌整治，明珠拉卡广场已完成主体部分、梅里步道（三标）已完成30%的建设任务
10	绿春县	对照3A级旅游景区申报标准，在2A级旅游景区的基础上，对县博物馆进一步提升改造，在馆内建造沉浸全息式旅游体验馆，预期开通智慧语音讲解服务、小程序景区预约等功能，从而满足广大游客智能化、个性化的旅游服务需求
11	屏边县	加大滴水苗城智慧景区建设力度，完成了滴水苗城智慧停车场改造
12	河口县	加快推进河口县博物馆数字化建设。通过对官方网站、微信公众服务平台、VR全景展示系统、珍贵文物数字化采集（5G应用）、数字资源管理系统等数字化保护利用项目的建设，目前已完成珍贵文物数字化采集、博物馆公众号创建等工作，全面实现对河口县博物馆、同盟会河口起义纪念馆数字化保护，并在此基础上对文物数字化资源进行合理、有效地利用，实现博物馆、纪念馆业务处理数字化、决策科学化、管理智慧化，建设形成智慧博物馆；提高文物的安全性，实现文物和信息资料的科学化管理、传播和利用
13	元阳县	总投资2602.39万元的全福庄中寨旅游特色村建设项目已完成智慧系统安装、村内道路铺设、改造花园餐、织染坊、酿酒坊、木器坊、水景观等工程，完成工程量约96%
14	丘北县	景区智慧化建设成效明显，所有A级旅游景区信息全部接入"一部手机游云南"。在普者黑景区和玫瑰庄园安装游客适时监控系统，设置监控点6个。普者黑景区累计投入资金3700万元，全域旅游智慧化系统初具雏形，已建成调度指挥中心、模块机房、票务系统、监控系统、广播系统、信息发布系统、慢直播等，实现了自助语音讲解、扫码、刷脸入园等功能，建有智慧停车场3座，智慧旅游公共卫生间5座

续表

序号	州（市）县（区）名称	采取措施
15	富宁县	抓好8个国家3A级旅游景区的管理，鼓励景区开展智慧化建设，实施更多景区手绘地图创建、票务系统改造、景区二维码标识铺设等平台功能覆盖工作，已开通架街生态旅游区、鸟王山茶园风景区、坡芽民族文化旅游村三条慢直播线路，景区旅游要素数据信息接入州级指挥中心和省级"一部手机游云南"平台
16	曲靖市	推进11家4A级旅游景区、7家3A级旅游景区进行电子票务、综合信息发布、导游导览导航、智慧停车场、智慧厕所、互动体验、咨询和投诉、紧急求助等智慧化服务体系建设，并接入了"一部手机游云南"平台，为游客提供信息查询、票务预订、语音讲解等智慧化体验服务；陆良彩色沙林、沾益珠江源、师宗凤凰谷、菌子山、麒麟水乡、会泽大海草山、罗平鲁布革、多依河、罗平九龙瀑布、富源多乐原10家旅游景区视频监控接入省级平台
17	禄丰市	继续推进世界恐龙谷、黑井古镇和金山古镇景区的线上资源优化，切实提高智慧化旅游服务管理。加强世界恐龙谷和黑井古镇景区分时预约工作，做好门票相关减免工作。积极与州局对接，开通土官乌龙潭景区的"一部手机游云南"后台账号，将《云南智慧旅游—景区填报》手册转发至景区管理人员，督促上传景区名片的相关资料，完善景区核心区的网络覆盖
18	南华县	深入推进"旅游革命"暨"一部手机游云南"工作，完成咪依噜风情谷景区通信基础、信息化系统、景区慢直播、景区导览系统、智慧厕所、智慧停车场等智慧化景区建设工作，加快了智慧化旅游进程
19	威信县	指导扎西红色小镇景区智慧化建设，2座智慧厕所、8路慢直播、5座智慧停车场和景区导游导览系统接入游云南平台。聘请专业公司对智能化设施设备进行维护检查，确保智能化设备的正常运行。扎西会议纪念馆、图书馆、国学馆全面启动线上预约
20	水富市	推进大峡谷景区、邵女坪景区智慧化建设

二、康养旅游

康养旅游顺应了人们对生命与生活质量的追求，在新冠疫情防控期间受到各界的关注。2022年，全省继续推进健康生活目的地建设。8月18日，云南省打造世界一流"健康生活目的地牌"工作领导小组办公室发布了《云南省"十四五"打造"健康生活目的地"发展规划》，提出了建设国际康养旅游示范区、美好生活建设示范省、生态文明建设新高地的思路、原则、目标、任务、体制机制、保障措施。各地主动融入和服务打造世界一流"健康生活目的地牌"，坚持把康养旅游培育作为健康服务业发展和旅游业转型升级的重要抓手，康养旅游不断发展。

（一）康养旅游赋能传统景区

全省多个县（市、区）以原有传统旅游景区为基础，在其中增加康养项目或以康养为主题进行景区建设，优化旅游服务功能，完善旅游产品体系，提高游客体验度。全省康养旅游产业发展倚重优质自然生态资源本底，依托森林资源、地热资源、水文资源、气候资源等发展自然类康养旅游（表2-13）。

表2-13　云南省各地康养旅游项目汇总

序号	州（市）县（区）名称	采取措施
1	五华区	积极盘活闲置用地，在传统景区游的基础上，结合康养、休闲、生态等内容培育打造了吾尔岭郊野公园、松露部落、守望山城市露营公园、振峰庄园等康养度假休闲项目
2	东川区	已完成东川区中医药康养旅游基地建设项目，有序推进东川大峡谷运动康养旅游度假区项目
3	嵩明县	充分挖掘嵩明乡村旅游资源，策划推出兰茂文化健康之旅、花好月圆赏花之旅、森林康养之旅等多条乡村旅游线路
4	洱源县	火焰山温泉度假酒店项目2022年完成投资2389万元，体验区已封顶，正在进行建筑内墙砖砌体施工。全县温泉水热联供中心建设项目完成前期专家评审及县级部门审查，转交大理荣源投资有限公司负责。下山口鑫国温泉康养中心、泉·大理项目有序推进。持续巩固大理地热国4A级旅游景区创建成果，积极引导梵修六尘温泉禅院、退步堂、寻云山庄等企业提质升档，全力指导牛街温泉度假休闲养生项目兴璋温泉酒店项目前期工作，努力建设一批高品质半山酒店和精品民宿集群
5	南涧县	着力3A级旅游景区创建工作。依托藏茶谷、药谷、江边景观优势和文化底蕴，打造休闲康养、文化体验、文化研学为一体的旅游景区
6	祥云县	祥云县青海湖康养旅游度假区项目已完成项目包装储备及前期相关工作
7	永胜县	三川镇翠湖村、程海镇凤羽村成功创建省级旅游重点村，下一步将继续推进乡村旅游产业发展，形成以独具特色的特色文旅产品、美食、康养为代表的永胜乡村旅游圈
8	勐海县	勐海县中医院作为医养项目实施单位积极推进医院医养结合暨医疗养老康养区项目建设，包括医养综合楼、养居室、住院疗养区及附属设施傣药种植园，总投资2亿元，总建筑面积27180.02平方米
9	石屏县	百年米轨恢复开通运行，"状元号"小火车驶入建水临安站，石屏建水"滇南最美乡愁之旅"米轨漫游廊道互联互通更加紧密，坐上小火车"探寻边地中原文化、体验滇南田园风光、品味康养烟火味"成为假期旅游新亮点和热点
10	普洱市	普洱宸溪康养服务中心项目，目前正在开展基坑支护建设；融创普洱国际大健康度假区已纳入省级重点建设项目；华侨城普洱茶康养小镇已纳入市级重点项目
11	孟连县	立足生态资源优势，结合康养、研学、演艺、文创、智慧旅游等新型融合的产业，把芒信镇迦甸岚景区、勐马贺哈山神舞景区通过景区+康养+智慧等模式培育成新业态的增长点
12	禄丰市	罗次温泉康养旅游度假区建设项目总投资50.4亿元，已累计投入资金1.47亿元
13	大关县	稳步推进黄连河国际康养度假区乡村旅游工程项目

（二）有序推进康养项目招商

招商引资同样是云南省各地区开展康养项目建设前期须着重解决的重点问题，各地积极寻求与大企业合作，共同推动康养产业发展，招商意识增强，表现为参加推介会介绍当地旅游资源，前往沿海地区或其他经济较发达地区邀请企业到本地进行考察活动，各地达成的康养产业合作项目数量并不在少数,具体见表2-14。

表2-14 云南省各地康养旅游项目招商引资措施及成果

序号	州(市)县(区)名称	采取措施
1	西山区	云南昆明黑森林乡村旅游康养度假区项目总投资3亿元
2	富民县	文旅康养专班成绩凸显。县委主要领导2次挂帅外出招商,走访北京、上海12家企业。专班共接待16家企业到富民考察,召开规划方案讨论、项目推进、协议评审等有关专题会12次,到项目地块实地调研踏勘10次。邀请推荐招商大使4名、产业顾问6名,初步达成合作项目5个,涉及投资金额5.18亿元
3	禄劝县	禄劝县普渡河流域温泉康养项目已完成招商引资包装
4	西双版纳州	2022年谋划了26个"35102"项目,重点谋划并上报亚洲象国际生态旅游区西双版纳片区项目。储备文旅康养产业重点招商引资项目20个,预计投资额161.83亿元。上报旅游类2023年新增地方政府专项债券需求项目9个。全州纳入统计文旅康养产业项目27个,到位资金11.71亿元
5	勐腊县	勐仑镇乡村振兴文旅康养项目纳入固定资产统计项目;勐仑乡村振兴文旅康养项目在建;南腊河康养度假营地贝叶云舍半山酒店、勐仑艺术家创作康养基地拟新开工;易武贡茶文旅康养产业园、南腊河农文旅融合康养度假区建设项目为重点前期项目;持续推进勐远仙境雨林清养康养小镇项目(勐远仙境5A提升改造),已完成4A级旅游景区打造,并成功挂牌
6	迪庆州	参加2022国际旅交会、南博会等旅游招商推介会,不断提升招商引资能力,中国健康好乡村——戈登中医康养项目成功签订协议
7	个旧市	积极推进尼格温泉休闲假区创建、个旧市龙园乡村振兴产业示范项目建设,不断提升个旧市现有温泉康养旅游产品,打造避暑型康养旅游度假地建设
8	建水县	氡泉康养小镇已完成招商引资
9	绿春县	增强招商引资意识,制作招商手册,发布招商项目,推进文旅产业招商工作。积极引进杭州钱泓商业管理有限公司,开发建设绿春阿倮欧滨森林康养茶厂片区项目,预计投资1.5亿元。超额完成县对局下达的招商考核任务1亿元的要求,完成率达150%
10	昌宁县	诚邀第三方项目策划包装团队苤昌,围绕"传统村落类、温泉资源类、产业类、康养类、乡村振兴类、旅游公路及文旅基础设施类",立足山、水、田、泉、茶等资源优势策划包装一批大项目、新项目
11	红塔区	策划包装龙马山近郊休闲运动康养基地、洛河常乐温泉、研和东山土司府、新兴州城城隍坊4个项目作为重点招商引资项目
12	德宏州	成立文旅康养全产业链招商引资工作专班,全州新签约文旅招商框架项目9个,签约金额55.56亿元
13	陇川县	加大南宛湖、龙江、邦瓦樱花谷等康养旅游项目的招商引资工作力度
14	曲靖市	谋划包装麒麟生态温泉康养小镇总投资百亿元以上的综合文旅项目
15	罗平县	引入伟光汇通、喜林苑就罗平花海酒店、野奢帐篷露营地、古建筑和传统村落保护开发项目等文旅康养项目达成了合作事宜
16	楚雄市	规划面积约23平方公里,计划投资50亿元的楚雄彝风文旅康养度假区项目,一期项目星河露营地已建成运营,二期项目正在开展前期工作

续表

序号	州（市）县（区）名称	采取措施
17	牟定县	化佛山庆丰湖康养度假区、庆丰湖滨水半山酒店建设项目已列入全州重点招商项目
18	临沧市	与省健康产业发展集团在康养旅游产品，推动医养结合发展方面签订战略合作协议
19	绥江县	聚焦康养旅游重点项目，制作18个招商PPT和绥江旅游招商引资手册1000余份，到福建、上海、成都、重庆、昆明等地针对重点企业开展宣传招商，年内共接待闽商资本、鼎瓯集团等客商来绥实地考察10余次100余人

（三）优化康养旅游产业结构

康养产业是一个涵盖养老、养生、医疗、文化、体育、旅游等多个业态的工业集群，也包括休闲、娱乐、旅行、休假等多个项目。康养产业由于所面对的群体不同，所开设的项目也有所不同。云南省各地区采取各种措施补齐康养产业结构，引入康养企业，发展新业态，用先进理念全面提升康养产业发展水平，推动了"旅游+康养"产业融合高质量发展。同时发展大众型康养产品和高端型康养产品，扩大覆盖人群范围。各地区把文化旅游康养产业作为"强链延链补链"的优势产业，立足健康全要素、需求全方位、产业全链条，大力促进文化旅游产业与中医药产业深度融合发展，培育文化旅游产业集群，打造文旅康养品牌（表2-15）。

表2-15 云南省各地完善康养旅游产业链举措

序号	州（市）县（区）名称	采取措施
1	官渡区	组建文旅康养产业链工作专班办公室，把"强链"作为发展产业融合总目标，聚焦"三类500强"快速建"链"，全力推进文旅康养产业健康发展。分析产业短板补"链"，梳理形成"旅游+"、绿色食品、文化产业、医养结合4个重点领域，突出文旅康养产业链各领域特色亮点，摸清产业链上中下游现状，找准切入口精准"补链"。分阶段、按步骤推进各项工作，按月制定工作要点并逐条落实。组建专家团队护"链"，聚焦文旅康养产业链上下游，配合咨询服务机构，对官渡区具有代表性和创新性的文旅康养产业链企业单位进行深入了解。完成文旅康养产业链各责任单位第一轮内部调研工作，走访辖区20家文旅康养产业链相关企业，下一步将根据调研情况撰写完成产业分析研究报告初稿，立足全局，精心"护链"
2	西双版纳州	西双版纳聚匠非遗文化传播交流有限公司等15家企业被认定为文化旅游新业态企业。7条旅游线路上榜"2022云南新业态旅游线路产品大赛"100条获奖公示名单，正在加快推进中林西双版纳温泉康养、勐远仙境康养小镇、君澜疗愈酒店、陈升福元昌半山酒店等一批康养旅游项目建设。进一步提升区域特色康养旅游产品市场竞争力
3	景洪市	积极打造文旅康养产业链。发展康复体检、中傣疗养、保健养老等业态，积极推进景洪市国际医疗旅游先行区、小普希美丽乡村等项目建设；聚焦提升接纳能力、提升接待品位，实施一批半山酒店和保健疗养、度假旅居项目，神石国际康养大观园、青浦酒店等五星级水平民宿酒店有序推进

续表

序号	州（市）县（区）名称	采取措施
4	保山市	建成玛御谷温泉等高中档温泉30多个，壮大"康养+旅游"业态，启动龙陵三关温泉、昌宁橄榄河温泉等一批温泉康养项目
5	普洱市	与10省17市共同发起成立文旅康养城市联盟，加入云南文旅产业高质量发展战略联盟、昆明国际友城旅游联盟，进一步推动区域交流与合作
6	江城县	培育生态、康养、体育、研学、演艺、文创、智慧旅游等新业态企业2家，新增特色小微企业35家
7	贡山县	目前贡山壹号院、中交伊拉米拉云居酒店、独龙江天境酒店等康养度假型中高端酒店不断投入运营，极大丰富了旅游产品供给，带动区域发展，促进就业

（四）顶层设计聚焦康旅融合发展

为顺应人们对健康的追求和旅游观念的转变，全省各地围绕"健康生活目的地"的定位，积极发展康养旅游产业，以西双版纳州为突出代表，以全域打造闻名世界的森林公园和闻名世界的康养旅游名城为路径，加快推进世界旅游名城建设。康养旅游在此不仅是为满足游客需求而提出的旅游新业态，更是如西双版纳这般成熟景区所寻找的转型之路（表2-16）。

表2-16 云南省各地关于康养旅游产业的规划情况

序号	州（市）县（区）名称	采取措施
1	晋宁区	全面落实区委二届二次、三次全会以及《2022年政府工作报告》明确的各项目标任务，紧扣晋宁建设"国际康养旅游示范区、健康旅游目的地"的功能定位，高位统筹疫情防控和文化旅游事业发展之间的关系，成立了昆明市晋宁区文旅康养产业链链长制工作专班，抽调专人组成工作小组，统筹推进全区文化、旅游、康养产业发展
2	西双版纳州	按照《西双版纳世界旅游名城建设三年行动计划（2020—2022）》（西政办发〔2020〕28号）文件精神，世界旅游名城建设领导小组各成员单位通力合作，以全域打造闻名世界的森林公园和闻名世界的康养旅游名城为路径，加快推进世界旅游名城建设。在文旅康养产业链工作机制基础上，成立了文旅康养产业工作专班，专项推进旅游产业转型升级、全域旅游发展策划和市场主体培育工作。全年组织召开文旅康养产业链工作会议1次，文旅康养产业工作专班会议1次，召开座谈会及项目调度会等大小会议6次。举办"打造世界旅游名城推动西双版纳旅游业高质量发展"专题讲座、2022年建设世界旅游名城和文旅康养产业链专题培训班
3	勐海县	组织12个乡镇农场康养旅居分管领导、联络员参加西双版纳州文旅康养产业链专题培训班1期，接受县人大调研视察1次，并对《县十六届人大常委会第三次会议审议意见》进行细化分解至有关部门单位进行整改落实
4	绿春县	《绿春县哈尼梯田及重点村落世界文化遗产保护建设》《绿春县森林康养旅游基础设施建设》《绿春县阿倮欧滨森林城市旅游基础设施建设》3个债券项目已完成可行性研究报告及实施方案编制，绿春县阿倮欧滨森林公园建设项目（三期）已完成可行性研究报告编制

续表

序号	州（市）县（区）名称	采取措施
5	屏边县	积极融入红河州打造世界一流"三张牌"、滇南最美乡愁之旅、昆玉红旅游文化带、滇南文化旅游经济带等建设，全力推进文化旅游特别是康养产业的融合发展。组建康养产业融合发展专班，高规格推动全县康养文旅产业发展，策划了四大板块和系列文旅创新工程建设，民族医药、特色餐饮、文创产品、文化活动、宣传推介等工作稳步开展，修改完善了全县康养招商手册
6	景东县	全力做好文化康养旅游工作专班工作，有序推进各项工作任务。完善《景东县"十四五"文化康养旅游规划》积极谋划和储备旅游项目，有序推进重点项目前期工作，组织编制了安定双河温泉、景东卫城旅游基础设施、文件土林景区、无量剑湖景区等概念性规划，其中土林景区已完成1:500地形图测绘，已着手开展详规，景东卫城旅游基础设施项目已着手开展一期150亩1:500地形图测绘，为编制详规做准备
7	怒江州	以绿色发展为底色，智慧旅游赋能，围绕"一廊一带四核六片"空间格局，美丽怒江、生态怒江、户外怒江、康养怒江、风情怒江五大产品业态，形成"峡谷怒江 养心天堂"品牌重要支撑，构建起具有怒江"高山峡谷"特质的产业体系，形成文旅产业发展新布局
8	丘北县	聚焦打造"世界一流"山水田园旅游康养胜地决策部署，谋划招商引资储备项目20个。围绕文旅和大健康产业发展，深入推进云山雅筑、阿诺小镇、云上水乡等一批康养小镇建设；制定《丘北县文旅和大健康产业发展工作方案（2022—2025）》《丘北县文旅和大健康产业发展工作清单》并报政府批准实施；成功申报中国天然氧吧城市，积极推进一批康养项目
9	西畴县	全年共完成《香坪山森林康养区总体规划》《香坪山森林康养谷修建性详细规划》等6个规划编制工作及香坪山老胖箐村、小山村、西洒镇岩头村、岔河达嘎、江龙、戈木、岔河等10个乡村振兴规划
10	师宗县	高质量编制《师宗县全域旅游发展规划》，制订了《师宗县打造滇东旅游环线重要的健康生活目的地三年行动计划》，成立了以县长为组长的旅游高质量发展工作领导小组，统筹各项工作推进。
11	禄丰市	按照"一个项目、一套班子、一抓到底"的项目工作推进机制，推行项目代办制，优化营商环境，为外来投资商提供优质、高效、便捷的服务，加快推进恐龙山旅游城市综合体、金山古镇、黑井古镇、罗次温泉康养旅游度假区等重大旅游项目建设
12	元谋县	制定印发《元谋县加快打造大滇西旅游环线新亮点的实施方案》《元谋县加快建设全国知名康养休闲胜地实施方案》，谋划项目77个，总投资650.52亿元。金沙湖生态旅游区项目已完成《金沙湖旅游发展概念规划》《元谋风景名胜区金沙江景区详细规划》《金沙湖康养旅游度假区总体规划》编制，正在开展三级评审
13	临沧市	制订了《临沧市临翔区旅游业高质量发展三年行动计划》《临翔区推进乡村旅游发展实施方案》《临翔区乡村旅游示范村建设标准》，结合《临沧市最美乡愁旅游精品线路规划》，围绕康养度假、文旅融合、乡村旅游、研学旅游等重点方向，策划包装3个20亿元、11个1亿元以上、2个千万元旅游项目，做好项目前期规划

（五）康养品牌营造以及形象宣传

健康服务产业是聚焦产业发展前沿，以人民健康需求为核心，整合中医药和旅游等资源优势，以科学技术赋能产业提质升级的重要战略板块。《云南省"十四五"健康服务业发展规划》提出明确"一中心、两区、一高地"的发展目标，结合健康服务业发展态势和地域特色，着力构建"一核、六区、四带"的健康服务业总体布局。发展健康服务产业，已成为云南产业强省战略布局的重要内容，做好康养品牌培育，是打响健康服务产业、占领行业发展高地的"先手棋"（表2-17）。

表2-17 云南省各地康养旅游品牌塑造成果以及宣传成果

序号	州（市）县（区）名称	采取措施
1	西双版纳州	新获评"中国最美绿色休闲旅游名城"和"中国最美康养度假旅游名城"两项荣誉称号
2	勐海县	自开展勐海县康养旅居示范县创建工作以来，开通了勐海文旅官方抖音号、视频号等，已组织开展专项推介会2次，利用勐海发布公众对勐海县5个乡镇的乡村旅游进行推介，推出具有勐海特色的茶旅融合微电影3部、歌曲5首，发出《康旅专报》10期，发布康旅宣传短视频56期。大益庄园入选"中国旅游好资源"发现名录，恒春雨林康养小镇进入全省首批康养小镇创建名单，勐景来入选全国森林康养基地
3	屏边县	屏边大围山悦森酒店温泉森林康养基地入选"2022年国家级森林康养试点建设基地名单"
4	保山市	康藤·高黎贡帐篷营地被评为"国家森林康养基地"
5	昌宁县	推出旅游产品路线4组38条，天堂山自驾游、茶山研学游、温泉康养游等成为爆款旅游线路
6	孟连县	草拟《孟连县贯彻落实普洱市建设国际生态旅游胜地的实施方案》，以"寻找的好地方——孟连"城市品牌推动旅游与相关产业深度融合，构建孟连旅游高质量发展的新格局
7	玉溪市	玉溪市"山水玉溪·休闲康养"之旅线路入选文化和旅游部推出的"乡村四时好风光——瑞雪红梅 欢喜过年"全国乡村旅游精品线路
8	陇川县	推选出了泊心湾、麻栗坝景区、森林康养民宿等一批年度精品网红打卡地，通过微信公众号、陇川文旅政务信息公开网站不定期发布文旅信息，增加游客关注度，提升州内游、县内游热度
9	大姚县	三台核桃森林康养小镇国家3A级旅游景区初评工作已完成
10	禄丰市	积极参加楚雄州文旅产业招商大会，制作了涵盖禄丰全域旅游的宣传视频，并对楚雄侏罗纪文化旅游产业园和罗次温泉旅游康养度假区的招商项目作了推介

此外，云南省康旅控股集团在2022中国国际旅游交易会期间携旗下8家企业的10个文旅康养产业项目亮相，举办了两场主题推介会。丽江首个按照四级养老院标准进行提质改造的花园式养老项目——丽江甘美安养中心计划于8月2日投入试运营，千亿级康养小镇温泉山谷国际康绿城项目建设稳步推进。8月19日，云南建投集团投资建设的沐心谷国际康养度假区健康管理中心在弥勒东风韵举行了落成仪式。

三、研学旅游

教育是体验的四种基本类型之一，"学"是旅游活动的新要素之一。自教育部等11部门于2016年11月印发《关于推进中小学生研学旅行游的意见》以来，研学旅游成为新型业态，发展迅速。云南省有"植物王国""动物王国""世界花园""亚洲水塔""有色金属王国""人类社会发展的'活化石'"等美誉，研学旅游资源丰富，发展潜力大。

（一）出台实施研学旅游鼓励政策

2022年1月，省文化和旅游厅、省教育厅等12部门联合印发《云南省关于文旅行业的纾困帮扶措施》，提出"鼓励省内高等学校、中小学校组织学生开展研学实践活动。"3月，省政府办公厅印发《关于精准做好疫情防控加快旅游业恢复发展的若干政策措施》，明确"鼓励开展研学活动。中小学、大专院校要积极组织学生开展科普、研学、党史、社会实践、劳动实践等主题活动，制定方案并予以实施。要求各地、有关部门积极支持学校开展活动，精心设计参观线路和项目，严格执行门票减免等优惠政策，鼓励农业、工业等企业提供观摩体验场所，支持旅行社承接有关研学活动。"同月，省文化和旅游厅、省教育厅、省文物局联合印发《关于开展利用文化和旅游资源、文物资源提升青少年精神素养的实施方案》，要求"充分利用博物馆、纪念馆、开放的文物保护单位、考古遗址公园、红色旅游景区等设施设计研学旅行精品线路，打造青少年研学实践教育基地"，推动青少年在感悟社会主义先进文化、革命文化和中华优秀传统文化中增强文化自信。4月，省教育厅等9部门联合印发《云南省"十四五"学前教育发展提升行动计划实施方案》和《云南省"十四五"县域普通高中发展提升行动计划实施方案》，明确提出"加强劳动和综合实践活动，形成具有鲜明县域特色的普通高中育人模式"，支持做好普通高中学生开展综合实践活动。

（二）引进重大研学旅游项目

云南省是文化旅游资源最丰富的地区之一，研学游学资源非常突出，优势明显，如自然与人文研学包括生物多样性研学、热带雨林研学、少数民族文化研学、普洱茶文化研学、大象公益研学和地理气候研学等主题，在全国具有独特优势。各地区积极依托优势自然资源和人文资源，进行重点研学文旅产业项目招商引资，多地完成项目建设并投入运营使用（表2-18）。

表2-18　云南省各地重点规划建设的研学旅游项目

序号	州（市）县（区）名称	采取措施
1	呈贡区	完成新引进重大文旅产业项目1个（飞月燎星—嬰昕航空科普研学基地项目），市外到位资金指标任务5亿元，支撑项目区文体活动中心PPP项目完成5.71亿元

续表

序号	州（市）县（区）名称	采取措施
2	嵩明县	积极谋划"2022年兰茂文化节"和"兰茂中医药研学基地——小街镇魁阁片区"文化产业项目。打造蜜蜂研学旅游项目，利用百花箐山谷自身花卉优势，推出了蜜蜂研学项目；打造百花箐劳动教育实践基地，建设伴山露营、研学馆项目，开发具有中华文化符号的特色研学产品，满足中小学"第二课堂"需求
3	开远市	鼓励支持羊街—大庄片区发展露营、户外运动、研学游等新业态
4	建水县	暑假期间推出毕业学子免门票以及乘坐动车到建水的游客享受优惠购票、优惠购紫陶等措施，各景区还举办丰富多彩的特色活动，旅行社在暑假期间推出"农耕研学之旅"和"红色旅游线路"
5	孟连县	立足生态资源优势，结合康养、研学、演艺、文创、智慧旅游等新型融合的产业，把芒信镇迦甸岚景区、勐马贺哈山神舞景区通过景区+康养+智慧等模式培育成新业态的增长点
6	福贡县	与深圳前海南殖投资有限公司初步达成投资意向，谋划落实石月亮·亚坪乡村振兴示范区范围内亚坪十八公里区域的"云共山集"乡村振兴项目，项目包括云共山林研学营地
7	麻栗坡县	各景区积极拓展党建、团建、研学、红色文化教育、冬令营、野外拓展等新业务，吸引更多的游客到麻栗坡旅游
8	禄丰市	完成首批恐龙文创冰激凌市场销售；完成恐龙谷"恐龙猎人"研学系列产品研发；完成恐龙文化活动（"五一"节、火把节、暑期活动）及昆明大悦城城市会客厅路演活动初步方案制定；推进结合景区恐龙快乐家族IP形象进行景区内VI导视、导览的更新
9	昌宁县	善洲茶园研学基地成功创建国家3A级旅游景区，启动卡斯农业示范园、嗨森中药材基地、三道桥等研学基地建设前期工作

（三）研学主题线路发挥重要作用

全省研学旅游线路设计基本遵循由同一主题为出发点，串联不同旅游景区为基本脉络，各地区积极开发不同主题研学旅游路线，在路线策划中开始展现以自然风光观光科普为主转变为以人文历史底蕴深度体验为主的发展趋势。例如，昌宁县推出了包括贡茶研学之旅、古茶名山研学之旅、生态茶山研学之旅、茶宴美食之旅、茶人故事研学之旅在内的茶山研学游；蒙自市推出以"领略华彩人文　浸润历史韵泽"为主题，囊括蒙自海关旧址历史陈列室、西南联大蒙自分校纪念馆、望云传统文化博物馆（周家宅院）、红河州博物馆、碧色寨滇越铁路历史文化公园等景区的深度研学之旅；马关县在国庆长假首次推出的"非遗之旅·百年壮寨"民族传统文化研学之旅（表2-19）。

表 2-19　2022 年云南省各地推出的研学旅游线路汇总

序号	州（市）县（区）名称	采取措施
1	大理市	精心打造非遗主题研学游、茶马古道民俗文化游和大理乡村游等旅游精品线路；依托已建成的非遗传习所开展非遗研学、体验活动，串联大营镇排营泥塑、荷村剪纸和鲁班锁、宝丰寺火草布制作及鸡足山沙址彩绘、洞经音乐等非遗项目，推出大营荷村至鸡足山沙址非遗主题精品旅游线路 1 条
2	弥渡县	规划了小河淌水乡村振兴体验游、小河淌水山水游、小河淌水古建文化研学游、小河淌水花园之旅 4 条旅游线路，已入围 2022 年云南旅游新业态线路产品大赛决赛，目前正在完善线路产品要素
3	蒙自市	推出深度研学、经典红色、观光摄影、诗画乡村、夜市寻味 5 条精品旅游线路
4	昌宁县	推出旅游产品线路 4 组 38 条，天堂山自驾游、茶山研学游、温泉康养游等成为爆款旅游线路
5	通海县	围绕"周边游""就地游"策划推出了 4 条暑期研学线路，加大旅游宣传营销，推进引团入通，旅游市场逐步恢复发展

在云南省文化和旅游厅于 11 月 25 日发布的"冬游云南"系列 23 条旅游线路产品中，也不乏研学旅游主题线路，如"小小牧场探索家"科普研学、"嗨游大自然，夜探博物馆"乐学营、行摄七彩云南——摄影游学线路。

（四）传习研学基地成为主要场所

传习展示中心和研学基地为开展研学活动的主要场所，各地区纷纷大力营建研学基地，以便于为研学活动提供载体，为研学旅行和劳动实践教育推荐活动场地，提供营地基地师资培训服务，帮助营地进行规范化创建、专业化产品策划设计，个性化服务管理和标准化营地运营（表 2-20）。

表 2-20　云南省各地规划建设的研学基地

序号	州（市）县（区）名称	采取措施
1	弥渡县	重点挖掘传统技艺类非物质文化遗产，培育非遗特色产业。在传习展示中心开展非遗体验、休闲、研学等活动
2	西双版纳州	雨林学校、雨林探秘等科普研学产品市场定位逐渐清晰，南药园"科学方舱"科普研学项目和野象谷"亚洲象研学"产品逐渐成熟，已申报大益庄园、勐巴拉、雨林古茶坊 3 个研学基地。西双版纳望天树旅游开发有限公司被认定为第十三批云南省科普基地，目前正在申报"国家生态环境科普教育基地"
3	蒙自市	确立以"中共云南一大会址查尼皮""碧色寨滇越铁路历史文化公园""蒙自海关旧址""西南联大蒙自分校旧址"为载体的红色旅游开发格局，大力发展"红色旅游+情景体验""红色研学+农耕休闲体验""红色旅游+科技""红色旅游+民族特色文化"等旅游新业态，发挥红色教育功能，扩大红色文化传播

续表

序号	州（市）县（区）名称	采取措施
4	开远市	卧龙米业农耕文化实践营地入选农业农村部、共青团中央、全国少工委第一批农耕文化实践营地推荐名单，是云南省唯一入选的农耕文化实践营地
5	昌宁县	昌宁善洲茶园研学基地确定为国家3A级旅游景区
6	玉溪市	澄江化石地世界自然遗产博物馆荣获全国"新时代博物馆百大陈列展览精品"荣誉，被教育部命名为全国中小学生研学实践教育基地。市博物馆再次评为"全国科普教育基地"

（五）规范中小学生研学实践管理

2022年6月，省教育厅启动了云南省中小学生研学实践教育基地申报认定工作，经过县区初审、州市复审、省级终审等环节，于10月公布了云南省中小学生研学实践教育基地评选结果，石得利地质博物馆、石林杏林大观园、西南联大博物馆、澄江化石地世界自然遗产博物馆等48家单位成为全省中小学生研学实践教育基地（表2-21）。配合本次评选，大理州还命名了苍山故事、苍洱留香、陶然田社、欧亚乳业、大理海洋世界、华中大学西迁纪念馆、大理苍山世界地质公园博物馆7家大理市第一批中小学研学实践教育基地以及水花庄园、云水花田、肥泉山庄、龙马谷、苍山植物园5家候选基地。7月22日，教育部公示了新增的20个全国中小学生研学实践教育基地和32个全国中小学生研学实践教育营地名单，澄江化石地世界自然遗产博物馆（云南省自然博物馆）被命名为全国中小学生研学实践教育基地。

表2-21 2022年云南省中小学生研学实践教育基地名单

序号	管理部门	基地名称
1	云南省民族宗教事务委员会	云南民族博物馆
2	中国铁路昆明局	昆明—红河铁路研学基地
3	云南师范大学	西南联大博物馆
4	西南林业大学	森林与大自然科普教育基地
5	昆明学院	滇池流域生态文化博物馆
6	昆明城市学院	昆明城市学院思想政治教育基地
7	云南省广播电视学校	云南华广广电劳动教育实践基地
8	昆明市教体局	五华区博物总馆（聂耳故居纪念馆、朱德旧居纪念馆、云南起义纪念馆、云南解放纪念馆、抗战胜利纪念堂）、石林彝族自治县石得利地质博物馆、云天化现代农业研学基地、第七感毒世界研学基地、平安福研学实践基地、美嘉资优高原特色劳动教育基地、石林杏林大观园研学基地、花仙子花卉示范园区、豹子箐实践基地、半山耕云劳动实践基地

续表

序号	管理部门	基地名称
9	昭通市教体局	扎西会议纪念馆（扎西会议纪念馆、庄子上会议会址、水田镇花房子会议会址）、罗炳辉将军纪念馆、中福农业研学实践基地
10	曲靖市教体局	中小学（爨文化）研学实践教育基地、罗平县云古青少年活动基地、曲靖市科创企业孵化中心、沾益区青少年校外活动中心
11	玉溪市教体局	聂耳故居、澄江化石地世界自然遗产博物馆、澄江仙湖祥悦四季农庄基地
12	保山市教体局	艾思奇故居、腾冲市滇西抗战纪念馆、高黎贡山茶博园
13	楚雄州教体局	姚安县现代农业园区劳动教育实践基地
14	红河州教体局	建水文庙、建水学政考棚、哈尼梯田文化博物馆、弥勒太平湖森林小镇研学基地、浪鬼建水陶文化和农耕基地
15	文山州教体局	云南白药数字三七产业园研学基地
16	普洱市教体局	宁洱县普洱民族团结园
17	西双版纳州教体局	中国医学科学院药用植物研究所云南分所
18	大理州教体局	大理良道有机农庄劳动教育实践基地、苍鹭谷综合田园农耕基地
19	德宏州教体局	南洋华侨机工回国抗日纪念馆、瑞丽市百溪种植基地
20	丽江市教体局	亿通生态研学基地
21	迪庆州教体局	迪庆红军长征博物馆、普达措国家公园
22	临沧市教体局	临翔区青少年学生校外活动中心

此外，云南民族博物馆推出了民族民间乐器等研学系列活动，云南省生态环境宣传教育中心、大理州生态环境局、上海交通大学云南（大理）研究院组织了"美丽中国 我是行动者"——2022年云南省生态文明研学实践活动，中国教育学会地理教学专业委员会研学大赛组委会在迪庆州举办了第五届"九州杯"全国研学课程设计大赛现场赛。

四、乡村旅游

2022年，云南省大力推动乡村旅游发展，培育了一批生态美、环境美、人文美的乡村旅游目的地，打造了一批有特色、有内涵、有品位的乡村旅游精品线路，带动了一大批贫困群众建设乡村旅游、发展乡村旅游、共享乡村旅游成果，实现了增收致富。"十四五"时期，是云南省全面深入实施乡村振兴战略的关键时期，也是全省乡村旅游转型升级的重要机遇期。

（一）政策支撑更加坚实

2022年1月，云南省政府工作报告提出"打造乡村休闲旅游精品线路，促进农村一、

二、三产业融合发展"等乡村旅游发展计划和目标。4月，省委、省政府印发《关于做好2022年全面推进乡村振兴重点工作的实施意见》，提出10个部分38条具体政策措施，包括"重点发展农产品加工业、乡村休闲旅游、农村电商等产业，持续推进农村一、二、三产业融合发展""实施乡村休闲旅游提升计划和文化产业赋能乡村振兴计划，打造'中国最美乡愁旅游带'和一批'最美乡愁旅游地'，推出一批具有云南特色的乡村旅游精品线路""将符合要求的乡村休闲旅游项目纳入科普基地和中小学学农劳动实践基地范围"，为推进乡村旅游高质量发展提供了有力政策保障。

（二）实施乡村旅游助推乡村振兴行动

云南省文化和旅游厅会同省乡村振兴局联合印发《发展乡村旅游助推乡村振兴三年行动计划（2022—2024年）》，并组织召开了全省乡村旅游助推农民增收现场会，安排部署了全国乡村旅游重点村（镇）、云南省金牌旅游村、云南省最美乡村（乡愁）旅游地、云南省现代化边境旅游小康村、云南省乡村振兴旅游示范村等乡村旅游品牌建设及乡村旅游项目建设以及人才培育、品质提升、产品供给、线路推广等近一段时期乡村旅游重点工作任务，指导全省各地编制乡村旅游发展规划或工作实施方案。研究制定《云南省金牌旅游村及最美乡村（乡愁）旅游地遴选标准及评价细则》《云南省现代化边境旅游小康村遴选标准及评价细则》《云南省乡村振兴旅游示范村创建验收标准》。

（三）积极申报创建旅游重点乡村

云南省主抓乡村旅游品质提升和产品供给，遴选推荐一批全国乡村旅游重点村、重点镇，推动重点旅游村创建高A级旅游景区、度假区。打造1000个山美、水美、田园美、村庄美、庭院美的巩固拓展脱贫攻坚成果与乡村振兴旅游示范村。推动2000家乡村民宿提升改造，以此带动乡村旅游住宿设施高质量发展（表2-22）。

表2-22　全省各地开展乡村旅游重点乡村建设情况

序号	州（市）县（区）名称	采取措施
1	昆明市	推动富民永福村（半山耕耘）创建为全国乡村旅游重点村。开展磨憨-磨丁经济合作区乡村旅游发展调研，编制农文旅融合村寨建设工作方案，到磨憨现场指导建设工作。对环滇池乡村旅游进行调研，指导乌龙（卧龙浦）古渔村、海晏村、小渔村、海埂村建设美丽乡村，打造乡村旅游。积极争取省旅游发展资金支持环滇池乡村旅游开发建设。对全市乡村旅游进行全面调研，指导10个乡村积极创建市级乡村旅游示范村建设
2	盘龙区	借助麦冲村、双龙旅游小镇、野鸭湖旅游小镇等建设，提升农家乐档次和服务水平，发展一批生态农业观光园、乡村生态科技园、乡村农庄，推出特色餐饮、劳作体验、森林观光、康体运动等系列乡村休闲产品，培育乡村旅游成为盘龙主打品牌之一，实现乡村旅游与新农村建设一体化发展

续表

序号	州（市）县（区）名称	采取措施
3	西山区	连片整合观音山村、白草村、滇池西岸小人国、睿野自耕农庄等7个乡村旅游点，全面提升乡村旅游品质，其中观音山村被评为省级旅游名村，同时积极推进滇池白鱼口坦博文化城项目建设，滇池西岸湖滨生态文化旅游休闲带渐成规模
4	呈贡区	积极推动卧龙浦古渔村建设，建成滇池湿地约20亩及乡村田园景观10余万平方米，按功能引入了乌龙乡村记忆馆、工法工艺馆、萱草书屋、自然学校、文创大师工作室、文化博物馆等业态，不断完善旅游基础设施建设
5	东川区	制定下发《东川区乡村旅游示范村认定规范（试行）》文件。2022年初步确定5个区级乡村旅游示范村，12月底前完成验收工作
6	晋宁区	持续做好二街鲁黑省级旅游名村提升指导工作，上半年完成国家级重点旅游村创建申报工作。利用金砂村特色资源打造以石寨山大遗址、徐霞客游线标志地为核心的乡村文化休闲旅游点。指导夕阳乡编制及规划旅游线路，力争2023年创建市级旅游乡村示范点。引进乌托邦露营地企业在小渔村发展露营地建设。指导沙堤村、福安村、梁王村、小渔村、海埂村市级旅游示范带（村）旅游品牌创建工作
7	安宁市	对标《安宁市A级景区村庄服务质量等级评价细则》，完成了安宁市首批A级旅游景区村庄的评定验收，县街雁塔村、下石江村、八街大龙洞村、禄脿大庄村、青龙立格亩5个村被评定为安宁市首批A级旅游景区村庄，温泉小村、太平光崀大村评定为2A级旅游景区村庄
8	富民县	建成富民游客服务中心，创建全国乡村旅游重点村1个；创建省级乡村健康旅游目的地2个；创建市级乡村旅游示范村1个；创建市级乡村旅游示范带1条；创建市级乡村健康旅游目的地1个
9	禄劝县	推荐申报省级金牌旅游村5个、最美乡愁旅游地3个
10	寻甸县	申报"星河温泉——丘田善态庄园—凤龙湾—石板河"为市级乡村旅游示范带，并在4个点位安装了标识牌；申报塘子街道钟灵社区为昆明市乡村旅游示范单位，获奖励补助50万元；策划申报塘子街道为"第四批全国乡村旅游重点镇"，申报丹桂村为"第四批全国乡村旅游重点村"，目前正在推进中。
11	嵩明县	以乡村旅游品牌打造为契机，指导镇（街道）提升乡村旅游品质，向上申报山脚、东村、普渡、百花箐、蓝蜻蜓等纳入市级乡村旅游品牌打造计划，包装"山脚—蓝蜻蜓"并申报为乡村旅游精品村
12	石林县	大糯黑村、矣美堵村、彝族第一村、堡子村、阿着底村5个村成功创建为石林县第一批乡村旅游重点村。"石林奇观·体验阿诗玛文化"之旅上榜文化和旅游部全国乡村旅游精品线路，为昆明市唯一入选线路
13	大理市	湾桥镇古生村成功创建为全国乡村旅游重点村
14	宾川县	力争将鸡足山镇创建为全国乡村旅游重点镇名录，乔甸镇新庄村、鸡足山镇沙址村创建为全国乡村旅游重点村名录，州城镇创建为省级旅游名镇，大营镇萂村创建为省级旅游名村；重点打造申报鸡足山镇沙址村、大营镇萂村为最美乡愁地。目前，各项创建工作正有序推进
15	鹤庆县	争取到全国重点乡村旅游示范村—鹤庆县罗伟邑创建旅游发展资金100万元
16	祥云县	做好"乡村四时好风光"全国乡村旅游精品线路推荐工作

续表

序号	州（市）县（区）名称	采取措施
17	云龙县	总投资598万元的漕涧镇2022年乡村振兴旅游基础设施建设项目完成374万元
18	丽江市	推进全省乡村旅游品牌目的地经济运行工作，组织策划申报一条乡村旅游线路纳入全国乡村旅游精品线路。推动拉市镇申报为全国乡村旅游重点镇。开发一批以观音峡—新民村—草莓采摘园区、黑龙潭公园—东巴文化博物馆—丽江古城—文林村等线路为主的"本地周边游""田园亲子游""沉浸体验游"乡村旅游线路
19	玉龙县	将玉龙县纳西三多文化生态旅游基础设施建设项目、龙蟠乡温泉度假村、石头乡乡村旅游综合开发建设项目纳入丽江市文旅系统拟重点策划包装项目
20	永胜县	三川镇翠湖村、程海镇凤羽村成功创建云南省省级旅游重点村，下一步将继续推进乡村旅游产业发展，形成以独具特色的特色文旅产品、美食、康养为代表的永胜乡村旅游圈。积极参与三川田园综合体项目建设
21	西双版纳	积极申报推荐打洛镇勐景来村小组参加联合国世界旅游组织"最佳旅游乡村"评选。"热带雨林·梦回傣乡"之旅入选文化和旅游部"乡村四时好风光—春生夏长·万物并秀"全国乡村旅游精品线路
22	勐海县	推荐卡拉莱青柠檬客栈、宇照空间民宿、晓月人家民宿、欣栖三舍旅店向省州申报丙级民宿，积极组织申报材料，推荐打洛镇勐景来村小组参加联合国世界旅游组织"最佳旅游乡村"评选。向文化和旅游部上报了"春生夏长、万物并秀"勐景来主题专线、"稻花香里说丰年"勐遮主题线路参加"乡村四时好风光"全国乡村旅游精品线路遴选
23	景洪市	实地开展两批乡村旅游示范村评定工作，评选出6个村小组作为"乡村旅游示范村"，予以每个村10万元奖补，根据评选出的村寨设计出一条自驾旅游线路于"五一"节前发布；推选勐罕镇满春满村作为全国旅游重点村上报省级进行评选
24	迪庆州	香格里拉市吉诺陶舍负责人当珍批初、德钦县益西藏文化产业有限公司负责人益西入选全国乡村文化和旅游带头人；维西县塔城镇、德钦县奔子栏镇玉杰村、德钦县云岭乡西当村3家被纳入省级乡村旅游重点村镇备案名录
25	香格里拉市	实施了三坝乡哈巴村乡村旅游基础设施建设项目，总投资3510万元，建设内容为哈巴村龙汪边小组乡村旅游基础设施和歪巴支红色旅游基础设施，已完成可行性研究报告，进行招投标工作
26	红河州	元阳县新街镇列入第二批全国乡村旅游重点镇（乡）名单；以建水县、元阳县为串联的"云上梯田·品味乡愁"之旅被文化和旅游部联合共青团选为"稻花乡里说丰年"全国乡村旅游精品线路
27	个旧市	培育鸡街加级寨、贾沙白石岩、老厂对门山、蔓耗黄草坝4个村寨为国家乡村旅游重点村镇，已完成申报
28	开远市	推进羊街乡黑泥地社区创建第四批全国乡村旅游重点村和仁者村、通灵村、白打村等重点旅游村建设，鼓励支持羊街—大庄片区发展露营、户外运动、研学游等新业态，建成乡村旅游智慧导览系统，卧龙米业农耕文化实践营地入选农业农村部、共青团中央、全国少工委第一批农耕文化实践营地推荐名单，是全省唯一入选的农耕文化实践营地
29	元阳县	多依树下寨、多依树小寨重点村落提升改造项目持续推进，全福庄乡村旅游特色示范村项目建设已完成约96%的工程量。积极将新街镇、全福庄中寨村申报为全国乡村旅游重点村，10月27日新街镇入选第二批全国乡村重点旅游乡镇

续表

序号	州（市）县（区）名称	采取措施
30	龙陵县	为实现乡村旅游促乡村振兴，旅游品牌创建工作提前介入，龙新雪山、象达红色朱家庄、龙江稻田公园、勐糯大寨等乡村旅游项目围绕旅游景区创建工作有序推进
31	普洱市	澜沧县老达保村入选世界旅游联盟"旅游助力乡村振兴案例"，"世界茶源·养生养心"之旅入选"乡村四时好风光"全国乡村旅游精品线路
32	宁洱县	已启动同心镇全国乡村旅游重点镇及同心镇同心村、石膏井村省级乡村旅游重点村申报，目前申报材料已提交市级审核，持续推进创建各项工作，待省级复核验收
33	墨江县	大力发展乡村旅居、休闲农业、农耕体验等乡村旅游新业态，推出县城游、乡村休闲游、红色游等精品线路6条
34	景东县	推出乡村旅游线路。推出黄草岭、岔河美丽乡村游、青云彝族风情体验游、文华露营休闲、文井蓝莓采摘体验游等多条路线，有序推进传统村落、自然风光和新兴业态、休闲旅游线路
35	镇沅县	完成镇沅千家寨茶树王旅游基础设施、镇沅县乡村旅游基础设施等文化旅游项目包装上报。目前，千家寨茶树王旅游基础设施建设项目已完成发债1.72亿元，并完成部分子项目招投标
36	玉溪市	新增乡村旅游星级接待单位34家，新增等级旅游民宿8家。全年分期有序推出环抚仙湖休闲旅游线等六条乡村旅游线路，"山水玉溪·休闲康养"之旅线路入选文化和旅游部推出的"乡村四时好风光——瑞雪红梅 欢喜过年"全国乡村旅游精品线路。加快华宁冲麦村、易门绿汁镇等乡村与国家级省级旅游重点村、旅游名镇的融合发展。打造红塔区七号田庄、江川星云稻场和花漫光山等田园综合体
37	澄江市	龙街街道申报全国乡村旅游重点镇，马房村申报全国乡村旅游重点村和最美乡愁旅游地，禄充村、小湾村申报首批云南省金牌旅游村，推荐矣渡文旅农融合项目性规划申报省级优秀文旅规划方案，推荐四季农庄田园综合体项目申报省级创意文旅项目。澄江市藕粉制作技艺、铜锅鱼被认定为玉溪市第六批非物质文化遗产代表性项目，悦莲庄园被评定为玉溪市四星级乡村旅游接待单位。
38	彝良县	组织小草坝镇申报创建全国乡村旅游名镇、金竹村和小草坝社区申报创建省级乡村旅游名村，宝藏村申报金牌旅游村；角奎街道申报创建省级乡村旅游名镇，洛泽河镇云中苗寨申报最美乡愁旅游目的地
39	德宏州	盈江县太平镇雪梨村入选文化和旅游部第四批全国乡村旅游重点村名单，勐弄山茶叶有限公司何奇川入选文化和旅游部2022年度乡村文化和旅游带头人。芒市回贤、陇川户撒、盈江石梯等传统乡村旅游点业态不断丰富，以遮放芒里村、陇川泊心湾、梁河芒东等为代表的新兴乡村旅游点特色鲜明，芒晃村南客林舍、三台山出冬瓜民宿、梁河芒东青丘迷谷、盈江拉勐帐篷营地等一大批新业态成为网红打卡胜地
40	芒市	打造乡村旅游示范点，三台山出冬瓜村、遮放镇芒里村、芒市镇红木园村、风平镇界桃村等成为新的乡村旅游网红打卡点
41	陇川县	完成乡村旅游示范带头人的申报工作。加快落实陇把龙安村、户撒坪山村、勐约营盘村乡村旅游重点村2022年度申报工作
42	梁河县	完成"乡村四时好风光"全国乡村旅游精品线路遴选工作，申报1条"瑞雪寒梅 乡聚过年"主题线路。完成了九保村的第四批全国乡村旅游重点村申报、九保紫薇客栈丙级旅游民宿申报和2022版手绘地图编制

续表

序号	州（市）县（区）名称	采取措施
43	怒江州	秋那桶、老姆登入选全国乡村旅游重点村，福贡县群发民族服饰加工非遗工坊案例入选文化和旅游部"非遗工坊典型案例"推荐名单，"天境怒江·峡谷探秘"之旅入选全国乡村旅游精品线路，1镇、6乡入选省级旅游名镇名村，"峡谷怒江·养心天堂"旅游品牌内涵进一步丰富
44	兰坪县	启动罗古箐乡村旅游项目，已完成项目初步设计、EPC招标以及改造民宿房屋的筛选、选取房屋结构安全鉴定、房屋入股意向书签订，正推进现场施工和运营合作协议签订等工作
45	禄丰市	推进全国重点村镇创建工作。积极向州文化和旅游局报送黑井镇、土官乌龙潭村创建全国重点村镇的材料
46	双柏县	加快推进妥甸镇格邑乡村旅游示范村、大庄镇花香果巷田园综合体建设，目前项目正有序推进
47	姚安县	组织马游村、光禄社区、后营村、旧城村、清河村、地索村、各苴村、弥兴村申报第四批全国乡村旅游重点村，光禄镇申报第四批全国乡村旅游重点镇
48	临沧市	全力建设乡村旅游目的地，102个乡村旅游示范村建设全面推进，完成投资2亿多元。勐佑村被评为"2022年中国美丽休闲乡村"；博尚镇勐准村等10个村被认定为第二批市级乡村旅游品牌村；勐库镇公弄村被认定为第四批全国乡村旅游重点村

（四）策划举办乡村文化旅游节庆活动

发展民族节庆旅游可以更好地提升云南旅游形象、带动外向型经济的发展、丰富群众生活，构建和谐社会、弘扬民族文化，加快民族文化强省建设步伐，各地区积极利用乡村节庆活动，如梨花节、采摘节、丰收节等常规与农作物生长有关的节庆活动，并推动具有民族特色的节庆活动走入大众视野，如双胞节、摸你黑（表2-23）。

表2-23　云南省各地举办的乡村文化旅游节庆活动

序号	州（市）县（区）名称	主要活动
1	五华区	配合开展梨花节、中国农民丰收节多项系列活动，大力推荐五华名特优农产品、乡村旅游线路、乡土美食和特色民宿
2	呈贡区	卧龙古渔村运营方举办了"此中有真意"耕读生活艺术系列展览、乡村露营节、繁星闪耀春水流——冰心先生昆明生活与文学回顾展等主题活动，开发了"卧龙古泉""卧龙雪糕"等系列文创农创产品
3	禄劝县	成功举办杜鹃花海乡村旅游节、中屏乡村旅游节、转龙荷花节
4	嵩明县	加大农文旅融合，引导利用特色种植开展乡村节庆活动，做好乡村旅游线路策划
5	个旧市	举办了个旧市首届非物质文化遗产主题展、"乡村振兴你我同行"庆"七一"喜迎"二十大"文艺展演暨农产品展销等活动，推出张老八斗姆阁卤鸡10余种富有个旧特色的系列文化旅游商品进行营销创新，进一步丰富了乡村旅游文化内涵

续表

序号	州（市）县（区）名称	主要活动
6	宁洱县	开展乡村旅游节庆活动4期。持续打造中国农民丰收节宁洱系列特色节庆品牌（普玛图<红蛋节>、谷雨节、百草宴、烧烤节、那柯里茶马古道节、德化窝托玉米节、黎明哆依节等），做到"一节一品"，全年接待游客235.62万人次，实现旅游收入24.78亿元
7	墨江哈尼族自治县	哈尼祭竜节、"十月年""苦扎扎"、彝族火把节等特色民俗文化活动日趋成熟，新安新米节、团田山歌大赛暨野生菌交易会等地方节庆活动推陈出新
8	丘北县	完成双龙营镇创建全国乡村旅游重点镇申报材料和视频制作并上报，10月27日拟入选第二批全国乡村旅游重点镇（乡）名单
9	砚山县	全力打造山水田园乡村旅游目的地
10	富宁县	打造山水田园乡村旅游目的地"十百千万"工程
11	姚安县	成功举办第八届荷花文化艺术节，参与鲜花艺术节、火把节、芦笙文化节、丰收节、牛展会等节庆举办
12	凤庆县	指导勐佑镇继云上花海之后开展"乡愁田园·醉美河西"农耕文化体验周暨第一届"端午插秧节"

（五）助推乡村文化建设同步发展

云南省注重典型引路带动推广，开展乡村旅游精品示范创建活动，及时总结成功经验，建立健全旅游反哺农业机制，定期发布典型案例，引导乡村旅游适应人民群众多样化、多层次需求，适应资源禀赋、地域区位、产业基础等差异，推动乡村旅游品牌化、特色化发展（表2-24）。

表2-24 云南省各地乡村文化建设与旅游发展情况

序号	州（市）县（区）名称	采取措施
1	呈贡区	新型公共文化空间"梨好邮局"将乡愁文化和邮政主题元素相融合，助推新型乡村文化建设，入选昆明市公共文化服务高质量发展典型案例
2	嵩明县	充分挖掘乡村旅游资源，策划推出兰茂文化健康之旅、徐霞客线历史之旅、花好月圆赏花之旅、森林康养之旅、红色文化体验之旅等多条乡村旅游线路。引导乡村旅游点积极开展露营游，打造牛栏江镇水海村委会鸽文化体验中心项目
3	宜良县	推出七彩梦乡Logo、三角梅系列产品、宜良Duck、小书童等IP形象设计及相关衍生文创产品在宜良各景区景点、车站、大型酒店等场所线下线上同步售卖
4	弥渡县	首个数字农业公园——大理弥渡数字农业公园正式亮相；安乐窝露营建设基本完工，开启数字农业观光、民族风情体验之旅
5	宁蒗县	利用火把节等契机，推出宁蒗县首届文化旅游节，丰富全域旅游业态，推进美丽宁蒗建设
6	个旧市	中国工艺美术大师赖庆国在哨冲投资建设注居美术馆，全年接待观摩人数6万人次

续表

序号	州（市）县（区）名称	采取措施
7	永善县	加强与其他县区的交流合作，缩小差距共同发展，加强乡村文化旅游能人培训。组织培训2期43人进行乡村文化旅游能人培训，均完成学业结业
8	绥江县	承办了昭通市2022年度第六期"乡村文化旅游能人"培训班，来自永善、盐津、绥江的81名乡村文化旅游能人参加培训学习。先后到中村美丽乡村示范点指导景点设计，到各镇村开展文化墙绘画，指导新滩镇鲢鱼村官田片区音乐爱好者开展川剧打击乐学习，到板栗镇进行舞蹈培训
9	楚雄市	盘活闲置资产建成云龙红色教育基地，以乡村旅游观光、党史学习教育、文化传承、军训体验为一体，全力推动云龙红色教育基地建设运营，采取"村委会+合作社+企业"运作模式和"红色+民俗+生态+美丽庭院"发展模式，拓展延伸红色文化乡村产业链，促进文旅产业融合发展，打造"红色文旅小镇"
10	南华县	在咪依噜风情谷景区创办了镇南月琴传习所、农耕文化展室，以南华县岔河乡旅游合作社为主，动员民间艺人制作销售羊角酒杯、镇南月琴等民族手工艺品，在重大节日组织开展群众文化活动，助推乡村旅游快速发展
11	双柏县	"打造中国•双柏彝族虎文化节品牌助推乡村振兴发展典型案例"作为乡村文化建设类典型案例入选省级公共文化服务高质量发展典型案例

（六）带动第一、第二产业发展

乡村旅游对于农村经济的推动作用主要表现在旅游业补充了原本农村以第一产业为主的产业结构模式，同时对于第二产业也会有所带动，并且从中因地制宜涌现出新业态，是乡村经济重焕新生的重要途径（表2-25）。

表2-25 全省各地乡村旅游助力经济发展

序号	州（市）县（区）名称	采取措施
1	宜良县	推出"后备箱计划"，优化延伸农旅产业链
2	丽江市	筹备和组织召开全省乡村旅游助推农民增收工作现场会工作，甲子村、玉湖村、均良村农文旅发展模式全省推广，"以花为媒扮靓乡村旅游——玉龙县拉市镇均良下村发展乡村旅游"列入云南省乡村旅游助农增收10个实践模式之一
3	宁蒗县	积极挖掘乡村旅游潜力，推进农家乐、民宿等乡村休闲旅游业发展，谋划"十村百美"建设，初步制定了《宁蒗县百美民宿名单》和《扶持发展奖补方案》，打造乡村经济发展新业态，带动农民增收
4	香格里拉市	相继启动实施了农村居民持续增收三年行动方案，全市各部门要强化政治担当，把一切为了农民增收、一切为了脱贫户增收作为鲜明导向，坚持典型引路、创新务实举措，探索形成一批可学可推，有利于促进农民持续增收、稳定增收的乡村旅游发展模式。对标全省各地先进典型，认真抓好学习和运用，打造一批有特色、有内涵、有品位的乡村旅游业态，让乡村旅游成为促进乡村产业兴旺、生态宜居、乡风文明、治理有效、生活富裕的重要抓手，推动巩固拓展脱贫攻坚与乡村振兴有效衔接工作出新局

续表

序号	州（市）县（区）名称	采取措施
5	怒江州	制定了《怒江州乡村旅游促进农村居民和脱贫人口持续增收三年提升行动实施方案》等政策措施。同时，围绕国家乡村振兴局关于鼓励引导脱贫地区高质量发展庭院经济的指导意见，起草了《怒江州支持和鼓励乡村民宿发展若干指导意见（征求意见稿）》，三河村"生态＋旅游"的"观鸟经济"入选文化和旅游部全国100个乡村旅游扶贫示范案例
6	麻栗坡县	着力配合抓好麻栗坡茨竹坝云海乡村旅游、麻栗坡县旅游环线提升、老寨红色旅游项目、偏马乡村休闲旅游项目4个项目前期工作，涉农整合资金共3100万元
7	临沧市	《凤庆县勐佑镇发挥旅游联动效应促进农民脱贫增收》成功入选2022世界旅游联盟旅游助力乡村振兴案例
8	凤庆县	积极指导"露露的农庄"突出以"慵懒"的田园生活和萌宠乐园为主题的亲子体验农庄打造，成为全市助力乡村振兴的农旅融合品牌网红打卡地

（七）品牌创建迈出新步伐

2022年，全省各地按照迎评促建的思路，积极创建国家乡村旅游重点村、中国美丽休闲乡村等乡村旅游品牌，在提高经营管理规范化水平的同时，还扩大了知名度和市场影响力。全省新增10个全国乡村旅游重点村镇、8个中国美丽休闲乡村（含农家乐特色村），描绘出新时代乡村旅游以文塑旅、以旅彰文，带动乡村全面振兴的美丽图景（表2-26）。与此同时，还有11条线路入选文化和旅游部"乡村四时好风光"全国乡村旅游精品线路（表2-27）。这批线路在推荐中，包含线路简介、行程线路、最佳旅游时间、主要乡村旅游点、特色美食和创意产品、交通方式等丰富内容，方便游客和旅行商详细了解。

表2-26 全省各地创建乡村旅游品牌进展

序号	品牌名称	成功创建名单
1	第四批全国乡村旅游重点村	楚雄市紫溪镇紫溪彝村、水富市云富街道邵女坪社区、富民县赤鹫镇永富村、双江县勐库镇公弄村、大理市湾桥镇古生村、盈江县太平镇雪梨村、福贡县匹河乡老姆登村
2	第二批全国乡村旅游重点镇（乡）	玉龙县拉市镇、元阳县新街镇、丘北县双龙营镇
3	2022年中国美丽休闲乡村	宾川县拉乌乡箐门口村、临沧市凤庆县勐佑镇勐佑村、新平县戛洒镇新寨村
4	2022年中国农家乐特色村	石林县石林街道和摩站村、梁河县河西乡芒陇村、会泽县大桥乡杨梅山村、禄丰市一平浪镇大窝村、个旧市鸡街镇毕业红村
5	2022世界旅游联盟——旅游助力乡村振兴案例	凤庆县勐佑镇、玉龙县白沙镇玉湖村
6	2022年全国休闲农业重点县	腾冲市、元阳县

表 2-27　全省入选的全国乡村旅游精品线路

序号	品牌名称	成功创建名单
1	春生夏长　万物并秀	普洱市"世界茶源·养生养心"之旅：普洱天士力帝泊洱生物茶谷→中华普洱茶博览苑→普洱国家公园→云缦营倚象山营地暨半山酒店→普洱南亚热带植物园→淞茂谷庄园→普洱茶马古道旅游景区→普洱茶马古城旅游小镇
2	春生夏长　万物并秀	丽江市"柔软时光·亲近纳西"之旅：古城→玉龙雪山→冰川公园→蓝月谷→玉水寨→白沙古镇→玉湖村→青松岭→猎鹰谷→东巴谷→宝山石头城
3	春生夏长　万物并秀	西双版纳州"热带雨林·梦回傣乡"之旅：景洪市→勐仑镇→中国科学院版纳植物园（5A）→城子村→勐远仙境景区（4A）→城子村
4	乡村是座博物馆	昆明市"石林奇观·体验阿诗玛"之旅：石林县城（石林县文化旅游综合服务中心、非遗传承展示馆）→鹿阜街道堡子村（张炽故居、特色马肉、客栈）→石林街道彝族第一村（客栈）→石林风景名胜区→未来也来公园→乃古石林景区→石林台农创园（万家欢蓝莓庄园、杏林大观园）→宜良九乡风景区→长湖景区→长湖镇阿着底村→圭山镇糯黑村（石头寨）→圭山镇矣美堵村→圭山国家森林公园
5	乡村是座博物馆	大理州"南诏古国·体验文博"之旅：巍山古城→巍山县永建镇东莲花村→大理古城→湾桥镇（周保中将军纪念馆、古生红色历史事件文化纪念馆主题馆现场教学基地）→喜洲镇（稼穑集喜洲农耕文化艺术馆、璞真白族扎染博物馆、华中大学西迁纪念馆）→剑川古城→沙溪古镇
6	乡村是座博物馆	怒江州"天境怒江·峡谷探秘"之旅：六库（百花岭傈僳音乐小镇）→小沙坝（登埂澡塘）→老姆登村→知子罗村→石月亮→茶腊村→丙中洛镇→雾里村
7	稻花香里说丰年	红河州"云上梯田·品味乡愁"之旅：建水古城→双龙桥→乡会桥→楸野→畅园→新房村→团山村→元阳县→哈尼小镇→哈尼梯田（多依树观景区）
8	稻花香里说丰年	文山州"世外桃源·寻觅稻香"之旅：丘北县普者黑景区→广南县坝美村→广南县牡露村→广南县河野村→富宁县坡芽村
9	瑞雪红梅　欢喜过年	保山市"火山热海·温泉康养"之旅：热海景区→荷花温泉→玛御谷温泉→大塘温泉→腊幸温泉
10	瑞雪红梅　欢喜过年	玉溪市"山水玉溪·休闲康养"之旅：红塔区大营街→澄江市禄充景区→澄江帽天山寒武纪世界自然遗产旅游区→小湾村→江川区星云湖南岸湿地公园→华宁县碗窑村→通海县国家历史文化名城→秀山历史文化公园→易门县绿汁滇铜古镇→新平县戛洒镇→元江县哈尼云海梯田→坡垴村
11	瑞雪红梅　欢喜过年	普洱市澜沧乡愁·民谣·冬日古茶之旅：糯扎渡镇大歇场→老达保→景迈山茶林文化景区

此外，在农业农村部推介的中国美丽乡村休闲旅游行精品线路中，云南省也有多条线路入选，如盈江县乡村文化旅游（旧城镇乡村振兴示范区、"中国橡胶母树"景区、铜壁关自然保护区—凯邦亚湖景区、苏典"诗密娃底"景区—下勐劈傈僳文化部落）、"福地弥勒"休闲游（湖泉生态园、东风韵小镇、太平湖森林小镇、可邑小镇）、腾冲金秋乡村休闲游（高黎贡山茶博园、江东银杏村）。

五、工业旅游

云南省工业遗产类型丰富，底蕴深厚，曾诞生过诸如第一根电缆、第一架望远镜等全国第一。积极利用工业遗产旅游，形成持续的工业遗产集体记忆和认同，有利于增强文化自信，激发全民族文化创新创造活力。自工业和信息化部发布第一批《国家工业遗产名单》以来，全省有石龙坝水电站、昆明钢铁厂、临沧凤庆茶厂、昆明市西山区国营第二九八厂旧址（昆明光学仪器厂）、易门铜矿、昆明电波观测站110雷达6项工业遗产被列入已公布的第五批保护名录。这些工业遗产类型丰富，有着自身独特的人文内涵和价值。至今，全省工业遗产旅游形成了工业博物馆展览、工业园区观光、组合开发三种旅游模式。

云南省多地区积极推动工业旅游建设项目，丰富旅游产业业态，赋能工业发展，取得了部分突出成绩，大理市下关沱茶博物馆成功创建为国家级工业旅游示范基地。其他地区纷纷开展工业遗产普查，选用合适资源开发为旅游活动（表2-28）。

表2-28 云南各地工业旅游重点项目建设情况

序号	州（市）县（区）名称	采取措施
1	昆明市	推荐云南西草资源开发有限公司申报国家工业旅游示范基地
2	西山区	融创文旅城与春雨937工业文旅商业街、茶马花街、西山风景区和大观公园连片融合
3	高新区	协调市文化和旅游局为可口可乐公司申报工业旅游点提供相关服务
4	安宁市	通过整合资源，挖掘特色、亮点，推进"旅游+教育""旅游+工业""旅游+交通"融合发展，将武钢、云南交通技师学院、读书铺服务区打造为3A级旅游景区，创建工作在有序推进
5	东川区	政府工作报告中提出"激活工业遗产旅游，以汤丹镇为重点，以东川铜矿发展历史为背景，按照时间推进、层次递进，呈现'旅游梯台'，营造矿区情景氛围，打造'生活秀带'"
6	马龙区	云水机械厂文旅项目由云南云水文旅开发有限公司完成了规划设计、地形测绘等前期工作
7	大理市	下关沱茶博物馆成功创建国家级工业旅游示范基地
8	勐海县	整合勐海普洱茶精制茶加工资源优势，加快勐海工业园区、雨林古茶坊等"工业+旅游"融合发展，探索勐海工业旅游发展路子
9	个旧市	投入资金20万元，开展了以原云锡冶炼厂片区和原云锡机械厂片区为重点的第二期工业遗产普查。与复旦大学等高校合作对老厂、卡房等古矿洞、采矿遗址、古井等冶炼遗址开展了矿冶遗存调查。世界锡都工业遗址旅游基础设施建设项目、锡文化工业遗址游概念规划初步形成
10	昌宁县	完成昌宁茶工业记忆主题街区项目规划
11	玉溪市	全力储备文化旅游精品项目，完成易门绿汁镇国家工业遗址公园"35102"项目包装策划

续表

序号	州（市）县（区）名称	采取措施
12	易门县	积极推进滇铜工业遗址旅游基础设施建设项目申报地方专项债工作。与玉溪市文化和旅游局共同召开"国家工业遗产易门铜矿重点物项梳理工作专班第一次会议"
13	通海县	组织兴蒙乡下村、斯贝佳滇式食品艺术文化生活场景区、秀山历史文化公园和秀山街道积极申报创建云南省旅游名村、国家工业旅游示范基地、省级文明旅游示范单位和夜间消费集聚区

一批在老厂房保护维修基础上规划建设的文旅项目顺利推进。3月8日，位于凤庆县安石村的滇红活态博物馆建成开馆。将老博物馆进行修缮保护，重新设计布展，增加滇红茶发展史和"阎红彦文化墙"，将原有老设备车间改造成"红彦茶车间"和"滇红工夫茶车间"，改造2米宽游客参观通道。9月24日，工映1970-神犁文化创意园昆明经开区（自贸试验区昆明片区）揭牌开园，拥有52年历史的昆明神犁设备制造有限责任公司（原昆明市手扶拖拉机厂）老厂房"换装"再创业。

工业旅游示范基地创建取得新进展。11月2日，文化和旅游部发布《关于确定北京市751园区等53家单位为国家工业旅游示范基地的公告》，大理州下关沱茶工业旅游区位列其中。为了实现对下关沱茶的创造性保护、传承与活化利用，下关沱茶集团充分利用下关沱茶银桥新厂区先进的茶叶加工和研发基地、专业的茶博物馆和品鉴服务，打造了"工厂+博物馆+茶馆"的工业旅游基地，通过沉浸式的工业旅游线路设计，让现代工业观光、传统手工制茶体验及历史档案展览与当期产品品鉴有机结合。

六、红色旅游

作为精神文化消费的重要方式，红色旅游正受到越来越多游客追捧，成为中国文旅行业的"绝对C位"。在云南，继2021年红色旅游火爆之后，红色旅游持续成为游客的热门选择。

（一）加强红色旅游资源调查规划

云南省文化和旅游资源开发处组织对全省约600处红色旅游景点（区）进行了摸底调查，指导省乡村旅游协会做好《云南省红色旅游线路精选》编制工作，配合省委宣传部推动红军长征过云南党性教育精品路线建设工作，指导文山州编制《云南省新时代左右江革命老区红色旅游发展实施方案》，组织推荐昭通会泽为红色旅游融合发展试点单位，形成了《云南省文化和旅游厅关于党的十八大以来红色旅游亮点工作情况的报告》，联合省教育厅、共青团云南省委共同开展"赓续红色血脉　培育时代新人"红色讲解员进校园宣讲活动。

（二）持续推动红色旅游融合发展

发展红色旅游同弘扬革命传统、培育民族精神相结合，同加强和改进青少年思想道德建设相结合，同有效保护和利用革命文物相结合，同资源保护和生态建设相结合，同推动老区经济社会协调发展相结合，寓教育于旅游之中，实现社会效益和经济效益相统一。全省各地因地制宜，充分利用现有设施和条件，积极推进重点项目建设（表2-29）。

表2-29 云南省各地重点规划建设的红色旅游项目

序号	州（市）县（区）名称	采取措施
1	昆明市	积极指导寻甸创建国家红色旅游融合发展试点县创建工作
2	西山区	串联聂耳墓、聂耳和国歌文化体验园、石龙坝、海口林场等红色旅游资源，打造红色文化与自然风光相结合的精品路线
3	呈贡区	充分利用"国际博物馆日""文化和自然遗产日"开展文物宣传，深入挖掘呈贡红色革命文化资源，打造党史学习教育教学点，积极将张天虚故居、冰心默庐申报为昆明市党史学习教育现场教学点，将冰心默庐申报为昆明市爱国主义教育基地，充分发挥文物的爱国主义教育价值
4	东川区	全力创建东川红色旅游示范区品牌。提升树桔红军渡公共服务功能，助推树桔传统红糖作坊建设项目，发展红色旅游商品；加大东川区烈士陵园附属工程建设支持力度；加大支持汤丹红色旅游文化提质改造项目；建设"乌山金水 铜都春秋"东川区铜政机构暨革命斗争历史沿革陈展；与东川区文联联合开展东川红色旅游资源专刊采写活动，编辑出版《东川文艺》2022年1—2期；拍摄一部红色旅游宣传片，深挖东川"红色"记忆、"红色"文化、"红色"底蕴。对东川红色旅游进行全新的审视和诠释，制作红色旅游资源图集
5	晋宁区	整合晋宁生态旅游、民族风情、红色资源、历史文化资源，打造个性化、精细化旅游线路8条，红色精品旅游线路2条
6	寻甸县	依托4.29渡江令发布地实施了红色文化展示中心项目、鲁口哨红色文化宣传、鲁口哨哨所建设、鲁口哨红色文创产品等一系列红色旅游项目。积极开展云南省长征国家文化公园（寻甸段）项目申报，目前已有40个文物点被纳入《长征国家文化公园（云南段）建设保护规划》；邀请省市专家和第三方专业机构对寻甸区域进行踏勘，对柯渡丹桂村、回辉村、虎街子、乐郎村、可郎村，七星鲁口哨村进行实地测绘和开展整体规划，编制长征国家文化公园（寻甸段）具体项目计划书、寻甸国家长征公园概念性规划和公园标志物及标识标牌系统设计。争取中央基建投资预算资金2000万元，用于红军长征国家文化公园（寻甸段）标识标牌系统和柯渡教育基地基础设施建设
7	嵩明县	策划推出多条旅游线路。充分挖掘嵩明乡村旅游资源，策划推出兰茂文化健康之旅、徐霞客游线历史之旅、花好月圆赏花之旅、森林康养之旅、红色文化体验之旅等多条乡村旅游线路
8	宾川县	推动红色村组织振兴建设红色美丽村庄试点项目
9	弥渡县	挖掘红色文化旅游资源，加大五台、泰山庙等红色旅游基础设施建设，启动革命文物收集工作，为创建省级经典红色文化旅游区夯实基础
10	剑川县	争取将剑川县龙门红色旅游及温泉休闲度假区建设项目纳入州级招商引资项目储备库
11	丽江市	开展好红太阳广场毛泽东塑像等红色文物的维保工作，建成滇西北根据地暨边纵七支队纪念馆等红色文旅项目，推出3条红色教育线路纳入云南省委党史学教活动省级示范线路

续表

序号	州（市）县（区）名称	采取措施
12	古城区	推出红太阳广场—红军长征过丽江指挥部纪念馆—则古村白族文化长廊—开南研习所—观音峡木家别苑、茶马古街—木家桥丽江人遗址—徐霞客纪念馆等线路为主的红色文化旅游精品线路
13	勐海县	围绕勐阿纳京、勐遮乌龟山、打洛等红色资源，推出了红色旅游线路
14	香格里拉市	金江镇兴隆村红色教育培训基地建设项目获得固定资产投资3202万元
15	红河州	南疆烽火红色旅游线路、云南中共地下党浴血奋战红色旅游线路入选云南国家级红色旅游线路。党组织建立与革命斗争红色旅游线路、滇越铁路红色旅游线路、保卫边疆红色旅游线路入选云南省红色旅游线路精选
16	蒙自市	确立以"中共云南一大会址查尼皮""碧色寨滇越铁路历史文化公园""蒙自海关旧址""西南联大蒙自分校旧址"为载体的红色旅游开发格局，大力发展"红色旅游+情景体验""红色研学+农耕休闲体验""红色旅游+科技""红色旅游+民族特色文化"等旅游新业态，发挥红色教育功能，扩大红色文化传播
17	墨江县	依托传统民风、民俗、历史风情等地域文化特色，深入实施乡村文化旅游振兴工程，大力发展乡村旅居、休闲农业、农耕体验等乡村旅游新业态，推出县城游、乡村休闲游、红色游等精品线路6条
18	玉溪市	持续打造聂耳文化品牌，建设"聂耳音乐之都"，开展"聂耳和国歌"音乐文化系列活动，成立"聂耳和国歌研究会"，组建"聂耳民乐团"，打造"聂耳和国歌的故事"红色旅游线路，举办30个"聂耳和国歌音乐文化活动"，启动"聂耳和国歌传习中心"项目建设，讲好"聂耳和国歌的故事"
19	易门县	推进易门小街红色生态旅游景区国家2A级旅游景区创建
20	怒江州	"傈僳山寨换新颜"红色旅游线路入选文化和旅游部、中央宣传部、中央党史和文献研究院、国家发展改革委共同认定的建党百年红色旅游百条精品线路
21	麻栗坡县	以"英雄老山圣地"红色文化旅游为主题，着力培育生态、康养、运动、乡村等乡村旅游产业，配合抓好麻栗坡"茨竹坝云海"乡村旅游、麻栗坡县旅游环线提升、老寨红色旅游项目、偏马乡村休闲旅游项目4个巩固脱贫攻坚推进乡村振兴建设项目前期工作，涉农整合资金共3100万元
22	沾益区	深入挖掘红色资源，推进沾益区长征国家文化公园（白水段）建设，申请中央预算内资金2500万元，已纳入省发改委项目库；编制了《播乐红色旅游重点小城镇建设项目可行性研究报告》《曲靖市沾益区播乐红色旅游田园综合体创建方案》，积极争取政府专项债2.5亿元
23	会泽县	水城扩红文化生态园被评为全国100个红色旅游经典景区之一
24	楚雄州	大力推进业态产品创新，琢舍、星河房车营地等一批高品质酒店及新业态产品开业运营，创新打造推出彩云竹溪等一批乡村旅游示范点和元谋龙街渡等红色精品线路产品
25	楚雄市	盘活闲置资产建成云龙红色教育基地，以乡村旅游观光、党史学习教育、文化传承、军训体验为一体，全力推动云龙红色教育基地建设运营，采取"村委会+合作社+企业"运作模式和"红色+民俗+生态+美丽庭院"发展模式，拓展延伸红色文化乡村产业链，促进文旅产业融合发展，打造"红色文旅小镇"
26	镇雄县	围绕红色文化旅游线路品牌打造，扎实推进以乌蒙回旋战纪念馆、镇雄县场坝红二、六军团指挥部旧址基础设施、红军长征步道示范段为代表的长征国家文化公园（镇雄段）建设项目的前期工作

续表

序号	州（市）县（区）名称	采取措施
27	彝良县	以长征国家文化公园彝良段建设为契机，以小草坝独特的生态旅游资源优势为重点，围绕红色旅游和生态旅游两条线路，牵头组织策划包装重点项目7个，入库国家发展改革委2个。着力实现以罗炳辉纪念馆、奎香红二六军团指挥部旧址、乌蒙回旋战陈列馆、柳溪桐梓林地下党支部旧址为重点节点的红色旅游线路；以小草坝景区为核心的覆盖角奎、龙安、小草坝、两河、牛街的全域生态旅游线路
28	威信县	谋划长征国家文化公园（威信段）重点项目23个，目前已启动实施12个，5个项目正在开展前期工作，6个项目处于规划阶段。花房子会址前环境整治工程已完成；14处革命旧址遗址保护提升工程已启动施工5处；扎西会议纪念馆布展提升、花房子会议情景体验馆布展、狮子营中央红军战斗遗址修缮及布展工程全面完工；游客服务中心建设已完成征地22亩，坟所搬迁19所，供排水公司及民政福利公司业务用房正在腾退；"花石"公路已完成1.8公里；2022年先行启动扎西镇庄子上、水田镇花房子、双河乡厚房、麟凤镇金鸡村、旧城镇旧城片区5个精品"红军村"试点建设。5个红军村工程量已完成90%，完成投资5000万元。 积极争取中烟集团帮扶，规划投入项目资金5.44亿元，支持扎西会议会址周边环境整治配套项目、革命遗址修缮保护与开发利用项目、红军长征标语保护与展示项目、扎西红色文化体验园地、四渡赤水长征历史步道威信段5个项目建设。 积极争取社会资本，引进航旅集团投资建设水田湾子苗寨红色文旅项目、水田花房子片区红培、红军村配套工程3个项目

（三）加大红色旅游宣传推广力度

全省各地结合当地红色旅游资源，发展红色旅游精品线路，选用微信公众号或其他融媒体平台进行宣传推广，推动本地红色旅游项目走出省域、走向世界（表2-30）。

表2-30　云南省各地红色旅游宣传推广情况

序号	州（市）县（区）名称	采取措施
1	寻甸县	协办了中国旅游景区协会"茶马古道·红色热土"红色旅游研讨会暨2022年中国旅游景区协会秘书长联席会；组织并参加云南省旅游推介会寻甸红色旅游资源推介会暨文旅IP发布仪式，进一步增强寻甸对外形象的辨识度；通过微信公众号、微信视频号发布文化旅游宣传推文46条
2	剑川县	结合剑川2个非遗主题精品旅游线路、红色文化精品线路，做好红色旅游线路产品的宣传推广
3	祥云县	积极动员旅行社服务网点推出"体验经典非遗文化 感悟红色传承经典"祥云两日游，参加2022年云南旅游新业态线路产品大赛，用新理念、高水准、多角度来扩大宣传
4	永胜县	充分挖掘以毛氏文化为代表的红色文化旅游资源，使毛家湾景区成为永胜县红色旅游的一张名片
5	蒙自市	开发蒙自元素系列文创产品，推出经典红色、观光摄影、深度研学、诗画乡村、夜市寻味5条精品旅游线路，制作蒙自文旅国际宣传片，加大宣传推介，提高蒙自知名度和影响力；充分利用红色旅游讲解队伍的人力资源，围绕"五好"讲解员要求，打造一支综合素质高、业务技能强的高素质红色讲解员队伍，更好地宣传蒙自，提升蒙自首位度

续表

序号	州（市）县（区）名称	采取措施
6	昌宁县	充分运用新媒体矩阵开展线上营销，拍摄制作"与文旅局长的四季之约""我叫昌宁，娇藏千年不负卿""昌宁红色之旅""夜见·昌宁"等宣传视频45条

（四）创新红色文化表达方式

为了增加对青年市场的吸引力，各地积极运用新技术、新媒体来讲述红色故事，推进红色文化旅游产品创新。3月4日，辉楼文创中心发布了首部获得版权登记的电影同名改编的红色"剧本游"作品《追光》。将碧色寨滇越铁路历史文化公园、中共云南一大会址、西南联大蒙自分校纪念馆等打造成为个性化、辨识度高的文化IP，打造精品红色旅游线路，筑出"秋实行动"与"北回归线上的爱恋"两个剧本游戏，开展"沉浸式"红色教育体验，筑牢信仰之基，全年接待参观学习34.22万余人次。复演云庙红色庭院话剧《李鑫》两场，云庙庭院剧场品牌初见成效，"旅游+演艺"运营模式初步形成。"旅游+剧本杀"新业态项目深受欢迎，在云庙庭院剧场试运营实景红色主题剧本《大锡国》，同时在老阴山、丫沙底等景区推出"剧本杀"旅游产品。此外，昆明市博物馆联合共青团云南省委、云南文投集团和云南演艺集团，5月7日，在昆明市博物馆4号展厅推出了"百年之旅"沉浸互动体验剧场，将"密室逃脱"的沉浸式场景置入展演当中，再现建团百年历史（表2-31）。

表2-31　云南省各地红色文化旅游演艺（演出）剧目

序号	州（市）县（区）名称	红色文化演艺（演出）名称
1	易门会厅	以革命烈士孙兰英为原型的红色花灯剧《兰之英》
2	昆明剧院	滇池之声系列·声音剧《昆明的眼睛—翠湖见证的云南革命史》
3	昆明市翠湖宾馆	首部红色主题原创环境戏剧《红色档案—触即发》
4	腾冲市皮影戏院	大型腾冲抗战题材4D秀皮影戏
5	龙陵县体育馆	舞台剧《云岭星火》
6	广南会堂	红色革命舞台剧《狂飙诗人柯仲平》

七、城市旅游

城市在世界旅游经济格局中正扮演着越来越重要的角色，发挥着越来越关键的作用。它为世界旅游贡献了大部分的客源和消费，也是旅游目的地体系最为重要的空间支撑。2022年，全省稳步推进"强省会"行动，支持曲靖建设云南副中心城市，滇中城市群发展取得新进展,各州市城市功能不断完善;启动健康、美丽、文明、智慧、幸福"五个县城"建设,印发《云南省绿美城市建设三年行动实施方案(2022—2024年)》,为城市旅游高质量发展创造了优良环境。

(一)夜间旅游蓬勃发展

夜间文旅消费集聚区是指以地域特色文化为核心,依托一定的夜间景观环境,实施一体化夜间场景设计与打造,形成文旅商深度融合、业态产品丰富多样、基础设施配套完善、消费环境和管理运营机制优、品牌和市场影响力大、文旅消费辐射带动力强的产业集群空间,是城市夜间休闲旅游消费的空间载体。3月2日,昆明老街、玉溪青花街、怒江西岸街区等24地入选云南首批省级夜间文化和旅游消费集聚区(表2-32)。8月25日,斗南花市、昆明老街—南强街区、高黎贡文创产业园、芒市傣族古镇、独克宗古城五地跻身第二批国家级夜间文化和旅游消费集聚区。丽江古城和丽江千古情景区积极推进业态创新,营造夜景特色和"沉浸式"消费场景,打造集夜吃、夜喝、夜游、夜购、夜娱为一体的多元化夜间经济形态。

表2-32 云南省第一批省级夜间文化和旅游消费集聚区名单

序号	州(市)县(区)名称	城市旅游发展情况
1	昆明市	昆明老街、南强街巷、云纺文化创意产业园、斗南花市景区
2	昭通市	省耕山水水街
3	曲靖市	罗平县主题街区
4	玉溪市	玉溪青花街
5	保山市	腾冲高黎贡文化创意产业园区、隆阳区板桥镇青龙街
6	楚雄州	禄丰市金山古镇旅游景区
7	红河州	建水紫陶里街区
8	文山州	丘北县仙人洞村景区
9	普洱市	普洱茶马古城旅游小镇
10	西双版纳州	勐腊县南腊河·星光夜市文旅综合体、曼听御花园景区
11	大理州	鹤庆新华银匠村文化产业园区、大理华纺1958文化创意产业园区
12	德宏州	芒市珠宝小镇、芒市傣族古镇
13	丽江市	丽江千古情景区、古城区大研花巷街区
14	怒江州	怒江西岸街区
15	迪庆州	香格里拉独克宗古城景区
16	临沧州	凤庆县文庙片区文旅综合体

（二）旅游休闲街区创建加快

旅游休闲街区是具有鲜明文化主题和地域特色，具备旅游休闲、文化体验和旅游公共服务等功能，融合观光、餐饮、娱乐、购物、住宿、休闲等业态，能够满足游客和本地居民游览、休闲等需求的城镇内街区，是城市旅游消费经济发展的助推器。2022年1月，丽江市古城区大研花巷旅游休闲街区、建水县临安古城主题特色街区顺利入选文化和旅游部及发展改革委评定的首批国家级旅游休闲街区，成为丰富文化和旅游产品供给、更好满足人民日益增长的美好生活需要的重要载体，这两处街区是从2021年11月15日云南省文化和旅游厅公示的30家云南省旅游休闲街区中推选出来的。此外，昆明市市委宣传部还在9月19日公布了"五个一批"特色文化街区名单，昆明老街（文明街片区）、南强街巷、环翠湖特色文化街区、百年滇越法式风情街、官渡古镇、云纺创意文化街区、金马坊历史文化街区等在列。

（三）城市旅游业态不断创新

全省各地结合国家文化和旅游消费示范城市建设，积极推进旅游供给侧结构性改革，新业态新产品不断涌现。2022年黄金周和其他节假日期间，昆明、玉溪、曲靖、大理、丽江等地举行了丰富多彩的活动，满足本地居民和外来游客的需求。昆明地铁5号线正式开通运营，云南省旅游规划研究院联合相关部门提出依托5号线打造昆明旅游中轴线。公园1903成为文商旅综合体的新样本，城市漫步（City walk）受到关注，昆明剧院·小剧场、南强街八十八号、马家大院等小剧场持续发力，海鸥文化节、春城文化节、"西山睡美人"文化艺术节等吸引了大量市民和游客。"清凉曲靖"吸引无数度假旅居游客，曲靖市老街（寥廓街道天池社区）成为城市文化休闲的好去处，南中爨城首届"烟火夜市"拉开序幕（表2-33）。

表2-33　2022年全省各地城市旅游发展的代表性事件

序号	时间	城市旅游发展情况
1	5月1日	第六届"昆明地标"穿越城市定向越野挑战赛开赛
2	6月3—5日	古滇名城举办"昆明首届城市度假节"
3	6月3日	为期四天的普洱市第十届端午百草根美食文化旅游节开幕
4	6月14日	首届昆明市最美阅读空间评选活动出炉，评出包括18个"最美城市阅读空间"在内的一批阅读空间
5	6月18日	云南省首届彩云购物节启动仪式在五华区南屏街举行
6	11月15日	丝路云裳·七彩云南2022民族赛装文化节昆明民族时装周在云南广播电视台一号演播厅启幕
7	11月26日	"国门文化集市"展销活动在普洱启动

续表

序号	时间	城市旅游发展情况
8	12月9日	云南省文化和旅游厅牵头开展的"云南文旅城市名命名歌曲评选活动"进入投票阶段。
9	12月15日	"南亚风情第壹城——云南首届飞盘大赛"新闻发布会在昆明南亚第壹城召开
10	12月15—17日	第二届中国（玉溪）品质生活论坛在玉溪举办

八、美食旅游

吃是旅游活动六要素之一，品尝特色美食是重要的旅游动机，"为一道菜，赴一座城"已成为近年来旅游消费领域的新现象。从雪域高原到热带雨林，云南的复杂地貌孕育了花样百出的食材，独具特色的自然生态造就出各式各样的特色美食，是发展美食旅游的重要依托。5月13日，省商务厅拟定并印发《促进餐饮业零售业等困难行业恢复发展政策指南》。12月底，省政府办公厅印发《滇菜标准化品牌化产业化发展三年行动计划》，为做大做强滇菜产业、更好发挥餐饮业的重要作用进一步明确了行动方向。

（一）美食类非物质遗产申报力度加大

昆明市盘龙区对拟申报的"得胜桥豆花米线""英凤烧饵块""野生菌过桥米线""龙头街传统回民菜"等项目开展田野调查，阳宗海汤池老酱鱼制作技艺申报区级非遗项目1项，石林县成功申报"十里香茶"为省级非遗项目。大理剑川火腿制作技艺（剑川山火腿制作技艺）获评第五批省级非遗代表性项目，巍山一根面制作技艺、巍山咸菜制作技艺申报第五批省级非遗代表性项目。西双版纳景洪市傣族传统手工红糖制作技艺入选第五批省级非遗代表性项目名录。保山隆阳区金鸡口袋豆腐制作技艺被列入云南非遗名录，"昌宁红茶制作技艺"入选云南省第五批省级非物质文化遗产代表性项目名录。普洱《双龙麻脆制作技艺》《普洱茶制作技艺—水之灵古树茶制作工艺》被公布为第五批省级非物质文化遗产代表性项目，《紫米香醋制作技艺》《通关黄焖鸡制作技艺》被公布为第六批市级非物质文化遗产项目，景东无量山火腿制作、手工吹泡肝、年猪饭等入选第六批市级非物质文化保护项目。玉溪澄江市藕粉制作技艺、铜锅鱼被认定为玉溪市第六批非物质文化遗产代表性项目。11月29日，"中国传统制茶技艺及其相关习俗"列入联合国教科文组织人类非物质文化遗产代表作名录，其中就有云南省的六个子项目（表2-34）。

表2-34 "中国传统制茶技艺及其相关习俗"中的云南子项目

序号	涉及地域	子项目名称
1	芒市	德昂族酸茶制作技艺
2	凤庆县	红茶制作技艺（滇红茶制作技艺）

续表

序号	涉及地域	子项目名称
3	大理市	黑茶制作技艺（下关沱茶制作技艺）
4	宁洱县	普洱茶制作技艺（贡茶制作技艺）
5	勐海县	普洱茶制作技艺（大益茶制作技艺）
6	大理市	茶俗（白族三道茶）

（二）丰富各类美食节事活动

2022年，全省各地统筹疫情防控和经济复苏，采用多种形式举办了丰富多彩的美食节事活动。例如，作为亚微节的重要活动之一，2022年临沧佤山风情美食大观园暨第十八届美食节和商贸展在临沧体育运动中心恒春星光美食和临沧文化中心广场同时开展，评选出临沧"十大绿色健康美食""临沧十大特色名小吃"，进一步形成一县一特色、一县一品牌，通过美食这扇窗口展示丰富的旅游资源和独具特色的文化魅力（表2-35）。

表2-35 2022年云南各地举办的美食类节事活动

序号	州（市）县（区）名称	举办活动名称
1	6月3日	为期四天的普洱市第十届端午百草根美食文化旅游节开幕
2	6月18日	怒江州餐饮与美食行业协会承办的"怒江本土特色菜品推选比拼活动"举行
3	7月1日	安宁市温泉街道办事处首届餐饮美食节在摩崖夜市开业
4	7月4日	2022年吉迪松茸节在香格里拉市吉迪村草原开幕
5	8月4日	中国·南华第二十届野生菌美食文化节在南华县举行
6	8月19日	中国·宣威（2022）火腿美食文化旅游节开幕
7	9月25日	"山海同云·明月同乡"2022年第三届昆台美食文化节线上活动开始
8	10月1日	以"草果·美食·音乐"为主题的第三届"怒江草果文化周"在泸水市上江镇怒江傈僳音乐小镇开幕
9	11月15日	"千古博南·味道永平"2022云南·大理永平第七届博南文化节正式开幕，举行了美食大赛、永平美食直播活动
10	12月30日	国际（过桥米线）美食名城——蒙自·过桥米线节在线上线下同步举办

（三）推进美食旅游空间与品牌建设

2022年，大理州发展美食经济，推进县城常态化美食街、小吃街建设，巍山县常态化小吃街、弥渡美食街分别于7月23日、11月21日正式开街。8月8日，世界中餐业联合会会长办公会授予蒙自市"国际（过桥米线）美食名城"的荣誉称号。11月21日，CCTV《生财有道》"早餐里的中国"摄制组完成在通海县的拍摄工作。12月2日，大理在2022携程集团全球合作伙伴峰会上入选携程集团"新晋美食目的地"榜单。在云南省文化和旅游厅 11 月 25 日发布的 7 条冬季主题旅游线路中，就包括一条名为"美食奇遇记·云滇美味旅行厨房 5 日逛吃游"的主题线路，基本行程为大理—苍山采茶—鲜花饼制作—寻味喜洲—喜洲古镇—喜洲早市—沙溪马帮饭—茶马古道—沙溪古镇—诺邓—诺邓古镇—采菌子—制作菌子宴—大理。同月 23 日至 26 日，省政府驻广东办事处携手深圳市乡村振兴和协作交流局联合举办了深圳市对口帮扶合作地区特色美食文化展。《云南红河绿春：以食促旅、创民族美食品牌》《云南红河绿春：神奇的饮食文化——哈尼橄榄皮拌生》两篇新闻通讯稿相继在《人民日报》、今日头条、文旅头条、《中国食品报》《云南日报》、央视网上发表，并获得了上万的点击率。

九、影视旅游

云南省自然风光优美，民族风情绚丽，有"天然摄影棚"的美誉。2022 年，《时光恋人》《昔归轶事》《了不起的她》等一批影视剧在各地开机拍摄，《你是我的一束光》《农民院士》《为了那一天》等一批影视作品在全国公映，提高了拍摄地文化旅游知名度和美誉度。

（一）一批影视剧在云南各地开机

《怒火》《年少不轻狂》《赤血营救》《时光恋人》《罪之阀》《了不起的她》《如果爱，就表白》《大地之上》《励志人生走财运》等一批影视剧在西双版纳、楚雄、保山等地开机拍摄。其中，《时光恋人》由云南大彝天成影业有限公司、保山比顿咖啡有限公司联合出品，讲述了一对各自陷入困境的青年男女在平凡又神奇的时空中相遇并相互温暖彼此的爱情故事。《昔归轶事》由临翔区委宣传部和昆明森翔文化传播有限公司联合拍摄，将深度展示昔归优美的风景画卷、独特的民风茶俗、厚重的人文历史，有望提高文旅的知名度和影响力（表 2-36）。

表 2-36　2022 年在全省各地举行开机仪式的影视剧

序号	时间	影视剧及开机地点
1	1 月 17 日	动作电影《怒火》于西双版纳开机
2	3 月 15 日	励志电影《年少不轻狂》在楚雄开机
3	4 月 1 日	电影《赤血营救》在西双版纳州开机
4	4 月 18 日	电影《时光恋人》在保山开机
5	5 月 3 日	电影《罪之阀》在西双版纳开机
6	9 月 15 日	《昔归轶事》在昔归村嘎里古渡开机
7	10 月 5 日	以张桂梅为原型的电影《了不起的她》在昆明开机
8	10 月 6 日	电影《如果爱，就表白》在大理罗荃半岛开机

续表

序号	时间	影视剧及开机地点
9	10月19日	院线电影《大地之上》在红河县开机
10	10月24日	院线励志电影《励志人生走财运》在文山开机

(二)《你是我的一束光》等影视剧公映

2020年,新时代云南各族人民建设美丽新家园故事的电影《你是我的一束光》、脱贫攻坚现实题材电影《农民院士》、本土电影《为了那一天》等一批在大理、普洱、南华等地取景拍摄的影视作品在全国公映。借助荧屏,各地的自然风光、历史文化与民族风情走向全国,提高了拍摄地的知名度。《你是我的一束光》在大理兴盛桥、千年白族古村诺邓、凤羽的油菜花田、洱海生态廊道等地取景,随着大理"爱情旅游线路"的打造,这些地方成了众多年轻人拍摄婚纱照的首选。此外,联合国粮农组织驻华代表处以全球重要农业文化遗产地云南红河哈尼梯田为拍摄地出品的纪录片《梯田守望者》于2月28日正式发布。保山市在8月20日举办了"绿色的奇迹 生命的摇篮"——生物多样性题材电影《花开高黎贡》放映推介活动。《人类的记忆——中国的世界遗产丽江古城》在央视CCTV-4频道播出后收到热烈反响,获得2022年第二季度央视纪录片收视率第一。

(三)第九届亚微节顺利举办

9月14日至15日,由中国电视艺术家协会、中央新影集团、中共云南省委宣传部、云南省文化和旅游厅、云南省广播电视局、临沧市人民政府主办的第九届亚洲微电影艺术节采取"线上线下"相融合的方式在临沧举办,包括美食商贸活动、柴烧创作营活动、开幕式、优秀作品表彰、微电影讲座、颁奖盛典等14项活动。本届亚洲微电影艺术节共收到作品5327部,《茫崖之恋》获最佳作品奖。临沧借助亚微节平台,用旅游的方式传播文化,向人们讲述临沧故事;云县组织演出团队和企业参加第9届亚洲微电影艺术节的各类展演和活动。

(四)世界电影节发布会在楚雄举行

10月22日,由世界影评人协会、北美国际电影节、APODC亚太文化艺术联盟等多家机构联合主办的2022世界电影节发布会在楚雄州举行。与会人员认为,将用电影的效应进一步开发"蝴蝶泉"的文化旅游产业链项目,带动云南经济升级发展。为期一周的主题嘉年华活动通过在大理古城、丽江古城、玉龙雪山等重要景区展示,促进电影文化的传播、影视与旅游的融合发展。

此外,大理南涧发布《南涧无量·秘境花乡——神仙姐姐居住的地方》音乐电影,参加央视《四时舞·秋分》录制;建水县宣传片《建水小调》参与"非遗纪录片展映周"海外展映;《世界高黎贡山世界自然遗产》荣获"第二届全国旅游公益广告"电视类三类优秀作品奖。

十、半山酒店

半山酒店是充分展示云南优美生态环境、独特旅游资源，依托高品质住宿产品，提供个性化、多样化并具有深度体验感的"精品酒店＋"旅游目的地，是从观光旅游向休闲度假旅游转变后的文旅融合新型产品供给。加快半山酒店建设，是推进住宿业供给侧结构性改革和健康生活目的地建设的重要举措。2022年，全省各地贯彻落实《关于加快推进云南半山酒店建设工作的指导意见》，继续推动半山酒店成为云南旅游新亮点，大力建设具有地方文化特色的精品旅游民宿，落实每个县建设1个高星级标准的高品质酒店。

（一）推进半山酒店项目建设

2022年，玉溪富康城铂尔曼酒店、玉溪半山常乐温泉酒店等一批高品质酒店建成运营。红河州开工建设建水美爵酒店等5个高品质酒店、7个半山酒店，多依树半山酒店、云裳酒店建成运营，开展"红河州最美半山酒店"评选，屏边牧羊河山水度假酒店等10家酒店为"红河州最美半山酒店"。临沧市建成运营高品质酒店1个、半山酒店13家，等级旅游民宿评定工作取得新突破，7家丙级旅游民宿完成市级初评并按程序报审。西双版纳全州现有半山酒店项目24个，已完成投资11.7947亿元。丽江推进大滇西旅游环线半山酒店项目落地，完成丽江费尔蒙半山酒店、墅家玉庐丽江北门一号半山酒店、彩云半山酒店3个半山酒店入库云南文旅项目库。普洱累计以半山酒店为标准建成酒店13家。德宏州评定芒市华江翡华金科温泉度假酒店、芒市仙云里半山酒店为州级半山酒店。大理州按照"找到一个好地方、一个好投资人、一个好管理者"的"三好"原则，以景为魂、以享为本、以文为韵、以游为乐的设计理念，突出自然、生态、文化，小体量、低密度、高品质，扶持木田、喜林苑、吾乡间、理想邦等半山酒店走连锁化、品牌化经营道路，支持梦蝶庄、颐云、海纳尔等特色半山酒店做精做深，推进松赞·点苍系列、星空谷等一批高品质半山酒店项目。

（二）制定评选办法与评分细则

为做好半山酒店和最美半山酒店评选有关工作，根据《关于贯彻新发展理念推动旅游高质量发展的意见》（云政发〔2021〕31号）、《云南省行政规范性文件制定和备案办法（云南省人民政府令第212号）》文件要求，结合云南省实际，云南省文化和旅游产业发展处制定了《云南半山酒店和云南最美半山酒店评选办法（征求意见稿）》《云南半山酒店评选标准及评分细则（征求意见稿）》《云南最美半山酒店评选标准和评分细则（征求意见稿）》，并于8月30日—9月14日予以公布，广泛征求社会各界的意见建议。

（三）组织开展半山酒店认定评选

为贯彻落实《云南省人民政府关于贯彻新发展理念推动旅游高质量发展的意见》，云南省文化和旅游厅10月25日起针对纳入云南半山酒店项目库中建成运营的半山酒店项目，组织开展云南半山酒店认定和最美半山酒店评选工作。申报流程包括企业申报、县（市、区）推荐、州（市）初评、省级评审等环节。各州市初选推荐入选全省最美半山酒店评选的共有16家，如表2-37所示。

表2-37 进入全省最美半山酒店评选名单的半山酒店

序号	州（市）县（区）名称	申报单位	酒店名称
1	昆明市	云南和念酒店管理有限公司	和念半山森林酒店
2	玉溪市	云南基投资源开发有限公司	云茶山庄（峨山）
3	保山市	保山康藤生态旅游发展有限公司	康藤·南方丝绸古道帐篷营地（腾冲）
4	红河州	云南百思勤置业有限公司	弥勒东风韵美憬阁精选酒店
5	普洱市	普洱白马山云舍酒店有限公司	景谷白马山熙康云舍健康度假酒店
6	普洱市	云南云缦汽车旅游投资有限公司普洱分公司	云缦营普洱倚象山营地暨半山酒店
7	大理州	大理海纳尔酒店投资管理有限公司	大理海纳尔云墅度假酒店
8	大理州	大理喜林苑酒店管理有限公司沙溪分公司	喜林苑·沙溪夯土酒店
9	德宏州	德宏华江旅游综合开发有限公司	华江翡华金科温泉度假酒店
10	丽江市	物与岚酒店（丽江）有限公司	物与岚设计收藏酒店·丽江
11	丽江市	金茂（丽江）酒店投资有限公司玉龙分公司	丽江金茂璞修雪山酒店
12	丽江市	昭德（丽江）酒店有限公司	丽江大研安缦酒店
13	迪庆州	迪庆松赞林卡酒店有限公司	松赞香格里拉林卡
14	迪庆州	迪庆香巴拉旅游投资有限公司	迪庆月光城英迪格酒店
15	怒江州	云南交投集团经营开发有限公司服务区经营管理分公司小沙坝服务区	小沙坝服务区半山酒店
16	临沧市	双江云顶筑巢茶庄园酒店有限公司	双江云顶筑巢茶庄园酒店

此外，还有一批酒店建设项目被列入2022年度省级重大项目清单，如紫陶主题酒店（吉成美爵酒店）、景迈安缦酒店一期、洱源火焰山温泉度假酒店、施甸县锦鑫东方大酒店、德钦县梅里泊度半山酒店以及车马碧周边高端轻奢民宿建设项目。

十一、旅游购物

购物是旅游活动的基本要素之一，也是旅游市场秩序整治专项检查的重要领域。2022年，全省各地继续实施"30天无理由退货"政策，加强对旅游购物企业的检查，整治"指定购物"现象。与此同时,积极推进非遗与购物的融合,尝试推出文旅数字藏品,开展旅游购物放心购试点。

(一)组织评选"非遗伴手礼"

创新非物质遗产保护新方式,推动非物质文化遗产与旅游购物有机结合。合理利用非遗资源,推动融入现代生活,组织开展了2022年云南省首届"非遗伴手礼"评选活动,评选出非遗伴手礼优秀入选作品74件(套)、入选作品共236件(套),分为日用、健康、食味三类(表2-38)。云南省文化和旅游厅组织开展了礼·遇云南——云南旅游商品创意创新大赛,经商品征集、海选、初赛、决赛评选,形成了40个奖项的获奖名单。同时,各地结合文化和自然遗产日宣传,开展了形式多样的非遗购物活动。楚雄州组织开展了2022年"文化和自然遗产日"宣传展示暨"红火楚雄·非遗购物节"系列活动。丽江市举办了"非遗购物节",开启市民和游客共享非遗文创产品新模式。临沧市举办了"非遗购物展销会+非遗美食汇"系列活动,开展非遗产品网络直播销售。此外,红河等州市也组织开展了"文化和自然遗产日"暨"非遗购物节"。

表2-38　2022年云南省首届"非遗伴手礼"优秀入选作品

序号	州(市)县(区)名称	非遗项目名称	作品名称
1	大理州	白族扎染技艺	多功能扎染笔记本、扎染茶席套装
2	大理州	银器锻制技艺(鹤庆银器锻制技艺)	战国纹香熏炉、铜包银玉露泡壶、梨形泡壶
3	大理州	白族布扎	布扎瓦猫
4	大理州	陶器制作技艺(剑川土陶)	黑陶小萌瓦猫、黑陶包银杯
5	大理州	木雕(剑川木雕)	福寿双全笔筒、石窟印象茶则
6	大理	泥塑、面塑	彝族少女、瓦猫系列
7	保山市	金鸡乡制陶技艺	牡丹花小茶罐、石榴茶叶罐
8	保山市	竹编(腾冲)	"杯"感温暖
9	保山市	腾冲皮影戏	皮影扇
10	保山市	云南围棋子(永子)制作技艺	围棋、围棋饰品
11	红河州	锡器制作技艺	锡瓷韵
12	红河州	陶器烧制技艺(建水紫陶烧制技艺)	节节高快客杯、璞炻套件
13	红河州	紫石砚制作技艺	紫石砚
14	红河州	青花瓷烧制技艺(建水)	建水青花瓷汽锅、(高足三层)
15	丽江市	纳西族银器制作技艺	披星戴月挂饰
16	丽江市	永胜珐琅银器制作技艺	珐琅银器(花瓶)

续表

序号	州（市）县（区）名称	非遗项目名称	作品名称
17	昆明市	传统手工制香	安宁韵味
18	昆明市	昆明髹漆技艺	漆碗
19	昆明市	滇派内画	内画系列9件套
20	昆明市	绞胎炻器	绞胎炻器
21	昆明市	竹编（宜良）	茶漏，竹丝扣银茶杯
22	昆明市	染色技艺	布艺作品"格局"
23	昆明市	彝族（撒尼）刺绣	《星光灿烂》等
24	昆明市	乌铜走银制作技艺	乌铜走银伴手礼系列
25	昆明市	斑铜制作技艺	悬崖孔雀等
26	昆明市	掐丝珐琅彩画	大观楼
27	昆明市	葫芦雕绘（西山区）	葫芦雕
28	临沧市	傣族手工造纸	手工纸记事本
29	临沧市	竹编（中山）	竹丝扣陶茶具套件
30	曲靖市	土陶烧制技艺（陆良县）	斑铜红
31	曲靖市	铜器制作技艺（罗平）	扁壶、链条圆壶
32	昭通市	剪纸（金沙）	磅礴乌蒙，神奇昭通
33	迪庆州	藏族黑陶烧制技艺	麒麟杯、黑陶咖啡杯
34	迪庆州	纳西族东巴造纸	东巴纸灯
35	迪庆州	藏香制作技艺	一脉相承礼盒
36	普洱市	傣族象脚鼓制作技艺	象脚鼓饰品
37	玉溪市	通海银饰制作技艺	滇南银狮
38	玉溪市	陶器制作技艺（易门陶）	茶杯礼盒
39	楚雄州	漆器制作技艺	髹饰大漆银器
40	西双版纳州	傣族手工造纸	手工造纸5件套
41	西双版纳州	傣族织锦技艺	傣族披肩、茶席
42	大理州	黑茶制作技艺（下关沱茶制作技艺）	下关特沱（普洱生茶）
43	大理州	"慎德堂"传统诊疗法	苏桑薄荷茶、黄精果
44	曲靖市	加味三乌胶（会泽县）	加味三乌胶
45	迪庆州	藏香制作技艺	梅里雪山手工藏香
46	文山州	郑氏黄帝九针医术	郑保三七灸

续表

序号	州（市）县（区）名称	非遗项目名称	作品名称
47	普洱市	普洱制作技艺（贡茶制作技艺）	三餐茶
48	普洱市	镇沅太和甜茶	太和甜茶
49	昆明市	昆中药传统中药制剂	昆中药礼盒
50	迪庆州	藏医药（骨伤疗法）	腼巴传承草药
51	大理州	火腿制作技艺（诺邓）	诺邓火腿礼盒片装
52	保山市	传统手工古法制茶（土罐茶）	土罐茶
53	红河州	红糖制作技艺（竹园红糖）	竹园红糖
54	红河州	豆腐制作技艺（石屏豆腐）	石屏豆腐干
55	红河州	干巴制作技艺（南沙）	李氏牛牛干巴礼盒
56	红河州	开远甜藠头制作技艺	开远甜藠头
57	红河州	荞制作技艺	荞一家子礼盒
58	昆明市	牛干巴制作技艺（寻甸）	顺宏园牛干巴
59	昆明市	宜良宝洪茶	宝洪茶
60	曲靖市	魔芋制作技艺	魔乐多素毛肚
61	昭通市	绿豆糕制作技艺	月中桂绿豆糕
62	迪庆州	奶制品制作技艺（奶渣饼）	香格亚诺奶渣饼
63	德宏州	德昂族酸茶制作技艺	凝固的山泉
64	普洱市	普洱茶制作技艺	唱片茶
65	普洱市	紫米封缸酒制作技艺	紫米封缸酒
66	玉溪市	豆末糖制作技艺	豆末糖
67	玉溪市	稀馅火腿饼制作技艺	稀馅火腿饼
68	玉溪市	酱油制作技艺（通海）	通海酱油
69	丽江市	水酥饼制作技艺	火腿水酥饼
70	怒江州	火腿制作技艺（老窝火腿）	即食火腿片
71	迪庆州	酒制作技艺（青稞酒）	小碗青稞酒

注：同类非遗项目的相关作品有合并。

（二）开展旅游购物放心购试点

丽江市成立了旅游购物放心购试点企业创建工作领导小组，探索旅游购物放心购试点企业创建工作，协调涉旅社会商品零售企业及旅游有关要素，形成联动监管机制，推进涉旅商品零售企业转型升级。7月15日，丽江市旅游购物放心购试点企业创建工作领导小组办公室出台了《丽江市旅游购物放心购试点企业创建工作实施方案（试行）》，制定了《丽江市创建旅游购物放心购试点企业测评体系（试行）》。根据该《方案》，试点企业要切实做到统一管理、统一监督、统一营销、统一采购"四统一"，建立退换货中心、咨询服务中心、投诉处置中心、质检机构、物流中心、线上网络直播间"六个"统一入驻。8月10日，通过对申报企业（个体经营户）进行申报材料审核、现场评分，最终确定2022年丽江市旅游购物放心购试点企业为云南之窗商贸有限责任公司。

（三）探索推出文旅数字藏品

昆明、大理、建水等地顺应数字经济发展潮流，结合元宇宙热点，探索推出了多款文旅数字藏品，被誉为基于数字藏品赋能线下实体文旅的全新尝试。6月11日，全省首款文旅数字藏品——建水紫陶"兽耳方尊"在昆明举行线上发售仪式，限量发售的611件藏品当天上线即售罄。配备专属加密芯片的紫陶作品拥有强大溯源功能，数字化赋能为紫陶产业的健康发展以及紫陶文化的保护传承带来多方启发。同月29日，"云境十六州·自在大理"数字藏品正式上线限量售卖。7月24日，滇池度假区首款数字藏品——"滇池四季"正式在云上文化云平台预售。9月20日，大理旅游集团对外发行集团首款数字藏品"数藏大理·崇圣寺三塔"。此外，"游云南"数字藏品平台"云穹"荣获了第二届中国可信区块链安全攻防大赛全国总决赛卓越优秀案例奖。

（四）执行"30天无理由退货"政策

各地认真推行"30天无理由退货"政策，以"安心购，放心游"为宗旨，打造惠民利民的旅游品牌，营造云南"诚信旅游"良好环境。香格里拉市全年累计向游客发放"30天无理由退货"海报7620份，不断筑牢商户诚信经营的思想防线。大理市旅游购物退（换）货监理中心共受理退货14998起，退货金额1.11亿余元。昆明市不断完善游客购物退货工作机制，自2019年4月25日到2022年11月24日，共受理退货申请6816起，退款金额总计4457.7万元。普洱市办理游客购物30天无理由退货4件，实现100%办结和满意。

除此之外，保山市成立了全市旅游业协会旅游商品企业分会。德宏州推进德宏州特色旅游商品研发生产，着力包装、培育一批民族文化旅游产品和文创产品。曲靖市组织各县（市、区）13家非遗文创产品、文化旅游商品等参加马龙樱花展销活动。西双版纳州持续跟进东盟10国旅游团入境西双版纳免签停留10天政策和磨憨铁路口岸开展外国人口岸"免税购物"政策疏通工作。

十二、景区创建与升级

以景区为重点的旅游吸引物体系建设是旅游业发展的重要任务。2022年，全省积极推进高等级旅游景区、旅游休闲街区、旅游度假区以及绿美景区、文明旅游示范单位创建，旅游吸引物的类型、数量、结构及品质进一步得到优化。

（一）开展A级旅游景区创建工作

积极开展A级旅游景区质量等级评定和管理工作，成立工作专班，持续指导昆明世博园5年期满评定性复核工作，组织4轮次专家开展模拟复核评定，实施生态停车场、竹园、大温室等重点景观改造提升。牵头开展对虎跳峡、民族村等重点A级旅游景区品质提升方案制定及新业态引进。组织对全省29家4A级旅游景区进行重点复核检查，新认定29家4A级旅游景区，申报省财政给予2900万元奖补（表2-39）。完成全省《2022年全省A级旅游景区暨旅游度假区管理培训班》，全省各地重点A级旅游景区共240余人参加培训。

表2-39 2022年云南省新增29家国家4A级旅游景区名单

序号	州（市）名称	新增国家4A级旅游景区名称
1	昆明	昆明玉龙湾景区
2	昭通	绥江金沙水上乐园景区、水富邵女坪旅游度假区小镇景区、大关黄连河景区
3	曲靖	罗平县相石阶景区、五龙景区、云南马过河旅游景区
4	保山	高黎贡国际精品咖啡文化园景区
5	楚雄	楚雄州永仁县方山景区、金山古镇旅游区、禄丰黑井古镇旅游景区、十月太阳历文化园、双柏县查姆湖旅游景区
6	红河	开远南洞—凤凰谷旅游区、屏边滴水苗城景区
7	文山	广南县西洋江大峡谷旅游景区
8	普洱	景迈山茶林文化景区、澜沧县老达保景区、景东县景东文庙
9	大理	大理海洋世界景区、大理天龙八部影视城景区、剑川县木雕艺术小镇景区
10	德宏	芒市傣族古镇
11	怒江	小沙坝景区、老姆登景区
12	临沧	博尚碗窑七彩陶瓷文化景区、凤庆县滇红第一村景区、班洪葫芦王地景区、和成·临沧生态文化创意产业园

在国家5A级旅游景区创建方面，保山市腾冲和顺古镇创建5A级旅游景区待国家暗访验收，大理州漾濞石门关5A级旅游景区创建列入省向文化和旅游部推荐名单，丽江市加快泸沽湖景区、老君山黎明景区创建国家5A级旅游景区工作，西双版纳加快推进野象谷、望天树、大益庄园等国家5A级旅游景区建设，德宏州推进芒市勐巴娜西珍奇园、金塔、银塔资源整合与国家5A级旅游景区创建，临沧加快打造崖画谷5A级旅游景区，文山麻栗坡县组建了英雄老山圣地5A级旅游景区创建工作专班，昆明盘龙区推动世博园国家5A级旅游景区保级工作和提升改造工作。此外，普洱加快推进茶马古道提升改造及联合茶马古城创建国家5A级旅游景区工作进度，启动景迈山茶林文化景区5A

级和世界级旅游景区创建工作。

在加快旅游景区设施建设方面，景迈山古茶林景区、翠湖景区、景东县亚热带植物园旅游景区、大姚县三潭瀑布景区、老姆登·知子罗旅游景区、寻甸县凤龙湾景区、屏边县滇越铁路人字桥景区、水富邵女坪景区、丽江古城景区、云龙县诺邓景区旅游基础设施建设项目、阿布吉景区、贡山县独龙生态旅游景区、双江县冰岛旅游景区、沧源县崖画谷景区、贡山县丙中洛旅游景区、田蓬公路口岸国门文化边境旅游区、开远市凤凰景区建设项目，以及罗平县金鸡峰丛景区提质改造、罗平生物群国家地质公园提质改造建设项目被列入2022年度省级重大项目清单。

（二）推进绿美A级旅游景区行动

绿美景区行动是实施城乡绿化美化三年行动的组成部分。按照省委、省政府实施云南绿化美化三年行动计划的安排部署，制订印发《云南省绿美A级旅游景区三年行动方案》，让绿美景区行动走在城乡绿化美化计划的前列，成为排头兵和样板示范区。抓实抓细全省A级旅游景区绿美建设，开展景区植绿补绿，提高景区绿化率，促进生态环境保护修复。按照巩固一批、提升一批、整治一批的原则，三年内100%完成景区绿美行动，计划完成153家绿美A级景区建设任务。

（三）推进旅游休闲街区和度假区创建

云南省文化和旅游厅按照文化和旅游部要求，组织完成丽江古城大研花巷、建水临安古城主题特色街区等全国旅游休闲街区评审推荐申报，大研花巷、临安古城主题街区成功入选文化和旅游部和发展改革委评定的首批国家级旅游休闲街区。组织开展了13家省级旅游度假区创建评审工作，腾冲市东山国家康养度假区、龙陵县邦腊掌旅游度假区、弥勒市东风韵旅游度假区、广南县坝美旅游度假区、洱源县温泉旅游度假区、维西县塔城旅游度假区达到省级旅游度假区标准要求，被认定为省级旅游度假区。

（四）开展文明旅游示范单位评定

按照《文化和旅游部办公厅关于开展〈文明旅游示范单位要求与评价〉实施工作的通知》要求，云南省文化和旅游厅开展了第一批省级文明旅游示范单位评定工作，以充分发挥文明旅游示范单位的示范带动作用，全面提高文化和旅游行业从业人员道德水准和文明素质，推动全省文旅业高质量发展。经过评定，丽江古城等旅游景区入选第一批省级文明旅游示范单位（表2-40）。

表2-40 云南省第一批省级文明旅游示范单位中景区名单

序号	时间	影视剧及开机地点
1	丽江市	丽江古城景区
2	大理州	宾川鸡足山（宾川鸡足山旅游开发有限公司）

续表

序号	州（市）名称	旅游景区名称
3	迪庆州	巴拉格宗（云南文产香格里拉市巴拉格宗旅游开发有限公司）
4	红河州	建水文庙景区
5	楚雄州	元谋人世界公园（云南凤凰文旅集团有限公司）
6	保山市	火山热海景区（云南火山热海投资开发有限公司）

第三节 涉旅政策和机制创新

一、疫情防控和恢复发展

2022年，全省各地文旅系统按照党中央和习近平总书记"疫情要防住、经济要稳住、发展要安全"的指示要求，坚决扛牢疫情防控政治责任，高效统筹疫情防控和文旅产业恢复发展，牢牢守住了文旅行业疫情防控安全底线。

（一）严守疫情防控和安全生产底线

坚决扛牢疫情防控政治责任，严格落实各级规定措施和工作要求，从严、从实、从细抓好疫情防控工作，认真落实"两扫一测""一米线""戴口罩"等基础防控措施和"限量、预约、错峰"的基本要求。按照安全生产"十五条硬措施"要求，严格落实"一岗双责"，层层落实落细文旅行业安全生产责任制。丽江市要求所有旅行社导游人员、驾驶员在接待游客上车前必须对车辆全面做好消毒、消杀，并规范做好登记。大理州圆满完成5.5万人次集中隔离工作任务。楚雄州牵头圆满完成90个航班9988人隔离转运安置任务，其中，南华县在开展境外入滇人员安置工作中受到外交部通报表扬。

（二）助企纾困推动文旅市场复苏

持续落实好国家、省、州市制定出台的系列政策措施，围绕税费减免、金融支持、纾困惠企、稳岗就业等方面积极制定政策帮扶措施，千方百计助企纾困，帮助文旅企业渡难关。西双版纳州制定《西双版纳州贯彻落实云南省〈关于精准做好疫情防控加快旅游业恢复发展的若干政策措施〉实施意见和任务分工》《西双版纳州文化和旅游局支持文旅企业纾困解难州级财政奖补办法实施细则》等纾困政策措施，助推文旅企业恢复发展。大理州为全州文旅企业争取各类奖补、贷款和减免补贴等资金约5350万元，全州暂退旅行社质量保证金1569万元，扶持州内文旅企业纾困补助共1160万元，奖补新业态企业合计654万元。丽江市发放省市财政贴息资金1110万元、企业融资担保资金1450万元、纾困补助2007万元、文旅企业流动资金贷款12.1亿元、减免房租1亿余元。文山州助企纾困典型案例"当好'四员'推动文化旅游业高质量跨越式发展"典型案例被汇编入全国《文化和旅游领域纾困发展案例集》。

（三）实施旅游消费促进计划

楚雄州推出"云南人游楚雄""楚雄人游楚雄"系列活动和26条优惠政策。大理州进一步深化"云南人游大理　大理人游大理"活动，开展2022年"三月街、五一"系列文旅营销推广活动，发放"购大理文旅惠民消费券"，推出面向国内、省内游客、州内居民及中高考考生等群体的景区分时段分区域门票减免或优惠政策等；深化沪滇合作，组织"侬好大理"首发体验团活动，全州所有A级旅游景区针对上海市浦东区、奉贤区推出免门票和八折活动。

二、旅游保险新险种

2022年，在疫情持续影响、本土疫情频发等背景下，为消除游客"出游安全顾虑"，云南省在"云南旅游组合保险"中率先推出疫情"熔断"行程取消损失保险、旅行传染病隔离津贴保险两个创新旅游险种护航团队游。

4月15日，疫情"熔断"行程取消损失保险、旅行传染病隔离津贴保险两个险种正式上线，其由云南省文化和旅游厅指导，云南旅游组合保险工作委员会针对团队旅游设计。两个产品均属自愿购买的商业险，其投保人和被保险人均为旅行社。旅行社可进入云南途安旅游保险平台或昆明数字旅游保险平台提交投保信息，分别在旅行社责任险和意外险的基础上自愿选择附加上述两项产品。在承保期间内发生保险事故后，可直接向产品承保平台或保险公司提出赔偿诉求。保险内容分别为："行程取消险保费为每行程2元/人（行程不超过15天），赔偿范围是因行程取消产生的交通、食宿等基本费用的损失部分，应不超过团款的必要、合理费用，每人赔付不超过5000元，单团赔付不超过20万元，1家旅行社全年累计赔偿不超过50万元""隔离险保费为每行程2元/人（行程不超过15天），保障游客因疫情产生的隔离、检测等费用得到补贴，津贴标准为200元/天，赔付天数最高为14天，即赔付上限为2800元"。

两个创新险种准确贯彻落实最新疫情防控要求，为旅行社减少了经营风险和纠纷，更好地满足了大众旅游需求，解决了游客入滇旅游的后顾之忧，有效提振了旅游市场信心。"熔断险""隔离险"销售71万多份，受到国务院第九次大督查的好评和中央领导同志的充分肯定。

三、旅游外交

旅游是传播文明、交流文化、增进友谊的桥梁。旅游外交作为贯彻"合作共赢"外交理念、实施"互利共赢"开放战略、促进全球伙伴关系网络构建的战略之一，在新时期具有重要时代意义。云南作为我国面向南亚东南亚辐射中心，在2022中国国际旅游交易会在昆明举办、中老铁路"黄金线路"效应持续扩大的背景下，旅游外交迎来新的发展机遇。

7月5日，2022昆明国际友城旅游联盟中老铁路沿线会员城市（国内段）文旅宣传主题日活动在西双版纳湄公河星光夜市拉开帷幕。同月15日，云南省南亚东南亚区域国际传播中心云桥网举办首期"'中老情·幸福路'澜湄OUTLOOK"英文线上沙龙，中国旅游从业者、摄影师，老挝媒体人、旅游达人等围绕话题"火车一响，黄金万两——中老共话文旅新'钱'景"进行探讨。2022中国国际旅游交易会期间，举办了"中老铁路助力亚洲命运共同体建设论坛"，共话中老铁路国际旅游发展及其对亚洲命运共同体建设作用和价值。为持续扩大中老铁路的国际旅游影响力，探索国际旅游恢复发展路径，充分发挥旅游在亚洲命运共同体建设中的独特作用，论坛倡议开发好沿线铁路资源与产品、建设好中老铁路国际旅游带、运营好中老铁路国际旅游品牌。7月23日，RCEP框架下国际旅游交流与合作发展论坛在昆明滇池国际会展中心举行，发布了《合奏RCEP最强音，共创旅游好未来》专题研究报告。11月5日，昆明市赴上海参加中老铁路沿线开发合作推介会暨第二届中国老挝磨憨—磨丁经济合作区联合招商对接会。同月28日，元江县与老挝万象省万荣县举行线上签署发展友好城市关系意向书仪式。

此外，8月8日，"胡志明主席遗产与新时代中国—越南关系"国际学术研讨会暨中国云南省昆明市五华区与越南老街省沙巴市缔结友好城市关系意向书签字仪式在昆明举行。同月15日，文山州文化和旅游局与越南河江省文化体育旅游厅举行了视频会议，就下一步合作内容形成共识。9月2日，缅甸酒店与旅游部联邦部长吴特昂博士与中国云南省德宏州驻内比都办事处李其贵主任一行在内比都旅游部会议室举行了会谈，商讨了有关人力资源培训项目的开展、云南芒市—曼德勒与仰光的包机航线的恢复、中缅两国之间酒店与旅游业的合作等事宜。12月8日，缅甸联邦酒店与旅游部部长与德宏州贸易商会驻缅甸商务代表处（瑞丽试验区工管委对缅交流合作办）、州文化和旅游局负责人组织召开了线上促进缅中旅游业合作推进磋商会。

四、集团旅游化

依托城乡建设等领域的母体企业集团，推动其投资文化旅游项目，实现其他领域企业集团的旅游化，既是推进旅游业与其他相关产业融合发展与跨界创新的要求，也是培育旅游龙头企业、推进全省旅游业高质量发展的要求。

（一）康旅集团文旅板块不断壮大

近年来，云南康旅集团在文旅业务板块致力于建设集旅游、会展、体育、商业为一体的文旅综合商业体，搭建旅游数字服务平台，实现云南文旅产业提质升级，打造"品牌文旅目的地专业开发运营商"，助力集团成为全国文旅头部企业。现拥有普达措、普者黑等2个5A、6个4A和4个3A级旅游景区，年游客接待量近700万人次；运营华尔道夫、洲际、悦榕庄、万豪、喜来登等品牌酒店13家，客房数逾3000间，拥有昆明、海口2个国际会展中心，年接待人数逾600万人次。在普达措、虎跳峡、梅里等景区探索出一条旅游收入反哺社区居民的模式，极大带动了当地百姓增收致富。在2022中国国际旅游交易会上，康旅集团携旗下8家企业10余个文旅、健康产业项目举办了两场主题推介会。7月23日，康旅集团牵头的"云南文旅产业高质量发展联盟"组建仪式正式举行。

（二）供销文旅集团正式成立

近年来，云南省供销合作社系统持续深化综合改革，完善体制机制，拓展服务领域，综合实力不断提升，2022年实现销售总额1908.1亿元。各地整合本级社有企业资源，聚焦社有企业改革发展、基层组织建设、农资保供、县域流通服务网络建设、食用菌产业发展、循环经济产业发展、种业产业发展等重点工作，推动集团化发展。10月27日，云南供销文旅集团有限公司正式成立。

（三）云投集团文旅产业迭代升级

近年来，云投集团聚焦重大战略、优化国有资本布局、提升产业竞争力、保障和改善民生，成为云南首家也是唯一一家进入世界500强的云南本土企业。代表云南省参与中老铁路投资建设，柬埔寨吴哥国际机场建设取得阶段性成果，积极推动文旅产业迭代升级。文旅板块下设云南云投酒店发展有限公司、云南金孔雀旅游集团有限公司、大理旅游集团有限责任公司、中视云投文化旅游产业投资有限公司、云南省体育产业投资有限公司、云南省旅游投资有限公司。持续建设和运营大理、西双版纳两大片区旅游核心资源，参股"丽江旅游"上市公司，投资运营管理1个5A级旅游景区、8个4A级旅游景区、5条索道、2个3A级旅游景区。持续推进以"一部手机游云南"为代表的智慧旅游发展，加快文旅产业融合发展、转型升级，积极探索新路径、培育新业态、打造新模式、实现新跨越。

五、旅游新媒体营销

2022年，全省各地文旅部门充分利用"两微一抖一手一书一站"等新媒体平台，整合文旅局官网、"游云南"App、网红主播等宣传资源，构建推广营销矩阵，开展"游云南正当时"文旅局长说文旅等系列短视频、《夏日乐悠悠》文旅直播、"云南当地网红为家乡旅游代言"等活动,全方位开展旅游新媒体营销。例如,"普洱文旅"等媒体平台共发布信息4930余条次,阅读量累计达465万;制作推出《普洱旅游推荐官》41期、《嗨!普洱》等20个系列宣传短视频,创作540余篇文旅攻略、游记作品,点击率累计达191.7万;"游普洱""Go Puer"海外社交媒体平台账号开通运营,形成普洱文旅新媒体宣传矩阵。开发灰碟咖啡、波波杯、车载香薰等咖啡文创产品,"普洱生态小精灵"表情包上架微信表情商店,发布普洱景区微信红包封面。

(一)云南DOU是好风光

"云南DOU是好风光"数字赋能文旅振兴行动由云南省委网信办指导,云南省文化和旅游厅、共青团云南省委等联合主办,旨在进一步加大全省文旅人才培养力度,扶持文旅企业数字化转型,培养线上经营市场主体,提振旅游市场信心,同时探索实现乡村文化与生态资源价值数字赋能的新形势。该活动自2022年8月在昆明启动以来,累计帮扶具备助农属性的乡村文旅商家300余家,覆盖普洱、红河、西双版纳、楚雄、文山、丽江、迪庆、大理、保山9个州市、37个区县;在近4个月的时间里通过"乡村英才计划"培养了4400多名文旅新媒体从业人员,培训期间,学员累计发布短视频2.5万条;项目期间,云南文旅短视频累计播放量超过3.3亿次,用户投稿超过7000条。同时,活动也直接和间接地带动了疫情条件下涉文旅企业的文旅产品和线路销售额超3000万元。

弥勒东风韵景区参与了"云南DOU是好风光"项目的沟通启动会,学习短视频拍摄及直播技巧,建立流量意识和流量思维,拓宽销售渠道。"东风韵"在抖音生活服务平台开户、上架、讲解,了解抖音平台规则、出彩的预热、引流等,推出了"主题套餐"。针对散客、团队提供不同服务套餐的游玩线路。"双十一"期间,景区账号首次尝试直播,推出了"门票+观光车""门票+体验项目""门票+体验项目+住宿"等组合促销商品。连续11天直播累计销售额超130万元,圈住了一大批直播间粉丝。总体来看,"云南DOU是好风光"项目体现了"以文塑旅、以旅彰文,推进文化和旅游深度融合发展"新要求,积极整合文旅资源,运用新媒体平台宣传文旅高质量发展,推动了文化和旅游在更广范围、更深层次和更高水平上深度融合。

(二)大象旅行团IP

2021年发生的"云南亚洲象北上南归事件"引发全球瞩目,中外媒体连续报道关注,让世界看到了云南多姿多彩的形象和中国保护野生动物的成果。习近平总书记在《生物多样性公约》第十五次缔约方大会领导人峰会上发表主旨讲话时指出:"云南大象的北上及返回之旅,让我们看到了中国保护野生动物的成果"。

云南省文化和旅游部门没有停留于聚光灯下的大象,而是深度挖掘、持续利用、创造转化大象这一明星物种的形象,推出了"大象旅行团"这一云南文旅新IP。12月28

日，云南省文化和旅游厅联合中青旅联科数字营销有限公司、中国传媒大学广告学院，共同策划、打造和发布"大象旅行团"云南文旅 IP 及大象旅行团主题曲《大象旅行记》MV。这是以北上南归的云南亚洲象为原型策划和打造的 IP 形象，包括无敌可爱的"象小C"、热爱摄影的"象阿云"、才华横溢的"象阿南"、贪吃馋嘴的"象小风"、热情似火的"象阿花"，五只集聚"萌""美""酷""逗""趣"鲜明个性的亚洲象，续写七彩云南人与自然和谐共生的温暖故事，向世界展示七彩云南的美好形象，让更多人了解云南、走进云南、爱上云南。

12月30日，云南省文化和旅游厅联合中青旅联科数字营销有限公司、"游侠客"打造的"跟着大象游云南"绿色生态高品质系列旅游线路产品正式推出。该系列线路产品以"亚洲象北上南归"事件中象群走过的路线为基础，包括"玉溪环游记""普洱野趣派""版纳万物生"等主题线路。次日，在西双版纳、普洱、玉溪开展启动了"跟着故事去旅行——'象'往七彩云南景区打卡集章游"活动。

（三）"我是云南的"

2022年5月，怒江州傈僳族小伙蔡金发与弟弟蔡金海因一段"我是云南的"魔性洗脑视频走红，引发全网争相模仿。怒江州文化和旅游部门抢抓热点开展宣传营销，借助"怒江傈僳小伙"网络热门事件开展媒体营销宣传。

5月19日，怒江州文化和旅游局在组织2022年"博物馆日""中国旅游日"怒江州系列活动期间，邀请"怒江傈僳小伙"回乡宣传，获得央媒和多家国内媒体关注、点赞。蔡金发兄弟俩在舞台上共同揭开字画，上面写着"最佳上分选手"。怒江州文化和旅游局成功策划6场直播，直播在线最高观看人数达16万人/场次，观看总人数超5000万人次，拍摄的19个宣传怒江的视频播放量达1.5亿次，创作拍摄文旅宣传短视频20余个，点赞量超410万。7月22日，在"2022中国国际旅游交易会"期间，"怒江傈僳小伙"持续为家乡上分，"我是云南的、云南怒江的"短视频全网走红，刮起了一阵"最炫怒江风"，怒江的知名度迅速提升。

六、旅游书店

读万卷书，行万里路。旅游书店（图书馆）是休闲旅游与图书阅读有机融合的产物，是新时期推进文化和旅游融合发展的抓手，是文化公共服务进旅游景区（休闲街区、度假区）的载体，是文化休闲、交流和创意的空间。2022年，全省各地积极推进最美阅读空间、最美公共文化空间建设与评选，涌现出一批优秀案例，旅游图书馆就是其中的代表。

（一）打造最美公共文化空间

2022年，全省各地以人民群众精神文化需求为导向，创新公共文化空间、延伸公共文化服务，积极探索扩大城乡公共文化和旅游服务覆盖面，努力打造"最美公共文化空间"，极大丰富了人民群众的精神文化生活。8月17日，云南省文化和旅游厅确定20个案例作为云南省2022年"最美公共文化空间"典型案例并予以推介。其中，曲靖市会泽县"云上乡愁书院"、云南玉溪新华书店聂耳书城、昭通市绥江县"茧斋"智慧书房、禄丰市黑井镇"云上乡愁书院"、弥勒市东风韵景区π书吧、勐海县图书馆、巍山县文华书院、鹤庆县旦墨书院、怒江州图书馆怒江美丽公路小沙坝服务区分馆、香格里拉普达措国家公园碧塔海生态教育图书馆等都属于休闲旅游与图书跨界融合形成的新型公共文化空间。

（二）评选最美阅读空间

4月18日，中共云南省委宣传部、云南省文化和旅游厅指导，中共昆明市委宣传部、昆明市文化和旅游局、昆明市文明办主办，昆明报业传媒集团·都市时报、昆明市图书馆承办，云南省图书馆、共青团昆明市委、昆明市直机关工委、昆明市委国企工委、昆明市总工会、中共昆明市委党校、昆明市文联协办，举行了"首届昆明市最美阅读空间评选活动"。经过初审、网络投票和评审，最终确定了53个最美阅读空间，包括"昆明最美图书馆"3个、"昆明最美书店"10个、"昆明最美城市阅读空间"18个、"昆明最美社区阅读空间"12个，"昆明最美乡村阅读空间"10个，如东方书店、墨点世界书局柏联店、璞玉书店、大象书店（世博店）、觉晓书房、26Life族迹融创分馆、几两屉艺术书店、云南旅游图书馆等。

（三）旅游图书馆探索文旅融合新路径

3月22日，云南旅游图书馆在昆明开馆。作为云南省探索文旅新产品新业态的试点，图书馆将全年向公众免费开放。图书馆占地140平方米，设有阅读区、书画区、儿童区、茶咖区、休闲区与化妆间等功能区，并展示中国科学院昆明植物研究所科技入滇项目研发的胶囊咖啡及滇越铁路文创商品、云南永生花等云南好物。图书馆每周会对外发布活动清单，邀请历史、文化、旅游等相关领域的专家、学者、大咖在图书馆里，与公众面对面交流。7月23日，基于云南旅游图书馆的成功探索，在2022中国国际旅游交易会3号馆业态创新展区举行了"旅游书店100+计划"发布会，将携手企业孵化旅游书店品牌，在云南各地设立分店，成为城市的地标、景区的景观组成部分，成为创意空间、艺术家的交流空间。

第三章　2023年旅游发展形势预判

通过分析当前国内外环境变化及全国、云南省经济运行态势，充分认识世纪疫情对旅游业的重创和深远影响，研判旅游业复苏振兴面临的困境，统筹当前和中长期发展，对2023年的旅游业发展作出科学预判，提出旅游业复苏振兴和高质量发展的路径及措施。

第一节　宏观环境变化

一、世界经济复苏放缓

2023年，我国经济社会发展仍面临国内外多重超预期因素冲击与各种风险挑战。从国际看，百年世界之大变局加速演进，世纪疫情冲击影响叠加，乌克兰危机复杂演变，国际贸易管制壁垒增加，世界经济滞涨风险上升，全球化供需网链面临风险危机，不稳定不确定因素明显增多，使世界经济增速明显放缓，呈现了弱复苏的态势。据联合国、世界银行、国际货币基金组织等对2023年世界经济的最新预测：2023年世界经济增速将进一步放缓至2.0%左右（表3-1），其中发达国家经济增速下降至1.0%左右，新兴市场和发展中经济体增速放缓至4.0%左右，使世界经济复苏面临更大的压力。从国内看，随着我国疫情防控进入新阶段，将推动疫情后经济迅速复苏振兴，但面对需求收缩、供给冲击、预期转弱的三重压力，扩需求、促消费、稳增长、稳就业仍面临较大困难。人们消费信心不足，使内需释放缓慢、市场消费拉力不强；企业对市场预期不强，一定程度上抑制了国内投资与需求；全球经济增速持续下降，使外部市场需求转弱，影响了出口的增速，这些都将进一步拖累我国经济增长，使全年经济增速预计在5.0%左右。

表 3-1 国际组织对 2023 年世界经济增长率的预测

世界经济、各经济体和主要国家经济增长率	联合国（UN）2022年	联合国（UN）2023年	世界银行（WBG）2022年	世界银行（WBG）2023年	国际货币基金组织（IMF）2022年	国际货币基金组织（IMF）2023年
世界经济增长率（%）	3.0	1.9	2.9	1.7	3.4	2.9
发达体经济增长率（%）	2.7	1.0	2.5	0.5	2.7	1.2
美国经济增长率（%）		0.4	1.9	0.5	2.0	1.4
欧元区经济增长率（%）	2.7	0.2	3.3	0	3.5	0.7
日本经济增长率（%）		1.5	1.2	1.0	1.4	1.8
新兴市场和发展中经济体（%）	5.5	4.5	3.4	3.4	3.9	4.0
中国经济增长率（%）	3.0	4.8	2.7	4.3	3.0	5.2
俄罗斯经济增长率（%）	-3.2	-2.9	-3.5	-3.3	-2.2	0.3

资料来源：（1）UN. World Economic Situation and Prosperct 2023. United Nations，January 26，2023.
（2）WBG. Global Economic Prosperct.World Bank Group Flagship Report，January 2023.
（3）IMF.World Economic Outlook Update. International Monetary Fund，January 2023.

面对国际环境形势变化和国内发展面临困难的叠加，在以习近平同志为核心的党中央坚强领导下，团结带领全国各族人民，按照党的二十大确定的发展方略，坚持稳中求进工作总基调，更好统筹国内国际两个大局，立足新发展阶段，完整准确全面贯彻新发展理念，加快构建新发展格局，推动高质量发展，加大宏观政策实施力度，有效应对超预期因素冲击和风险挑战，促进发展质量稳步提升，保持社会大局和谐稳定，推动经济实现质的有效提升和量的合理增长，为稳定市场预期，提振发展信心注入强劲动能，促进 2023 年全国经济发展实现了良好开局。

二、我国经济企稳回升

2023 年，全国各地区各部门认真学习贯彻党的二十大和党的二十届一中、二中全会精神，坚决落实中央经济工作会议精神，按照党中央、国务院的决策部署，结合各自实际和特点，着力稳经济、稳就业、稳物价、促发展，在激活内需、提振消费、帮扶企业、扩大投资、稳定外贸和促进创新等方面提出一系列新举措，使疫情防控较快平稳转段，经济循环加快畅通，生产需求明显改善，实现了 1—2 月全国经济运行企稳回升的良好开局态势。

根据国家统计局有关数据显示[①]：2023 年 1—2 月，全国工业生产恢复加快、企业预期好转，规模以上工业增加值同比增长 2.4%，比 2022 年 12 月加快 1.1 个百分点（图

---

① 国家统计局网：1—2 月国民经济企稳回升. http://www.stats.gov.cn/sj/.

3-1);2月制造业采购经理指数为52.6%,企业生产经营活动预期指数为57.5%,分别比上月提升2.5个百分点和1.9个百分点。全国服务业明显回升、市场预期增强,服务业生产指数同比增长5.5%(图3-2),比2022年12月上升了6.3个百分点;其中住宿和餐饮业,交通运输、仓储和邮政业,批发和零售业生产指数分别增长11.6%、4.2%和3.0%;从市场预期看,2月服务业商务活动指数为55.6%,业务活动预期指数达64.8%,分别比上月提升了1.6个百分点和0.5个百分点。

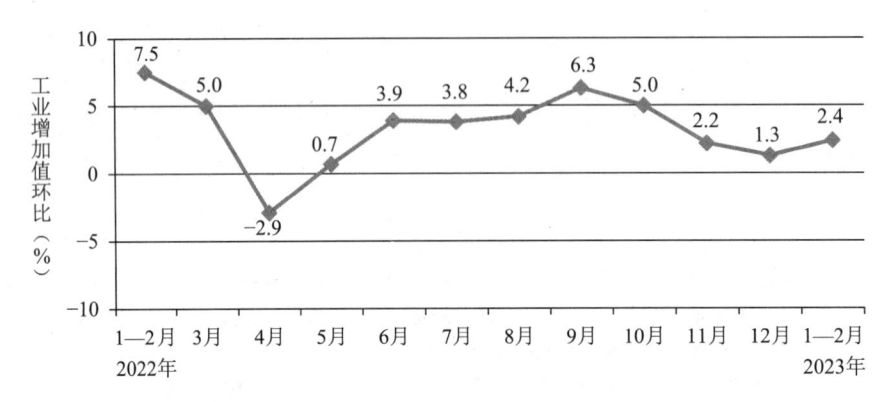

图3-1 2022—2023年工业增加值月度环比

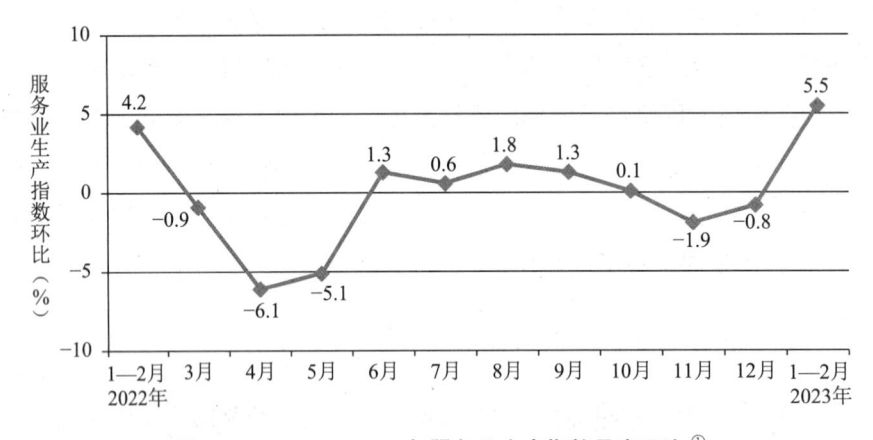

图3-2 2022—2023年服务业生产指数月度环比①

从消费、投资和出口看,2023年1—2月,全国市场消费快速回升,社会消费品零售总额同比增长3.5%(图3-3),比2022年12月上升5.3个百分点;其中,基本生活类商品销售额较快增长,限额以上单位粮油食品类、服装鞋帽针纺织品类商品零售额分别增长9.0%和5.4%;部分升级类商品销售加快,限额以上单位金银珠宝类、化妆品类商品零售额分别增长5.9%和3.8%;全国网上零售额增长6.2%,餐饮收入增长9.2%。固定

---

① 注:转引自国家统计局发布数据。

资产投资稳定增长，全国固定资产投资（不含农户）同比增长 5.5%（图 3-4），比 2022 年全年加快 0.4 个百分点；其中，第一产业投资增长 1.5%，第二产业投资增长 10.1%，第三产业投资增长 3.8%；高技术产业投资增长 15.1%，社会领域投资增长 8.1%，民间投资增长 0.8%。贸易结构持续优化，货物进出口总额 61768 亿元，同比下降 0.8%；其中，出口增长 0.9%，进口下降 2.9%，进出口相抵，贸易顺差 8103 亿元；一般贸易进出口增长 1.2%，占进出口总额的比重为 64.9%，比上年同期提高 1.3 个百分点；民营企业进出口增长 5.3%，占进出口总额的比重为 51.2%，比上年同期提高 3.0 个百分点；机电产品出口增长 0.4%，占出口总额的比重为 58.0%。

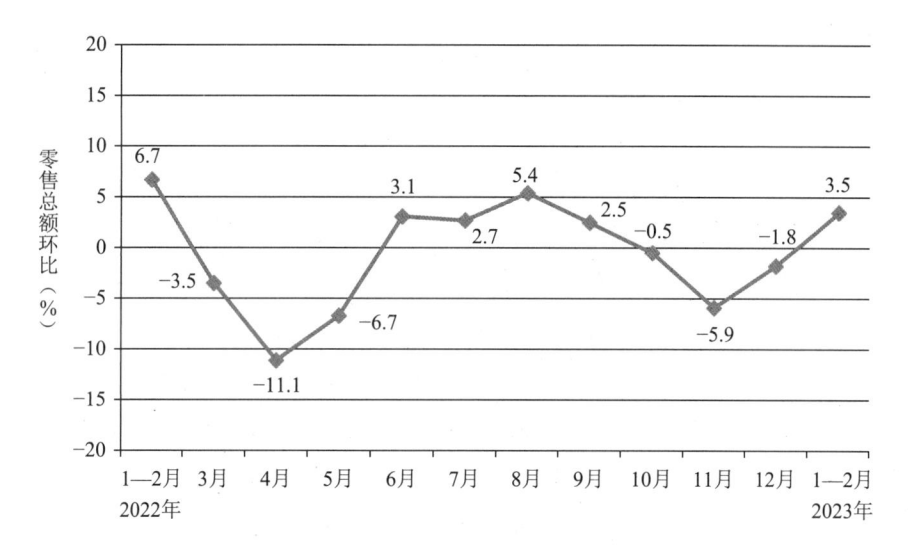

图 3-3　2022—2023 年社会消费品零售总额月度环比

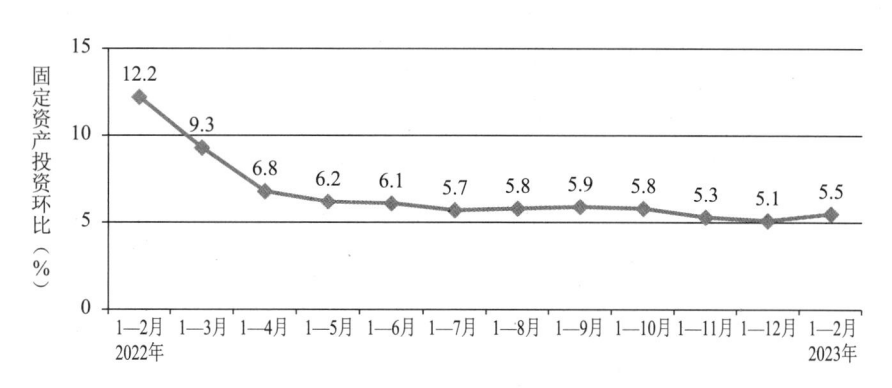

图 3-4　2022—2023 年固定资产投资月度环比[①]

从就业和物价指数看，1—2 月，全国就业形势总体稳定，城镇调查失业率基本平稳，全国城镇调查失业率平均值为 5.6%，其中本地户籍劳动力调查失业率为 5.4%，外

---

① 注：转引自国家统计局发布数据。

来户籍劳动力调查失业率为 5.9%，外来农业户籍劳动力调查失业率为 6.0%，31 个大城市城镇调查失业率为 5.7%；在 25—59 岁劳动力中，初中及以下学历、高中学历、大专学历、本科及以上学历劳动力调查失业率分别为 5.7%、5.2%、4.1% 和 3.0%；全国企业就业人员周平均工作时间为 47.9 小时。居民消费价格温和上涨，全国居民消费价格指数（CPI）同比上涨 1.5%，其中食品烟酒价格同比上涨 3.4%，衣着价格上涨 0.6%，居住价格下降 0.1%，生活用品及服务价格上涨 1.5%，交通通信价格上涨 1.0%，教育文化娱乐价格上涨 1.8%，医疗保健价格上涨 0.9%，其他用品及服务价格上涨 2.9%；工业生产者价格同比下降，全国工业生产者出厂价格同比下降 1.1%，工业生产者购进价格同比下降 0.2%。

三、我国消费市场回暖

2023 年我国消费市场预计将逐步回暖，这主要得益于三个方面的原因。一是消费者的信心逐步回升。受上海疫情的影响，中国消费者信心指数在 2022 年 4 月突然大幅下滑到 90 以下，达到历史低位，并在其后的几个月持续走低，直到 2023 年 1 月才扭转下降趋势逐步回升到 90 以上，2023 年前三个月的消费者信心指数分别为 91.2、94.7、94.9[①]。随着我国经济的企稳回升，预计消费者的信心将进一步从谨慎转向乐观，消费者信心指数有望触底反弹恢复到 100 以上。此外，麦肯锡 2022 年进行的全球消费者调研结果也一定程度上反映了中国消费者的总体乐观情绪。调查数据显示 49% 的中国受访者认为"经济将在两三个月内反弹，达到甚至超过疫情前的增长速度"，而美、英、德、法等发达国家市场持此观点的消费者只有 11%~26%（图 3-5）。

二是居民储蓄水平的大幅增长。从 2020 年以来，居民存款的大幅增长已经引起社会广泛关注。央行数据显示，2022 年，住户存款新增 17.84 万亿元，比上一年多增了 7.94 万亿元，创历史新高。2023 年第一季度，住户存款增加 9.9 万亿元，在新增存款所有类别中占比 64%，虽然居民储蓄水平依旧规模较大、惯性向前，但同比增量已开始有所下降。谨慎动机是影响储蓄决策的短期决定性因素，储蓄意愿与居民对未来的预期、信心水平负相关。2023 年随着疫情影响减退和我国经济企稳回升，居民预期和信心有望边际修复，推动储蓄水平从峰值回落。疫情三年带来的超额储蓄一旦得以释放，将对我国消费市场的回暖起到重要支撑作用。

---

① 中经数据：2022 年中国消费者信心指数．https://ceidata.cei.cn/jsps/Default．

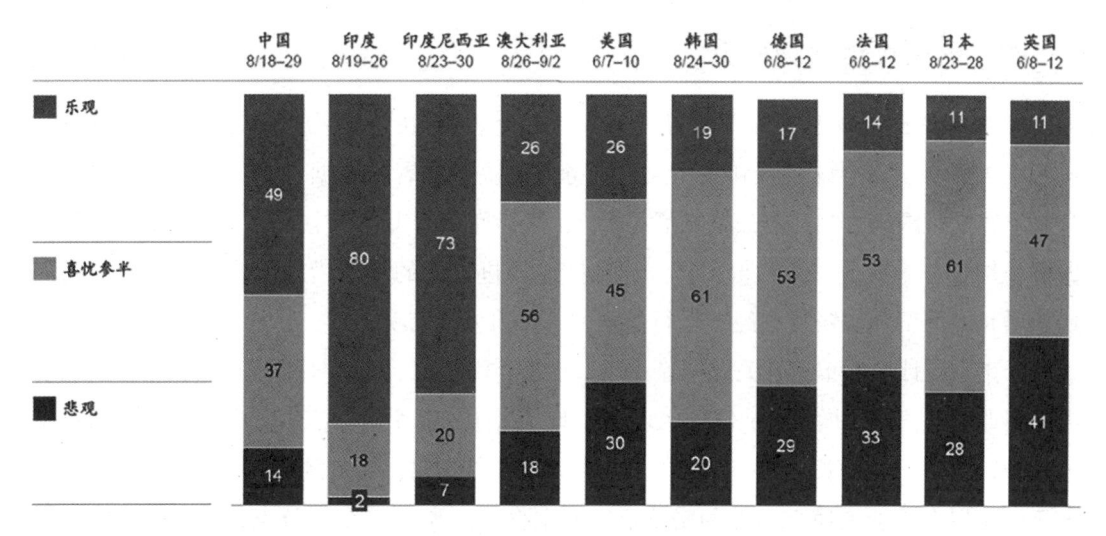

图 3-5　2022 年全球消费者对疫情后经济复苏的信心（%）[①]

三是居民收入水平的持续增长。影响我国消费者市场回暖的另一关键因素就是居民收入水平，根据 MGI（麦肯锡中国研究院）的调查统计数据显示，2022 年中国的中高收入及高收入消费者群体已占据城镇家庭消费 55% 的份额，且未来还将持续快速增长（图 3-6）。2019—2021 年，年收入超过 16 万元人民币（2.18 万美元）的中国城镇家庭数的年复合增长率达到 18%，从 9900 万元增至 1.38 亿元。到 2025 年，预计还将有 7100 万家庭进入这一较高的收入区间，中高收入及高收入消费者群体的数量将达到 2.09 亿，居民收入的稳步提高将进一步促进我国消费市场的回暖。

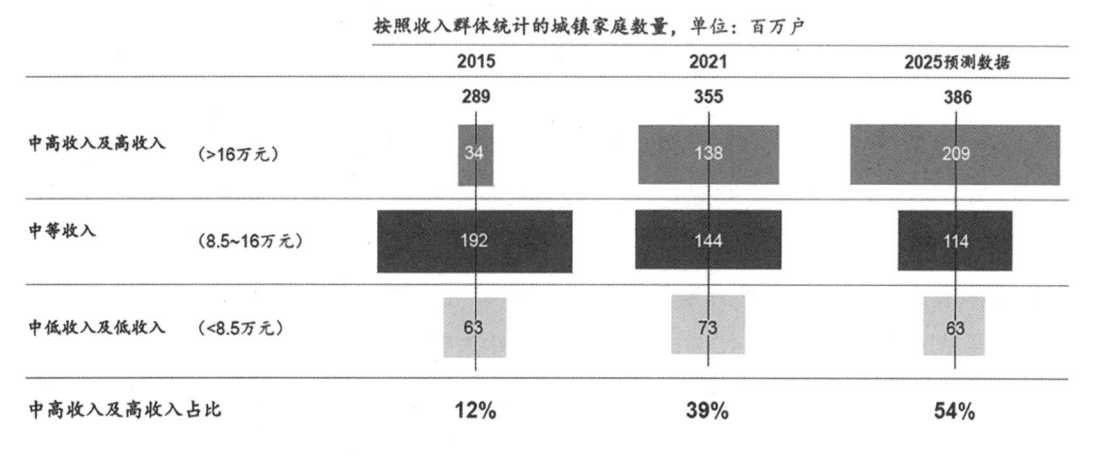

图 3-6　2015—2025 年中国各个收入群体人数变化趋势和预测值[②]

[①] 注：转引自麦肯锡新冠疫情中国消费者脉动调查。
[②] 注：图件转引自 MGI 中国宏观模型。

四、云南经济快速回升

2023年，云南省上下认真学习贯彻党的二十大和党的二十届一中、二中全会精神，按照中央经济工作会议精神和党中央、国务院的决策部署，根据省委、省政府工作部署和要求，紧紧围绕"3815"战略发展目标[①]，坚持稳字当头、稳中求进工作总基调，突出做好稳增长、稳就业、稳物价工作，出台实施稳进提质的政策措施，使全省工业、投资快速增长，消费加快恢复，经济运行呈现快速回升发展态势。

云南省统计局发布的有关数据显示[②]：2023年1—2月，全省工业生产增长较快，规模以上工业增加值同比增长8.5%，比2022年12月增长3.2个百分点。其中新兴工业增长速度较快，电子行业增长48.3%、高技术制造业增长35.4%、装备制造业增长43.2%，分别高于规模以上工业增速39.8个百分点、26.9个百分点和34.7个百分点；传统行业增长支撑有力，烟草制品业增长8.3%、电力行业增长9.2%，分别比上年全年提高2.5个百分点和7.0个百分点；有色行业增长11.3%，比2022年12月提高4.7个百分点；规模以上工业发电量488.02亿千瓦时，同比增长8.4%，工业用电280.90亿千瓦时，增长20.5%。

从消费和投资看，1—2月，全省市场消费快速回升，社会消费品零售额与上年同比增长6.0%，比2022年12月加快4.1个百分点，其中商品零售额增长5.0%，餐饮收入增长12.2%；乡村消费加速释放，乡村消费品零售额增长7.1%，增速高于城镇1.2个百分点；部分升级类消费快速增长，限额以上金银珠宝类、体育娱乐用品类、通信器材类分别增长31.0%、21.1%和21.3%，限额以上单位新能源汽车类商品零售额增长91.3%；线上消费增速大幅提升，限额以上单位通过公共网络实现的商品零售额同比增长42.4%，较上年同期加快28个百分点。固定资产投资稳中有升，全省固定资产投资（不含农户）同比增长8.2%，比2022年全年加快0.7个百分点；其中，第一产业增长23.2%，第二产业增长54.3%，第三产业下降3.8%；在产业投资中，工业投资增长54.5%，农业投资增长28.6%，旅游业投资增长33.0%，数字经济投资增长6.3%；基础设施投资增长8.9%，占全部投资的比重为40.5%；全省社会领域投资增长32.0%，其中教育投资增长26.0%，卫生投资增长8.8%；房地产开发投资下降24.9%，投资降幅较2022年全年收窄2个百分点，商品房销售面积增长4.3%，比2022年全年大幅提高28.6个百分点。

从消费和生产价格看，1—2月，全省居民消费价格指数（CPI）环比涨幅回落、同比上升，2月全省居民消费价格指数（CPI）环比下降0.4个百分点，涨幅较上月回落1.0

---

① "3815"战略发展目标，即"三年上台阶、八年大发展、十五年大跨越"，力争在全面建成小康社会基础上，经过三个五年规划的接续奋斗，闯出云南高质量跨越式发展新路子，基本建成我国民族团结进步示范区、生态文明建设排头兵、面向南亚东南亚辐射中心，到2035年与全国同步基本实现社会主义现代化。

② 云南省统计局网.统计数据：统计信息.http://stats.yn.gov.cn/tjsj/index.html.

个百分点；其中，食品价格同比上涨1.9%，非食品价格上涨1.0%，服务价格上涨1.1%。工业生产者价格（PPI）同比降幅扩大，2月全省工业生产者出厂价格（PPI）同比下降2.2%，降幅比上月扩大0.3个百分点；其中，黑色金属冶炼和压延加工业价格下降13.3%，有色金属冶炼和压延加工业价格下降7.2%，非金属矿物制品业价格下降1.2%，农副食品加工业、食品制造业价格分别下降1.3%和0.8%，而黑色金属矿采选业、电力热力生产和供应业价格分别上涨18.7%和0.4%。

第二节 疫情影响和旅游业复苏振兴分析

一、再认识：疫情对旅游业的重创和深远影响

2020年，受全球新冠疫情暴发的冲击影响，使世界旅游业遭受重创，1—10月国际入境游客数量与上年同比减少了9亿人次，国际旅游收入减少了9350亿美元，分别下降71.9%和62.9%，其中欧洲区域国际入境游客数量下降68.5%，亚太区域下降82.3%，美洲区域下降67.7%，非洲区域下降68.6%，中东区域下降73.4%[1]。疫情同样对我国旅游业造成了巨大冲击影响，使当年旅游消费急剧收缩，并对人们的旅游需求、消费方式及供给结构等都产生深远影响，主要体现在以下几个方面。

（一）需求收缩，旅游消费方式发生新变化

在2020年全球新冠疫情冲击影响下，我国当年旅游需求迅速收缩，入境旅游、国内旅游、出境旅游三大旅游市场消费都急剧下滑，旅游人数和旅游收入指标大幅度下跌。2020年与2019年相比，国际入境游客数量下降84.1%、国际旅游收入下降49.5%[2]；国内旅游人数从60.06亿人次缩减到28.79亿人次，国内旅游收入从57251亿元减少到22286亿元，同比下降52.1%和61.1%[3]（图3-7）；全国旅行社组织出境旅游人数从6288.06万人次下降到341.38万人次，出境旅游营业收入从2145.56亿元减少到163.91亿元，同比下降94.6%和92.4%[4]。云南省全年接待海外入境旅客（包括口岸入境一日游）57.65万人次，实现旅游

---

[1] UNWTO. International Tourism Expected to Decline Over 70% in 2020. World Tourism Barometer, Volume 18, Issue 7, December 2020：1-36.

[2] UNWTO. International Tourism Expected to Decline Over 70% in 2020. World Tourism Barometer, Volume 18, Issue 7, December 2020：Annex-3.

[3] 国家统计局.中华人民共和国2020年国民经济和社会发展统计公报.2021-02-28发布。

[4] 文化和旅游部.2020年度全国旅行社统计调查报告.2021-04-16. https://zwgk.mct.gov.cn/zfxxgkml/tjxx/202104/t20210416_923778.html.

外汇收入 4.03 亿美元，分别比上年下降 92.2%；接待国内游客 5.29 亿人次，国内旅游收入 6449.21 亿元，分别下降 33.9%；全年实现旅游业总收入 6477.03 亿元，下降 41.3%[①]。

与此同时，疫情还使得人们的旅游消费理念、消费习惯、出游模式等旅游消费方式发生极大变化，对旅游市场和产业发展都具有深远影响。在疫情防控期间及疫情防控常态化下，人们更多时间待在家里，保持一定的社交距离，远离人群拥挤的地方，更加注重卫生和健康，再加上数字化消费、在线旅游、远程办公、网上会议等新方式涌现，使得越来越多的人在购物、出游、社交等方面大都选择在线服务方式。同时，由于旅游消费信心不足，使人们出游更加谨慎，旅游目的地从出国游、远程游更多转向本地游、周边游等近程短线游，出游方式更多趋向自助自驾游、家庭游、小包团游等个性化定制游，更加关注旅游过程中的身心健康和出行安全等。可见，疫情对人们的心理、情感和生活方式的影响深远，尤其是对旅游需求、消费心理和消费方式变化的深刻影响，使疫情后的旅游需求和消费很难再回到疫情前的常态，既对旅游供给结构优化调整带来新的挑战，也对整个旅游产业发展产生深远影响。

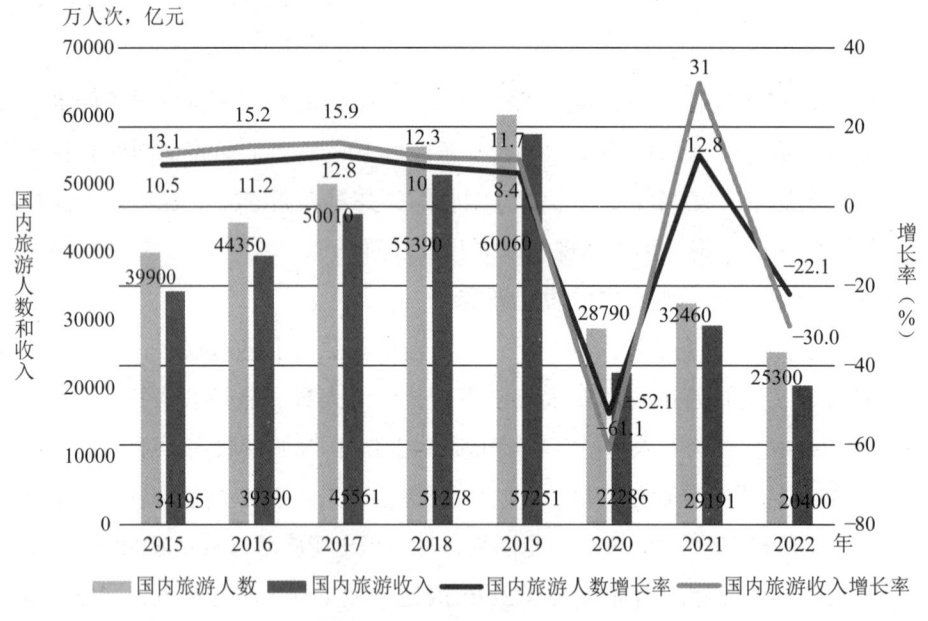

图 3-7　2015—2022 年中国国内旅游人数和收入规模与增长率[②]

（二）行业受创，旅游供求不平衡矛盾凸显

疫情冲击影响造成旅游全行业受创，尤其旅行社业、旅游饭店业、旅游景观业、旅游交通业"四大支柱"业态遭受重创，旅游企业经营陷入举步维艰的状况，实力弱小的

---

① 云南省统计局、国家统计局云南调查总队. 云南省 2020 年国民经济和社会发展统计公报. 2021-03 发布.
② 注：绘图数据引自国家统计局公布数据。

旅游企业面临资金链断裂和破产风险危机。从表3-2中的数据可以看出：2020年与2019年相比，全国旅行社营业收入2389.69亿元，营业利润-69.15亿元，同比下降66.4%和315.4%；星级饭店营业收入1221.53亿元，营业利润-148.50亿元，同比下降36.33%和463.5%，客房平均出租率仅有39.0%；A级以上旅游景区接待人数32.37亿人次，旅游收入2017.65亿元，同比下降50.0%和60.2%。另据国家统计局2020年国民经济与社会发展统计公报数据显示：全国住宿和餐饮业增加值15971亿元，同比下降13.1%；交通旅客运输总量97亿人次，同比下降45.1%。

表3-2 2019—2022年中国旅游核心行业经营指标变化表

旅游企业经营指标	2019年 数量	2020年 数量	增长率（%）	2021年 数量	增长率（%）	2022年 数量	增长率（%）
旅行社（家）	38943	40682	4.47	42432	4.30	45162	6.43
其中（家）	30995	31074	2.54	39040	25.63	32603	-16.49
组织人数（万人次）	17666.29	5772.71	-67.32	7857.58	36.12	3922.01	-50.09
接待人数（万人次）	18472.66	7515.82	-59.31	9291.13	23.62	4811.70	-48.21
营业收入（亿元）	7103.38	2389.69	-66.35	1857.16	-22.28	1601.56	-13.76
营业利润（亿元）	32.10	-69.15	-315.42	-55.34	19.97	-68.87	-24.45
从业人员（万人）	41.59	32.25	-22.46	27.88	-13.55	24.32	-12.76
合同导游（万人）	12.17	10.88	-10.60	9.43	-13.33	8.20	-13.04
星级饭店（家）	10130	9717	-4.08	8771	-9.74	8365	-4.63
其中（家）	8920	8423	-5.57	7676	-8.87	7337	-4.42
营业收入（亿元）	1907.77	1221.53	-36.33	1379.43	13.03	1177.68	-14.63
营业利润（亿元）	43.64	-148.50	-463.50	-107.00	27.83	-181.81	-69.81
从业人员年均数（万人）	106.16	75.68	-28.59	69.98	-7.42	63.69	-8.98
客房平俊出租率（%）	55.18	38.98	-29.37	41.77	7.13	38.35	-8.19
A级景区（个）	12402	13332	7.50	14196	6.48	14917	5.08
接待人数（亿人次）	64.75	32.37	-50.00	35.40	9.36	26.30	-25.71
旅游收入（亿元）	5065.72	2017.65	-60.17	2228.10	10.43	1818.50	-18.38
门票收入（亿元）	944.92	430.96	-54.39	380.97	-11.60	—	—
从业人员（万人）	162.00	—	—	157.00	—	147.00	-6.37

注释：（1）旅行社、星级饭店的"其中（家）"，是指经营数据通过了省级文化和旅游行政部门年报审核。
（2）旅行社组织与接待人数，未包括国际入境旅游外联与接待人数。
（3）2022年A级旅游景区门票收入、2020年A级旅游景区从业人员数量未找到权威部门发布的数据。
（4）表中的部分增长率为笔者补充计算。

从宏观经济视角看，旅游供给与需求平衡是相对的、不平衡是绝对的，两者保持一定的动态平衡，不断从平衡到不平衡再到新的平衡，既是旅游经济运行的客观规律，也是旅游产业发展的必然趋势。疫情的冲击影响，不仅使旅游需求萎缩、消费骤降，直接造成旅游供求严重失衡，还对旅游供给端各相关行业和企业、区域旅游发展等都产生极大冲击影响，使旅游供求不平衡矛盾凸显。一是旅游产品供给与需求不相匹配，随着疫情后人们的旅游需求升级和消费方式变化，要求旅游产品供给必须与之动态匹配，而疫情冲击影响导致旅游投资减弱、建设停滞，使旅游新业态产品发展缓慢，难以满足人们多样化、个性化、高品质的旅游消费需求。二是城乡区域旅游供求发展不平衡，伴随着疫情后人们对健康更加关注，以康养小镇、旅游村寨、休闲农庄、乡村民宿为重点的乡村旅游迅速崛起，但由于许多乡村通达条件薄弱、公共服务设施不足、文化发掘和旅游人才培养滞后等，使乡村旅游产品供给发展缓慢，难以满足人们的乡村旅游消费需求。三是线上线下旅游融合不足，尤其是受疫情防控期间订单减少、退订量大幅上升等冲击影响，出现了在线旅游产品不够丰富、服务方式单一，线下体验旅游产品发展不足、服务设施不够配套等问题，难以满足人们线上购买、线下体验的旅游消费新需求。

（三）预期转弱，旅游供应链出现缺链弱链

疫情的冲击影响，不仅使旅游企业经营面临危机，也造成发展预期转弱，使旅游从业人员大量流失，旅游投资增速下降，直接对旅游产业链供应链造成极大影响。从表3-2中的数据还可以看出：仅2020年、2021年两年旅行社和星级饭店从业人员流失就达52.63万人；其中，2020年旅行社从业人员减少9.34万人，合同导游减少1.29万人，星级饭店从业人员减少30.48万人，共减少从业人员41.11万人，2021年持续减少从业人员11.52万人，2022年减少6.23万人，直接冲击影响旅行社和星级饭店的经营和服务，造成旅游供给出现弱链。

另据云南省国民经济和社会发展统计公报显示：2020年住宿和餐饮业固定资产投资下降19.2%，2021年文化、体育和娱乐业固定资产投资同比下降7.2%，直接影响文化旅游重点项目建设停滞、供给结构调整缓慢，部分文化旅游供应链出现缺链弱链。如全省红色旅游、文化遗产旅游存在场馆设施、停车场不足，展陈和导览技术水平不高，配套服务设施不足等主要问题；科普研学旅行基地建设不足，劳动实践训练场所匮乏，中高端人才严重短缺等；康养度假大多数在原有度假区基础上改造提升，存在主题不突出、内容缺乏创意创新、康疗设施设备不配套、技术人才严重短缺、服务质量和水平不高等突出问题，不仅对旅游业复苏振兴产生重要影响，也对旅游业高质量发展产生了深远影响。

二、分析：旅游业复苏振兴面临的困境

随着2022年末我国疫情防控进入新阶段，疫情对旅游业的冲击影响将逐步弱化，尤

其是党和国家采取一系列强有力的政策举措，切实帮助企业纾困解危，积极扩大内需、促进消费等，为旅游业复苏振兴带来重大机遇，再加上我国人口众多，国内旅游需求潜力巨大，多年来旅游业发展形成的产业基础较为稳固等，使旅游发展趋势向好。与此同时，从当前旅游业复苏振兴实际情况看，也面临旅游市场消费拉力不强、旅游供给结构优化调整缓慢、旅游经济复苏波动时间拉长等新的困境，使旅游业复苏振兴和高质量发展面临严峻挑战。

（一）旅游市场消费拉动力不强

旅游需求是对旅游产品的消费意愿，旅游消费是市场中对旅游产品的现实消费，旅游需求转化为旅游消费，既取决于人们的主观意愿，也受经济增长、人均收入水平等多种因素的影响。从图3-8中可以看出，国内旅游收入增长率与经济增长率、社会消费品零售总额增长率、人均可支配收入和消费支出增长率等发展趋势基本一致。我国人口多、基数大，拥有世界规模最大的中等收入群体，2022年人均国内生产总值85698元，超过1.2万美元[1]，城乡居民人均可支配收入达到36883元，比上年增长5.0%[2]，已进入大众休闲旅游阶段，使我国不仅拥有庞大的国内旅游需求潜力，也是全球最具成长性的旅游消费市场。

同时也要看到，旅游业复苏振兴面对国内需求潜力巨大的同时，也面临旅游市场消费拉力不强的困境和挑战。在疫情冲击影响及疫情防控常态化下，人们的出游信心不足，消费方式等发生了急剧变化，再加上受经济增长及人均可支配收入、消费支出增幅波动等影响，使旅游收入增长率呈现出超常波动变化态势。从图3-8可以看出：2020—2022年，随着国内生产总值（GDP）增长率和人均可支配收入增长率的波动，使社会消费品零售总额增长率（分别为-3.9%、12.5%和-0.2%）和人均消费支出增长率（分别为-1.6%、13.6%和1.8%）也相应大幅波动，尤其人均服务性消费支出增长率（分别为-8.6%、17.8%和-0.5%）波动幅度较大，从而对旅游收入增长率产生极大的影响。2021年旅游收入实现2.91万亿元，与上年同比增长31.0%，恢复到疫情前（2019年）的50%左右；2022年旅游收入实现2.04万亿元，同比下降30.0%，仅恢复到疫情前的35%左右，旅游需求潜力激发不够，旅游市场消费不足，导致对旅游供给的牵引拉动力相应不强。

---

[1] 按照2022年12月人民币对美元的1∶6.91平均汇率换算。
[2] 国家统计局.中华人民共和国2022年国民经济和社会发展统计公报.2023-02-28发布。

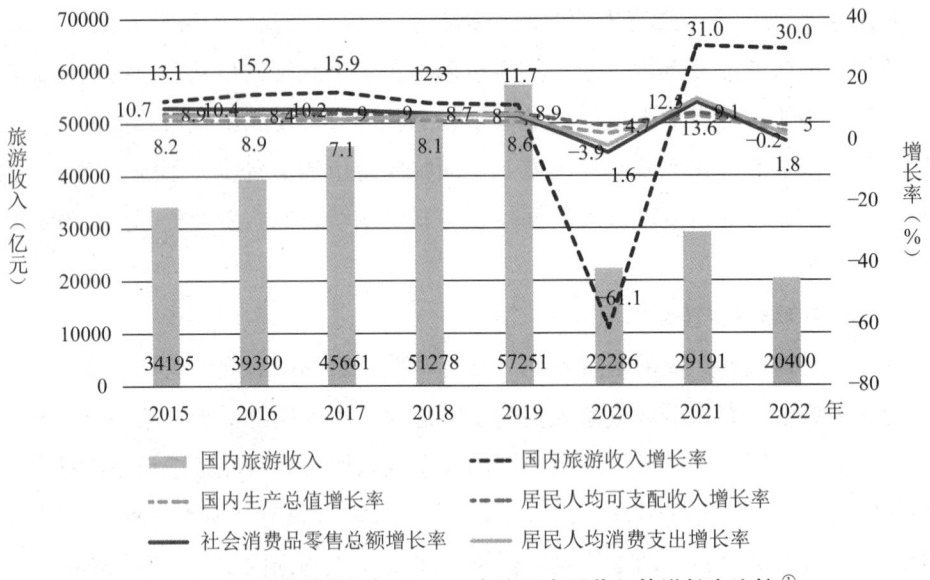

图 3-8 全国旅游收入与 GDP、人均可支配收入等增长率比较[1]

（二）旅游供给结构优化调整缓慢

随着近年来我国加大交通、城镇基础设施，公共文化服务设施和旅游服务设施建设力度，旅游出行更加方便快捷，公共文化设施、旅游服务设施不断完善，文化旅游产业基础较为稳固，新业态新产品不断涌现，旅游产品供给不断丰富。据文化和旅游部统计公报显示：截至 2021 年，全国共有公共图书馆 3215 个、文化馆 3317 个、美术馆 682 个、博物馆 3671 个、艺术表演场馆 3093 个、乡镇综合文化站 32524 个，文化市场经营单位达 19.10 万家、从业人员 151.14 万人，旅行社 42432 家、星级饭店 8771 家、A 级旅游景区 14332 家，国家级省级旅游度假区 671 家[2]，还公布了全国乡村旅游重点村 1299 个、全国红色旅游经典景区 300 家、国家休闲旅游街区 111 家、国家工业旅游示范基地 53 家等，基本上形成了覆盖广泛、业态丰富、选择多元的文化旅游产品供给体系。

与此同时，由于疫情影响导致旅游发展预期转弱，文化旅游投资处于低迷状态，供给创造消费需求的动能不足，使旅游供给结构优化调整缓慢，优质旅游产品和服务供给相对不足。根据近三年国民经济和社会发展统计公报显示：2020 年全国住宿和餐饮业投资下降 5.5%、文化、体育和娱乐业投资仅增长 1.0%；2021 年、2022 年住宿和餐饮业投资分别增长 6.6% 和 7.5%，但文化、体育和娱乐业投资仅增长 1.6% 和 3.5%，仍低于全国固定资产投资（不含农户）增长 4.9% 和 5.1% 的水平；尤其旅游投资重要支撑的民间固定资产投资，2020 年仅增长 1.0%、2021 年回升增长 7.0%，2022 年增幅又下降至 0.9%。以上分析表明，文化旅游投资低迷和不足，是导致旅游供给结构优化调整缓慢的关键原

---

[1] 注：绘图数据引自国家统计局公布数据。
[2] 文化和旅游部.2021 年文化和旅游发展统计公报.2022-06-29 发布。

因。云南省虽然2022年旅游投资（1053.2亿元）首次突破1000亿元，与上年同比增长52.7%，2023年1—2月旅游投资同比增长33.0%，但由于投资形成实际旅游供给能力通常有一定的滞后性，使全省旅游供给结构优化调整也相对缓慢。

（三）旅游经济复苏波动时间拉长

从旅游发展趋势看，随着国家以高质量发展为主题，把扩大内需和深化供给侧结构性相结合，实施扩大内需战略、全面促进消费等"一揽子"政策措施，为疫情后的旅游业复苏振兴提供了强大动力。以2023年春节黄金周为例，全国各地相继出台景区门票减免措施，发放文化旅游消费券，举办丰富多样的文化旅游活动，使居民出游热情高涨，国内旅游市场异常火爆，旅游业复苏振兴和高质量发展趋势向好。据文化和旅游部公布的数据显示：春节假日期间，全国国内旅游出游人数3.08亿人次，同比增长23.1%；实现国内旅游收入3758.43亿元，同比增长30%，恢复至2019年同期的73.1%[1]。其中，接待游客人数超千万人次和旅游收入超百亿元的省（区、市）达10个以上，尤其云南旅游最为火爆，全省共接待游客4514.61万人次，实现旅游收入384.35亿元，同比增长244.7%和249.4%，分别恢复至2019年同期的130.3%和132.5%，显示出强劲的复苏增长态势（图3-9）。

2023年春节黄金周接待游客千万次以上省（区、市）

省份	万人次
四川	5387.59
云南	4514.61
江苏	4135.01
河南	3375.28
湖北	3345.2
浙江	2531.05
福建	2087.09
湖南	1567.58
吉林	1154.67
黑龙江	1104.9
辽宁	1022.6
上海	1002.29

2023年春节黄金周接待游客百亿元以上省（区、市）

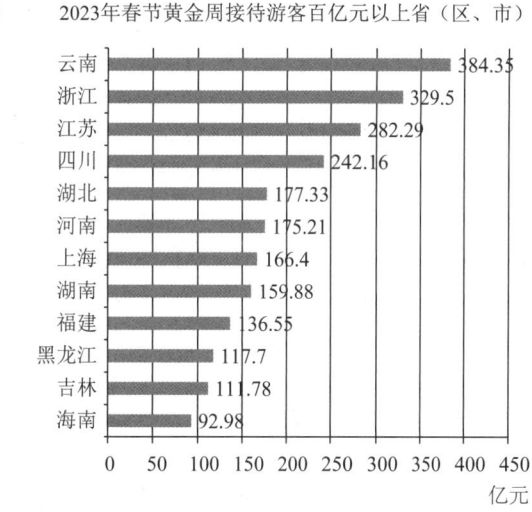

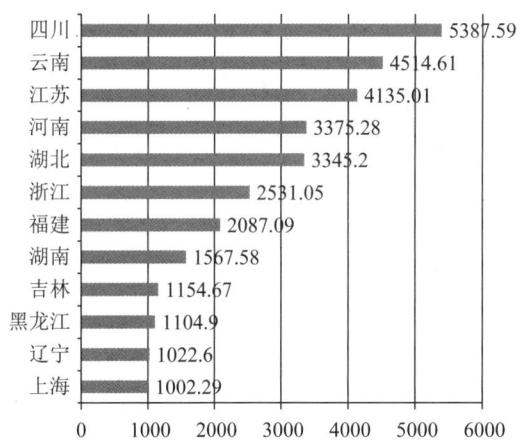

省份	亿元
云南	384.35
浙江	329.5
江苏	282.29
四川	242.16
湖北	177.33
河南	175.21
上海	166.4
湖南	159.88
福建	136.55
黑龙江	117.7
吉林	111.78
海南	92.98

图3-9　2023年春节黄金周部分省（区、市）接待游客和旅游收入规模[2]

同时，也要深刻认识到，重大突发事件引起的旅游经济增长超常波动，其复苏通常需要2~3年的时间才能达到正常波动的繁荣阶段。这次全球新冠疫情引起的旅游经济增

---

[1] 文化和旅游部.2023年春节假期文化和旅游市场情况.2023-01-27发布.https://www.mct.gov.cn/whzx/whyw/202301/t20230127_938781.htm.

[2] 注：绘图数据引自全国各地文化和旅游部门发布数据。

长超常波动，由于疫情影响面较广、持续时间较长，对人们的旅游心理预期、消费方式变化、供给结构调整都产生深远影响，使疫情后旅游经济复苏波动时间相应拉长。从图3-10可以看出，自 2000 年以来我国旅游经济增长经历了三个周期波动，第一个周期波动是 2003 年"非典"疫情引发的，第二个周期波动是 2007 年全球金融危机引发的，两个周期波动约经历 2~3 年的复苏时间才进入正常波动的繁荣阶段。新冠疫情引发的第三个周期波动，自 2020 年旅游收入急剧掉落谷底之后，2021、2022 年国内旅游收入增长率大幅度超常波动，预计近两年仍将处于超常波动态势，直到 2025 年才可能进入正常波动的繁荣阶段，使第三个周期波动的复苏时间相应拉长到 4 年以上，这不论是对于旅游企业的经营发展，还是旅游全行业的复苏振兴都是极为严峻的挑战。

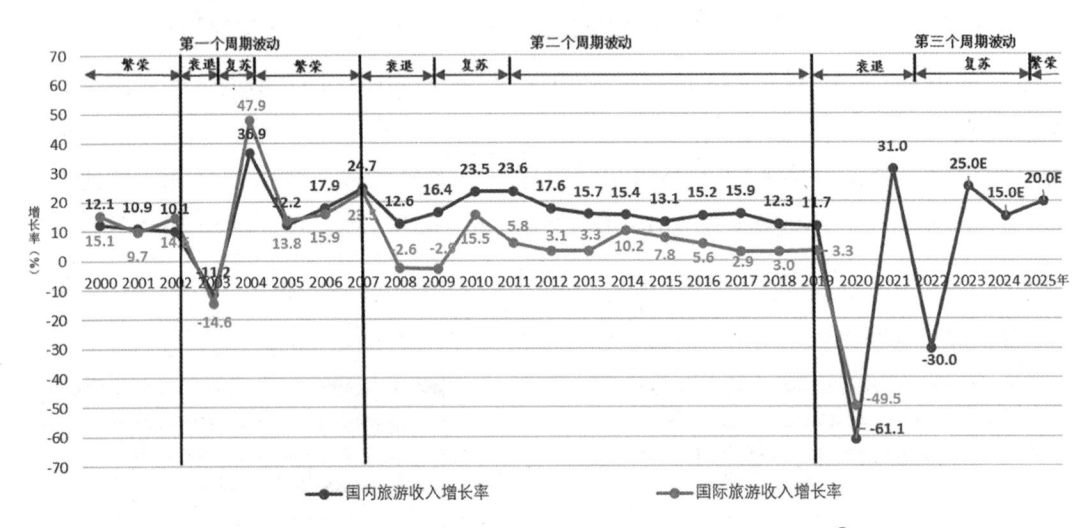

图 3-10　中国 2000 年以来旅游经济增长率周期波动变化[①]

第三节　2023 年云南旅游发展总体预测和重点研判

一、2023 年旅游发展总体预测

通过以上对当前国内外宏观环境变化、全国和云南省经济运行态势分析，再认识疫情对旅游业的重创和深远影响，以及对疫情后旅游业复苏振兴面临主要困境的研判，并

---

① 注：绘图数据引自国家统计局公布数据。

结合2022年、2023年1—2月份尤其春节黄金周全省旅游业复苏增长态势[①]，对全省旅游业发展做出总体预测：2023年，全省接待游客和旅游收入增速将保持在20%以上，预计全年接待游客人数达10亿人次，实现旅游收入突破12000亿元，在全国率先实现旅游业复苏振兴，为全省旅游业实现"三年上台阶"和高质量跨越发展奠定坚实的基础。

为了确保全省2023年旅游业发展目标顺利实现，面对当前国内外环境形势变化的挑战，以及旅游市场消费拉力不足、供给结构优化调整缓慢、复苏波动时间拉长的困境等，全省文化和旅游系统要以习近平新时代中国特色社会主义思想为指导，认真学习和贯彻落实党的二十大和党的二十届一中、二中全会精神，按照党中央、国务院的决策部署，紧紧围绕省委提出的"3815"战略发展目标，结合云南旅游业发展实际，从战略全局出发，抓住主要矛盾，更好统筹当前和长远，在着眼解决当前重点难点问题的同时，加强中长期发展战略谋划，坚持以社会主义核心价值观为引领，以满足人民文化需求、增强人民精神力量为着力点，实施文化和旅游强省建设三年行动计划，采取切实有效的路径和措施，充分发挥全省文化和旅游资源优势，推进文化和旅游深度融合，促进资源优势转化为经济优势，推动全省旅游业迅速复苏振兴和高质量发展。

二、扩大旅游消费，预防全年旅游"高开低走"

旅游消费属于最终消费，是牵引旅游供给、促进旅游业发展的持久动力。旅游需求有效转化为旅游消费，既取决于人们的主观意愿，也受多种客观因素的影响。当前及今后一段时间内，要以庞大的国内旅游市场为基础，坚持从供给侧和需求侧两端发力，采取切实有效的措施，进一步激发内需潜力、扩大市场消费，持续保持2022年和2023年春节黄金周假日全省旅游增长态势，预防全年旅游"高开低走"，切实增强消费对经济发展的基础性作用，更好推进全省旅游业快速复苏振兴和高质量发展。

（一）提振人们的旅游消费信心

当前，要针对人们消费信心不足的突出问题，以增强发展预期、提振消费信心为切入点，把扩大内需和深化供给侧结构性相结合，全面实施扩大内需战略，释放内需潜力、扩大市场消费，确保经济增长稳定在合理增长区间，切实保障城乡居民收入和经济增长基本同步；促进居民人均可支配收入平稳增长，扩大中等收入群体比重，提高全社会消费支付能力，全面提振旅游消费信心。实施旅游消费刺激措施，近期继续通过发放文化和旅游消费券，实施旅游景区票价优惠，并抓住"五一"小长假、暑期学生假期、"十一"黄金周等节假日，鼓励各地创新推出特色旅游节庆活动，加大全媒体宣传促销力度等，着力激发旅游需求潜力，促进旅游需求有效转化为市场消费，不断扩大城乡居民

[①] 2022年，云南全省接待游客人数8.4亿人次，实现旅游收入9449亿元，同比增长58.5%和39.4%，分别恢复到2019年的104.2%和85.6%。

的旅游消费，切实增强消费对旅游业复苏振兴和高质量发展的拉动力。

（二）完善旅游消费促进机制

顺应疫情后人们旅游消费方式变化的趋势，进一步完善旅游市场体系，激发市场主体创业创新活力，充分利用现代信息技术和手段，推进传统旅游消费转型提升，加快培育新兴旅游消费能力，扩大公共文化服务消费，为加快建设全国统一大市场提供强大内生动力。鼓励各地结合实际举办文化旅游惠民消费季、消费月体验活动，开展形式多样的文创产品展销、非遗展示体验、旅游演艺、民俗体验等文化旅游消费活动，推出一批集特色、品位和品牌于一体的文化娱乐、康养度假、餐饮美食等旅游精品，打造旅游消费亮点和热点，增强旅游市场消费吸引力。实施移动支付便民示范工程，推广移动互联网新兴支付方式和数字货币运用，鼓励发展无接触交易服务，促进线上线下旅游消费融合发展等。

（三）营造良好旅游消费环境

以昆明、大理、丽江、景洪、腾冲、建水等旅游热点城市为重点，鼓励支持结合国际旅游城市建设，加快推进城镇慢行绿道、大众休闲广场、城市公园、休闲游览街区等公共基础设施建设，推进各类文化旅游消费场所升级改造，打造多业态集聚的文化旅游消费场景和集聚区，营造更加舒适优美的城市旅游环境。鼓励支持州市政府所在地、旅游重点县城等结合实际，打造精品夜市、夜间消费街区和场所，将夜间旅游打造成夜间消费市场的重要组成部分，构建主客共享的"便民生活圈"，更好顺应居民和游客的期盼，成为现代城市活力的象征。推动各地在旅游城镇、景区点、交通枢纽点新建改建综合性游客服务中心，建设自驾车露营地、骑行绿道、观光步道、国家步道等，打造集多元服务要素和旅游功能于一体的旅游公共服务体系，营造更加舒适愉悦的旅游休闲空间。加强乡村环境综合治理，持续改善人居环境，推动乡村文化站（点）等公共服务设施建设，营造宜居、宜业、宜游的舒适优美乡村旅游环境。

三、推进融合发展，强化"供给创造需求"动能

旅游产品供给，既是旅游产业发展的核心内容，也是以供给创造旅游新需求的着力点。当前及今后一段时间，要顺应人们旅游消费方式新变化，以满足人民日益增长的美好生活需要为根本目标，以创新驱动为动力，以融合发展为重点，加快推进文化和旅游深度融合，推动"旅游+""+旅游"跨界融合，加快互联网+旅游创新融合，强化"供给创造需求"动能，大力发展旅游新业态产品，优化旅游产品供给结构，提供更多优质旅游产品，更好满足人们个性化、多样化、高品质旅游消费需求。

（一）推进文化和旅游深度融合

坚持以文塑旅、以旅彰文，推进文化和旅游深度融合，加快文化和旅游重点项目建

设，着力锻造文化旅游新业态产品。一要坚持以人民为中心的发展思想，把社会效益放在首位，实施文化精品培育工程、文化惠民工程等，健全现代公共文化服务体系，创新创作更多增强人民精神力量的优秀文化艺术精品，培育打造红色文化精品、文博精品、非物质文化遗产精品，扩大优质文化产品供给，更好地满足人民群众的文化旅游需求。二要坚持以市场为导向，推动区域文化旅游协调发展，重点建设长征国家文化公园（云南段）、滇川藏"大三角"茶马古道文化走廊、丽江古城世界文化遗产旅游圈、元阳哈尼梯田世界文化遗产旅游带、百年米轨滇越铁路文化旅游带、建水—石屏"滇南最美乡愁之旅"、大理"中国最美乡愁带"、珠江源国际康养旅游长廊、楚雄"盐马古道"文化旅游带等一批主题鲜明、特色突出的区域文化旅游产业带，打造南诏大理史迹游、古滇考古遗址游、翠湖片区博物馆游等文物活化旅游产品和产业集聚区，推出文化旅游产品和线路，形成文化旅游新亮点，创新文化旅游消费新模式。三要突出"生态、健康、快乐、时尚"主题特色，充分发挥云南好山、好水、好空气的独特优势，加快建设迪庆普达措、西双版纳热带雨林、怒江大峡谷、保山高黎贡山等国家公园，改造提升腾冲、龙陵、禄丰等温泉康养度假区，完善提升云南野生动物园、禄丰世界恐龙谷、元谋人世界公园、石林冰雪海洋世界、弥勒湖泉温泉水世界乐园等主题公园和游乐园，着力打造康养旅游、主题旅游新业态产品。四要推动文化旅游演艺发展，提升云南映象、丽江千古情、梦幻腾冲等文化旅游演艺品牌，培育打造世界的香格里拉、茶马古道、我家红河、鹤舞高原、彝乡之恋、族印·司岗里等文化旅游演艺项目，增强文化旅游演艺创意创新能力，提升演艺节目策划、编导和表演水平，打造具有较高艺术水准、深受游客喜爱的文化旅游演艺精品。五要发挥优秀传统文化节庆特色，创新节庆活动组织方式，高起点、高水平举办各类文化旅游节庆活动，重点打造七彩云南（国际）民族赛装节、彝族火把节、大理"三月街"、傣族泼水节等民族文化节庆精品，培育亚洲微电影艺术节、罗平油菜花文化旅游节、丽江雪山音乐节等一批特色文化节庆精品，积极培育全程半程马拉松赛、山地自行车赛、汽车越野赛及环滇池、抚仙湖、异龙湖、洱海国际自行车赛等一批知名体育赛事精品，增强节赛活动的参与性和体验性，提升市场"吸睛力"和影响力。

（二）推动"旅游+""+旅游"跨界融合

大力推动旅游与农业、林业、工业、商业、教育、体育、健康、城乡建设等相关行业跨界融合，不断拓展和优化旅游供给结构，提供丰富多样的旅游新业态产品，更好满足人们的旅游消费需求。大力推进农文旅融合，实施乡村旅游精品工程，创新发展乡村观光农业、高科技农园、文化创意农园、教育农园、休闲农场、文化艺术村、乡村庄园、乡村民宿、农耕博物馆、农事体验基地等休闲农业和乡村旅游新业态产品，带动农业产业链延伸和农产品销售，解决农村富余劳动力，拓展农民增收渠道，更好赋能乡村振兴。

大力推动康养旅融合，充分发挥全省资源环境优势，坚持依法依规和绿色发展原则，建设生态环境优美、康养内容丰富、休闲度假舒适的复合型康养旅游度假区，打造多样化的康养旅游新业态产品，增强康养旅游产品供给能力。积极推动科教体旅融合，以国家公园、风景名胜区、森林公园、湿地公园等为依托，有效利用科研基地、科技创新园区、体育场馆、训练基地、户外运动基地及国家步道、骑行绿道等设施，打造自然教育、科普研学、劳动实践、新科技体验、体育旅游、健身休闲等新业态产品，举办丰富多样的体育赛事活动。推进工商交旅融合，积极发展旅游装备制造业，加快发展文化和旅游用品制造业，开发特色旅游食品和旅游日用品，充分利用工业园区、工业遗址、老旧厂房等开发工业旅游产品、开设文化旅游消费场所，推进传统商业综合体向文商旅消费集聚区转型升级，统筹各类交通客运服务协调发展，形成各类交通方式无缝对接的旅游交通服务体系。推进新型城镇化建设与旅游融合，打造特色鲜明的旅游休闲城市和街区，促进农特产品、手工艺品、文创产品等转化为旅游商品，积极发展夜间文化旅游消费等新业态。推动旅游发展融入生态文明建设，加强生态保护宣传教育，增强游客生态保护意识，推出生态旅游产品和线路，形成低碳、绿色消费模式和健康生活方式。

（三）加快互联网＋旅游创新融合

加快推动以信息技术为核心引擎的现代高新技术应用，加强文化和旅游数字化基础设施建设，提升文化数字化、旅游智慧化功能，为文化旅游高质量发展增效赋能。一要推进旅游信息基础设施建设，加快公用通信网络升级改造，保障大密度客流环境及偏远旅游区域通信设备信号畅通。加快文化经营场所、旅游集散与咨询服务中心、旅游专用道路、景区内部等引导标识系统数字化、智能化改造提升，加强客流集中重点区域视频监控网络建设，实现对旅游资源、服务网点、设施设备及相关服务的实时监测和管理。加强文旅数字化综合管理平台建设，实现文化旅游市场综合执法、信用体系建设、产业运行监测、安全监管和应急指挥等工作的智慧化集成化管理。二要提升文化数字化和旅游智慧化服务水平，通过整合数据平台和业务系统，实现数据共享、业务流程对接，向游客提供个性化定制、智能化服务和人性化体验。鼓励旅游企业为游客提供预约预订、电子票务、导游导览、电子讲解、信息发布、咨询投诉、紧急求助等在线旅游服务，推出适宜老年人等特殊群体的服务功能，引导旅游景区开发数字化体验产品，普及景区电子地图、语音导览、扫码识景、预约预订、分时游览等智慧化服务。推动酒店、民宿、餐饮等企业开展智慧化建设，发展非接触式前台服务、智能客房、刷脸入住、无接触点餐等智慧服务，推动建立旅游租包车开放平台，为游客提供高效便捷的智慧服务。三要促进在线旅游行业高质量发展，推进在线旅游供应链结构、模式、业态、产品和服务方式创新，鼓励支持旅游企业应用现代信息、人工智能技术发展新技术旅游产品，开发线上沉浸式娱乐体验产品，打造主客共享的在线文博精品，创新数字艺术在重点领域和场景的应用，引导"云演艺""云直播""云娱乐"创新发展，丰富线上多维度旅游服务内容，增强在线旅游供给能力，扩大在线旅游消费。

四、做强市场主体，谨防旅游投资"华而不实"

旅游企业，作为旅游市场中的产品供给主体，既是构成旅游产业的细胞，也是旅游经济运行的微观基础。要针对疫情影响导致对旅游业发展预期转弱，旅游供给调整缓慢滞后，供给创造需求的动力不足等突出问题，全面优化营商环境，强化旅游发展预期，做强旅游市场主体，激发旅游投资动力，增强投资对优化供给结构的关键作用，谨防旅游投资"华而不实"，确保旅游业持续健康、充满活力地发展。

（一）全面优化营商环境

贯彻落实好党的二十大及中央经济工作会议精神，"立足当前、着眼长远，从化解当前突出矛盾入手，从构建长效体制机制、重塑中长期经济增长动力着眼"，强化发展预期，优化营商环境，不断完善产权保护、市场准入、公平竞争、社会信用等市场经济基础制度，营造依法平等使用资源要素、公平公正公开参与竞争、同等受到法律保护的市场环境。深化行政审批制度改革，完善文化和旅游清单管理制度，规范审批流程，提高审批效率，推进政务服务标准化、规范化、便利化，打造市场化、法治化、国际化一流营商环境，保障各类市场主体的合法权益。培育和维护公平竞争的投资环境，切实保护民营企业的合法权益，加强对民营企业的服务、指导和规范管理。深化要素市场化改革，建设高标准市场体系，完善文化和旅游部门与有关部门间的长效综合监管机制，创新文化旅游市场综合治理模式，健全以市场主体和社会公众满意度为导向的市场监管体系。深化政务服务改革，切实转变工作作风，做好政务服务，凝聚各方力量，推进旅游业高质量发展。鼓励支持旅游行业协会、商会等中介组织积极发挥作用，为企业创业创新、品牌建设、交流合作、人才培养等提供平台服务，引导企业诚信经营、诚信服务，增强诚实守信守法的自觉性，营造公平诚信的市场环境和社会环境，保障人民群众的旅游消费权益。

（二）壮大旅游市场主体

实施旅游市场主体培育工程，推动跨地区、跨行业、跨所有制并购和重组，形成骨干旅游企业引领、特色旅游企业赋能、小微旅游企业支撑的现代旅游企业发展格局。一要做强、做优、做大骨干旅游企业，通过深化国有旅游企业改革，促进民营旅游企业发展壮大，推进旅游企业战略性并购重组和规模化、品牌化、网络化经营，培育打造具有较强跨界整合能力、综合带动力和有国际影响力的大型旅游集团企业，提升骨干旅游企业核心竞争力和引领带动力。二要培育打造专业化创新型特色旅游企业，鼓励支持旅行社向专业化、特色化、创新型方向发展，推进旅行社经营高效率、服务高质量发展；推动在线旅游服务企业创新发展和规范运营，提升在线旅游产品创新能力、服务质量和水平；大力扶持扎根农村、心系农民的乡村旅游企业发展，创新"企业＋合作社＋农户"等经营模式，促进企业增效、农民增收、集体经济壮大，更好赋能乡村振兴发展；积极支持旅游规划策划、创意设计、研发孵化、管理咨询、营销推广等专业机构和服务企业发展。三要大力扶持小微旅游企业发展，建立健全小微旅游企业孵化平台，强化分类管理和精心指导，打造"专、新、特、精、优"小微旅游企业，壮大旅游业高质量发展的微观基础。

（三）优化旅游营商与投资环境

旅游投资既是旅游产品生产和供给的前提条件，也是扩大旅游再生产、促进旅游供给优化的关键因素。加快推进投融资体制改革，优化旅游投融资环境，提振旅游发展信心，发挥市场主体投资创业创新积极性，激发市场主体投资动力，鼓励企业创新投融资方式，扩大投融资渠道，加大旅游投资力度，增强投资对优化供给结构的关键作用，着力提升旅游投资效率和效能，谨防旅游投资"华而不实"。完善旅游投资管理模式，建立健全旅游重大重点项目数据库，完善旅游投资审批数据部门间共享机制，协同推进投资审批制度改革，推动旅游投资审批权责"一张清单"、审批数据"一体共享"、审批事项"一网通办"，确保旅游投资决策与规划和用地、环评等制度衔接，加大对旅游投资项目的事中、事后监管等。健全旅游投资项目融资机制，持续优化政府投资结构，加大对旅游补短板项目支持力度，引导民间资本参与旅游公共服务设施及补短板项目建设，通过多种方式盘活旅游存量资产，推进旅游增量开发，形成存量资产和新增投资的良性循环。鼓励金融机构依法合规积极支持符合条件的旅游企业上市融资、再融资和并购重组，拓展企业融资渠道，支持符合条件的旅游企业通过发行公司信用类债券等方式进行融资，创新贷款担保方式，开发适合旅游业特点的金融产品。继续实施财政奖补政策，引导企业主动适应旅游市场需求变化，及时调整生产经营策略，积极探索新发展模式，加大旅游投资建设力度，改造提升传统旅游产品，创新发展旅游新业态产品，优化旅游产品供给结构，更有效匹配旅游市场消费需求。

五、尽快补链强链，提升旅游产业链供应链韧性

旅游产业链供应链韧性，是旅游业面对发展环境变化、市场需求波动等外部因素干扰或突发性事件冲击影响，能够及时作出动态调整反应，抵御风险并保持正常运行的综合能力。当前及未来一段时间，要针对新冠疫情对全省旅游产业链供应链的冲击影响，采取切实有效的措施，尽快稳链补链、积极延链拓链、推进增链强链，不断增强旅游产业链供应链的价值创造力、产品创新力、供给调适力和风险抵御力，着力提升全省旅游产业链供应链韧性和安全水平。

（一）稳链补链，增强旅游产业链供应链风险抵御力

提升旅游产业链供应链韧性，要针对当前受疫情冲击影响，人们出游信心不足，旅游消费需求收缩，旅游企业经营困难，产品供给出现断链缺链弱链等旅游产业链供应链的受损环节，通过供需两端发力，尽快稳链补链，扩大旅游消费市场，稳定旅游供给市场，增强旅游产业链供应链风险抵御力。一方面，要从旅游需求角度出发，针对疫情防控转入新阶段，加强对疫情防控科学精准施策，强化交通物流保通保畅，疏通旅游消费堵点卡点，提高旅游消费便捷程度和安全性，增强人们的出游信心及提高出游率，尽快激发旅游需求潜力，扩大旅游消费市场，以旅游消费需求牵引旅游供给增长和结构升级。另一方面，要从旅游供给角度，认真贯彻落实好国家稳增长、扩内需、促消费等"一揽子"政策措施，切实帮助旅游企业和相关企业纾困解难，尽快修复旅游供给断链、缺链和弱链，补齐旅游公共基础设施和服务设施短板，引导企业围绕旅游消费需求新变化，及时调整经营策略和发展方式，进一步创新旅游产品、提升服务水平，确保旅游供给市场稳定，增强旅游产业链供应链风险抵御力，促进全省旅游业尽快复苏振兴。

（二）延链拓链，增强旅游产业链供应链的供给调适力

提升旅游产业链供应链韧性，要主动服务和融入新发展格局，立足国内旅游消费需求大市场，积极推动旅游+、+旅游延链拓链。一方面，要围绕直接向游客提供旅游产品及"食、住、行、游、购、娱"等旅游要素服务的核心企业和行业，推动旅游产业链供应链向上下游企业和行业延伸，引导核心企业和相关企业主动适应疫情后人们旅游消费需求、出游方式等新变化，适时推出城郊游、亲子游、乡村旅游、研学旅行、户外运动、沉浸式体验等近程短线旅游产品，加快开发"旅游+"新业态新产品，不断提升优质旅游产品供给能力和水平，以高质量供给创造旅游新需求、引领新消费，进一步释放内需消费潜力。另一方面，要充分发挥旅游市场优势，积极推动旅游业与农业、工业、商业、服务业、科技、教育、体育、卫生健康、城乡建设、生态环保等相关行业跨界融合，不断拓宽旅游产业链供应链网链结构，形成强大的国内旅游供给市场，增强旅游产业链供应链的供给调适力，更好地满足人们的旅游消费需求，为构建"大循环、双循环"新发展格局贡献更大力量。

（三）增链强链，增强旅游产业链供应链创新创造力

提升旅游产业链供应链韧性，要完整准确全面贯彻新发展理念，坚持以创新驱动为引领，加强旅游创新理论基础研究，提升企业高新技术应用能力，创新发展旅游新业态新产品，增加旅游产品供应链，打造旅游产业强链，增强旅游产业链供应链产品创新力和价值创造力，更好推进旅游业高质量发展。一要加强旅游创新理论基础研究和应用，推动政府、企业、高校、科研院所等整合联动，积极开展旅游创新理论基础研究，尤其要加强旅游大数据理论基础和应用、旅游人工智能技术应用、旅游资源保护与开发技术应用、文化遗产保护传承与活化利用等理论研究，为增强旅游产业链供应链产品创新力和价值创造力提供理论指导。二要不断增强旅游产品业态创新能力，充分激发旅游企业创新驱动、优质发展的内在动力，增强企业广泛应用先进技术能力，不断推进旅游产品、旅游业态、服务方式、消费模式和管理手段创新，加快构建以核心企业为主体的旅游企业链生态，促进旅游供应链上下游企业协作共生、互惠共赢，推进传统旅游业态产品供应链升级换代，不断完善新业态产品供应链，推动旅游业从资源驱动向创新驱动转变，提升旅游产业链供应链的创新能力和竞争优势。三要提升旅游价值创造力和水平，坚持以人民为中心的发展思想，充分发挥旅游为民、富民、利民、乐民的积极作用，进一步优化旅游产品结构，完善现代旅游产业体系，提供更多吸引力大、愉悦度高、体验性强的优质旅游产品和服务。充分发挥市场在旅游资源配置中的决定性作用和更好发挥政府作用，不断完善统一开放、竞争有序的现代旅游市场体系，提高资源配置效率和公平性，营造公平公正的市场竞争环境，进一步激发各类旅游市场主体活力，调动其创业投资、创新开发的主动性和积极性。要主动服务和融入新发展格局，以旅游价值链、创新链引领旅游业跨界融合，不断增强旅游价值创造能力，更有效地激发旅游需求的潜力，促进旅游消费提质扩容，拓展旅游产业链供应链的网链结构，做强做优做大国内旅游市场，高质量发展出入境旅游，更好推进旅游业高质量发展。

六、加强市场治理，严防违规经营"死灰复燃"

随着云南旅游快速复苏振兴，不仅成为广大游客向往和出游的首选旅游目的地，也成为少数投机经营商乃至不法经营者觊觎之地。为了守护好云南旅游这块"金字招牌"，严防违规经营"死灰复燃"，要认真贯彻落实国家、云南省有关法律法规和政策要求，坚持依法治旅，加快建立现代旅游治理体系，加大旅游市场综合监管力度，加强旅游信用体系建设，构建良性产业链生态，积极倡导文明旅游，坚守好旅游安全底线，树立"安全旅游目的地"形象，不断提升"七彩云南　旅游天堂"品牌知名度和市场影响力。

（一）坚持依法治旅，加大市场综合监管力度

认真贯彻落实《中华人民共和国旅游法》《旅行社条例》《导游人员管理条例》《云南省旅游条例》《在线旅游经营服务管理暂行规定》《中国公民出国旅游管理办法》等法律法规和行政规章，深化"放管服"改革，优化旅行社和导游行政审批服务，健全旅游标准化工作机制和协调机制，开展旅游标准化试点示范建设，提升旅游标准实施能力和水平。建立健全旅游综合监管机制，按照"双随机、一公开"监管要求，依法落实旅游监管责任，提升旅游市场综合监管能力，加大旅游市场监管执法力度，开展旅游产品及信息、未经许可经营旅行社业务、"不合理低价游"等专项整治行动，严厉打击违法违规经营行为，以"零容忍"态度切实维护好旅游市场秩序，守护好云南旅游"金字招牌"。

建立健全在线旅游市场监管机制，加强对在线旅游供应链主体的全链条监管，加大对在线旅游市场风险监测、识别、分析、响应和处置力度，依法规范在线旅游市场秩序，保障在线旅游市场主体的合法权益，完善在线监管部门会商和联合执法、惩戒机制，加强对在线旅游企业违法违规经营行为的督察和处置。完善旅游投诉处理和服务质量监督机制，畅通12345政务服务便民热线等各类举报投诉渠道，及时处理游客投诉举报，保护广大游客合法权益。

（二）完善信用制度，加强旅游信用体系建设

按照国家加快推进社会信用体系建设，加强文化和旅游市场信用管理等有关要求，依法依规健全旅游市场信用制度，建立旅游市场信用监管综合协调机制，完善旅游监管服务平台信用管理系统，加强信用信息归集、公示和共享，完善旅游市场主体和从业人员信用档案，构建集记录、评价、激励、惩罚、社会监督、信息发布的旅游信用管理体系。完善旅游市场主体进入退出机制、信用信息通报与监管机制、社会舆论监督机制、信用修复机制等，鼓励旅游市场主体主动向社会做出信用承诺，支持旅游行业协会加强行业自律公约、信用承诺制度、诚信经营服务等信用自律行规建设，督促在线旅游企业恪守行业信用、诚信经营、诚信服务。制定旅游企业信用评价制度和规范，组织开展企业信用评价，依托信用评价结果实施分级分类监管，树立一批诚信典型，拓展信用应用场景，将守信情况纳入旅游景区、星级饭店、等级民宿、旅行社、在线旅游平台等评定和项目招投标，依法依规公布失信名单，强化失信惩戒，提高信用监管力度和效能。

（三）促进合作互利，构建良性旅游产业链生态

建立健全旅游产业链利益协调机制，推动旅游全产业链各方合作互利共赢，着力构建良性旅游产业链生态。一要建立健全旅行社、在线旅游平台、旅游供应商与旅游消费者之间的互利信任机制，规范旅行社、在线旅游平台内供应商的产品和销售业务，采取有效措施避免大数据杀熟、虚假宣传、虚假预订等侵害游客权益行为，切实保障旅游消费者的合法权益。二要规范旅行社、在线旅游平台企业与旅游供应商之间的合作模式，引导旅行社、在线旅游平台企业与旅游供应商充分沟通、平等协商，建立合作互利的激励机制，合理确定支付结算、平台佣金等服务费用，增强旅行社、在线旅游平台企业的黏性和凝聚力，促进旅行社、在线旅游平台企业与旅游供应商协同良性发展。三要充分发挥旅行社、在线旅游平台企业的核心带动作用，推动旅行社、在线旅游平台企业与交通、住宿、餐饮、游览、娱乐等相关企业协同发展，促进旅游要素资源高效配置，不断创新旅游业态产品和服务，拓展旅游产品种类和服务方式，更好满足人们个性化、多样化、高品质的旅游消费需求。

（四）倡导文明旅游，坚守住旅游安全底线

鼓励支持各地开办旅游类专业节目和栏目，加强旅游公益广告创作播出，推进文明旅游宣传教育，发布旅游相关提示消息，做好正面宣传，引导理性维权，规范约束和社会监督。积极倡导文明旅游实践，培育文明旅游活动品牌，整治旅游中的顽疾陋习，树立文明、健康、绿色旅游新风尚。推进《文明旅游示范单位要求与评价》等标准实施，提高旅游从业人员文明素质，树立文明旅游行业先进典型，把旅游业建成精神文明窗口。推进旅游志愿者队伍建设，在旅游公共场所建立志愿服务站点，组织旅游志愿者开展文明引导、文明劝导，加强对散客、自驾游客的安全文明引导，传递文明旅游新理念、树立文明旅游新风尚。

按照有关法律法规要求，以建设"安全旅游目的地"为目标，把落实安全责任贯穿旅游业各领域全过程，强化旅游安全主体责任，建立健全旅游安全管理制度，构建旅游安全保障体系，完善预防、预警、救援、善后机制，健全涉旅突发事件应对机制，加强节假日等重点时段、重点环节、重要设施设备、重大旅游节庆活动及高风险项目等安全监管。完善旅游风险监测、评估、预警等旅游安全监管机制，完善公共卫生、消防、救援等专业性旅游应急体系，强化火灾自防自救宣传，落实旅游安全管理和技术措施，提升消防安全管理水平，营造安全放心的旅游环境和经营环境。加强对游客的安全引导和提示，指导旅游企业加强安全培训和应急演练，鼓励旅游企业建立兼职应急救援队伍，完善紧急救援联动机制等。

第四章　2023年云南旅游工作建议

2023年是全面贯彻落实党的二十大精神开局之年，是实施"十四五"规划承上启下的关键之年。根据2023年宏观环境与旅游经济形势预判，结合2023年全国文化和旅游厅局长会议要求和全省政府工作报告中的安排部署，贯彻落实二十大精神，坚持"三个定位"目标方向，深度服务和融入国家发展战略，全力推进旅游产业全面复苏，加快旅游业高质量发展。建议重点抓好以下十项工作。

一、全力推进旅游产业全面复苏

随着新型冠状病毒感染防控政策的变化，旅游业将迎来全面复苏与振兴发展。全省旅游系统要做好迎接旅游流快速恢复的准备，抓住难得的机遇推进旅游业全面复苏。与此同时，防疫政策优化调整并不意味着疫情彻底结束，应做好监测，有效引导合理流动，指导相关企业和目的地做好防控预案。

（一）平稳有效实施相关防控政策

平稳有序地按照相关规定实施新冠病毒感染"乙类乙管"防控政策，保障人员有序流动、文化和旅游活动健康开展。指导旅游接待企业和文化旅游公共服务场所制定安全管理预案，切实保障游客的生命安全。加强旅游团队全程安全管理，安排旅游线路时，注意安全风险，选择有资质的旅游车辆和司机。要求导游在带团过程中及时提醒游客注意安全，严格遵守相关区域的安全管理规定。遇到突发事件时，应及时反映和妥善处置。

（二）保障旅游服务要素供给能力

在疫情长达三年的反复冲击下，旅游产业链诸多环节均受到较大程度影响，造成了导游人员、酒店高管、客运车辆等旅游经营资源不同程度地流失或退出市场，影响了团队旅游服务的供给能力。对于防控政策调整、春节假期等因素造成出游需求集中释放而带来的供给问题，旅行社、车船公司、酒店等重点部门应有充分的认识，并积极采取措施保障要素供给，不让车辆、导游、客房成为疫后旅游业恢复发展的瓶颈。行业协会应加强面向企业或游客的调查和研讨，提出解决问题的对策建议。管理部门要灵活施策，探索解决小语种导游人员不足等实际问题，为旅游全面复苏保驾护航。

（三）持续提升旅游服务质量

贯彻落实《"十四五"旅游业发展规划》《进一步提高产品、工程和服务质量行动方案（2022—2025年）》，深入实施旅游服务质量提升行动，提升旅游管理和服务水平，规范旅游市场秩序，改善旅游消费体验，建立健全旅游市场服务质量评价体系。发展多样化、优质化旅游产品和服务，推动在旅游等服务领域培育一批高端品牌。通过外部制度约束提升行业规范化标准化服务水平，通过旅游业服务人员内生激励，提升旅游服务专业品质。在全社会树立重视服务行业、尊重服务人员的氛围，在旅游行业推广金钥匙精神及认证制度，选树一批代表云南省旅游发展水平、体现旅游高质量发展要求的服务工匠、服务大师、服务明星。

（四）深入挖掘旅游消费潜力

在旅游人次快速恢复的同时，还应正视旅游者人均消费不断下降这一趋势，以特色产品、崭新场景、优质服务来挖掘旅游消费潜力，解决"旺丁不旺财"问题。随着云南省铁路交通快速发展、旅游景区免费开放步伐加快、本地生活服务平台和网络购物的崛起，加之消费疲弱等因素的影响，部分景区（如大理古城、喜洲古镇、双廊艺术小镇）可能会出现人气旺、消费少的现象。疫情三年以来，游客的消费心理、消费能力、消费偏好和消费习惯已发生变化，对旅游目的地和企业的产品研发与营销推广提出了新要求。相关部门应科学引导，支持和鼓励企业加强产品、流程、管理和技术创新，提供更多适应市场需求的旅游产品和服务项目。要巩固提升旅游住宿、餐饮、交通等基本消费，大力挖掘在地文化展演、体验式购物、夜间休闲娱乐等弹性消费，创新推出民族节庆、研学旅行、目的地婚礼等一批旅游消费新场景。

二、严格依法规范旅游市场秩序

全面认识新形势下旅游快速恢复对市场秩序带来的影响，科学预判旅游市场可能出现的问题，充分发挥行业协会作用，继续实施"红黑榜"制度，严格查处非法从事旅行社业务、组织接待"不合理低价游"团队、发布虚假信息或欺骗误导消费者行为、诱骗强迫旅游者购物行为、价格违法违规、客运车辆违法违规经营等行为，探索旅游信用评价与结果运用的新机制，营造安全平稳有序的旅游市场环境，保障旅游经营者和游客合法权益，守护好云南旅游的金字招牌，促进旅游业高质量发展。

（一）完善旅游市场秩序整治工作机制

高度重视旅游市场秩序问题，完善综合治理机制，发挥各方面合力，提高市场监管效能，严格规范旅游市场秩序。根据实际调整充实各级旅游市场秩序整治工作领导小组成员单位，定期召开联席会议，研究部署旅游市场秩序整治工作，强化旅游市场联合执法。充分发挥各级旅游市场综合调度指挥中心作用，建立涉旅案件和投诉信息定期互相通报制度，对旅游投诉和舆情集中受理、统一交办、及时处置。对旅游市场中发现的违法违规行为，依法依规严肃查处。在重大节假日和大型活动期间，严格落实24小时专人值班制度，做到有报必查，切实维护旅游消费者合法权益。紧盯网络舆情，提高问题发现能力，及时发现问题，及时依法查处。提升旅游投诉处理效率，依法依规分类处置举报线索与纠纷投诉，保障广大游客的合法权益。

（二）加强旅行社检查管理

全面厘清旅行社实际控制人、法定代表人、股东等管理人员真实身份。对已取得旅行社业务经营许可证，但长期无固定营业场所、无办公设施、达不到设立条件或长期未开展旅行社业务的旅行社，依法依规撤销行政许可。对组织不合理低价游、强迫游客购物等严重违反法律法规的，依法依规吊销旅行社业务经营许可证，让不良旅游经营主体没有生存空间。对旅游行程中拒绝履行合同、单方面取消交易、实施合同欺诈等损害消费者合法权益、造成严重后果的行为，查实后严格依法依规处理。依托"一部手机游云南"等投诉受理平台数据，加强旅行社及导游被投诉情况监管，严格落实"诉转案"工作机制。严格实施行业禁入，被吊销旅行社业务经营许可证的旅行社实际控制人、法定代表人、股东等管理人员在一定年限内不得从事旅行社业务，被吊销导游证的导游人员在一定年限内不得重新申请导游证。

（三）加强旅游经营企业日常管理

督促经营者严格遵守《中华人民共和国价格法》等法律法规，加强经营者价格行为的日常监督检查，畅通价格投诉举报渠道，及时主动处置价格举报案件。加大对涉旅社会商品零售企业的联合执法检查力度，对游客投诉反映强烈、涉及虚假宣传、质价不符、限制游客自由、强迫游客购物、不严格执行"30天无理由退货"规定等行为的涉旅社会商品零售企业，纳入重点监管对象严格监管。全面施行酒店、宾馆、民宿价格备案制度，督促经营者明码标价、诚信经营。重大节假日和大型活动期间，按日发布住宿、交通、景区门票等旅游价格相关信息，强化对餐饮、住宿、交通、景区等旅游要素经营者的监管。不得在电商平台等渠道订票、订餐、住宿等订单生效的情况下单方面毁约或者擅自提高价格，杜绝以"时令价"等模糊表述误导、欺诈消费者。按照《加强导游队伍建设和管理工作行动方案（2021—2023年）》要求，加强导游业务培训，针对社会反映强烈的问题，加大综合治理力度，净化市场环境，健全执法保障。

（四）构筑旅游市场的数字化"防护网"

建议打破传统的巡查、暗访、通报、投诉反馈的监管机制，为商户、游客、市民提供与线下便民服务驿站有机衔接的线上诉求平台，做到及时回复处理。完善各类风险评估和安全预案，加大食品安全、行车安全、景区安全的监管频次和力度，适度增加安保设施投入，坚决杜绝各类"宰客""倒客"等违法行为。加大数据共享力度，构建起"用数据说话、用数据决策、用数据管理、用数据创新"的市场监管新体制。

（五）加强涉旅违法违规案件处理

进一步加强旅游市场执法，依法查处"不合理低价游"、指定具体购物场所、导游强迫或者变相强迫购物等各类旅游市场违法违规行为，及时发布指导案例，震慑违法违规经营行为，进一步规范旅游市场秩序。公安部门要加强对涉旅治安违法违规案件的查办；交通运输部门要加大对旅游客运违法违规案件的整治力度；文旅部门和市场监管部门要加强对旅行社、导游违法违规案件和涉旅市场经营主体、从业人员违法违规案件的查处；税务部门要重点打击旅游市场经营主体税收违法违规行为。对涉及多部门的涉旅违法违规案件，各部门要强化协同配合、信息互通，共同维护好旅游市场秩序，保障好游客的合法权益。

（六）加大游客宣传和引导力度

加强对旅游者的消费引导，知晓各地团队旅游的最低成本价，防控零负团费旅游和"电商团"可能带来的潜在风险。提醒广大游客自觉遵守《中国公民文明旅游公约》，形成爱护环境卫生、遵守公共秩序、保护生态环境、保护文物古迹等良好习惯。组建文明旅游服务志愿者队伍，加强文明旅游宣传和引导，监督纠正游客的不文明行为，逐步在全社会形成文明和谐的旅游新风尚。

三、持续培育壮大旅游市场主体

坚持市场化方向、树立产业化思维，加快理顺旅游业管理体制和经营机制，让旅游市场主体多起来、活起来、强起来。深入贯彻习近平主席关于"培育一批'专精特新'中小企业"的指示精神，培育一批以专注铸专长、以配套强产业、以创新赢市场的旅游企业。不断深化国有旅游企业改革，切实发挥国有企业的作用；引导中小企业真正建立现代企业制度，提高科学技术、文化创意和知识产权的含量。继续招引一批类似深圳墅家、泊心云舍、丽世酒店等具有品牌效应和创新能力的旅游企业，推动一批优质文旅企业纳入"金种子"企业、"专精特新"企业目录进行重点培育。

（一）继续实施旅企扶持政策

为了进一步提振旅游企业的信心，建议继续实施《关于精准做好疫情防控加快旅游业恢复发展的若干政策措施》，继续开展"云南人游云南"活动，积极吸引省外游客，落实好国家和云南省减税降费政策，加大金融支持力度。继续实施"引客入滇"、省际合作、组织大型活动的鼓励政策。聚焦旅游企业的发展短板、困难问题和服务需求，积极推出一批形式多样、有针对性、能见实效的服务活动和惠企举措，营造助企暖企良好氛围，促进企业进一步提振发展信心、增强经营活力，为旅游行业全面恢复和加速发展积蓄力量，更好推动文化产业和旅游业高质量发展。

（二）培育专精特新型旅游企业

按照"扩大优势长板，补齐弱项短板，做强做大'链主'企业，加快发展链条企业，提升配套能力，优化产业生态"的思路，制定康养旅游、农文旅、数字文旅产业链行动方案，形成一批百亿级重点产业链。实施旅游市场主体提质增效行动，切实推进旅游龙头企业培育，加快培育一批旅游细分行业的"独角兽"企业。准行业头部企业、上市公司，用好旅交会等平台，举办旅游投融资合作暨重大项目推介专场活动，吸引大型旅游企业来滇投资。设立"专精特新"旅游企业培育孵化平台，培育一批平台型、领军型、骨干型、科技型文旅企业集团，打造一批"独角兽""小巨人"文化旅游企业，孵化一批"瞪羚企业"，认定一批专精特新型企业。支持旅游市场主体和孵化器、加速器、众创空间等进园入区，完善资产评估、政策法律、金融机构、信息技术、版权交易、经纪代理、消费服务等中介组织，发展旅游生产性服务业，优化旅游产业生态环境。按照中央、省上评比达标表彰工作政策有关规定，表彰旅游领域商业模式、技术和管理创新先进单位，让专注于细分市场、创新能力强、市场占有率高、掌握关键核心技术、质量效益优的排头兵企业成为云南省旅游业高质量发展的领头雁。

（三）用好活力型小微旅游企业

发挥云南省热点旅游城市小微型旅游企业数量众多的优势，引导小微企业规范管理、提高资金积累能力、开发特色经营项目，更好满足游客个性化、多样化的旅游消费需求。推进便民化审批，打造文旅从业者创业的"快车道"，让创业者"进一次门、填一张表、交一份材料、办一套事"。加大扶持力度，以清单化、项目化解决小微旅游企业在发展中的实际困难，鼓励支持小微企业进行模式创新、营销创新，推动文旅融合、农旅融合、体旅融合、康旅融合，培育一批"小而精、小而特、小而优、小而新"的旅游企业。

（四）做好旅游企业纳统入库工作

全力优化营商环境，明确服务业"四上"企业的纳统标准，开展企业纳限入统工作，确保应统尽统。全面摸排旅游企业经营状况，提升全省旅游业升规入上企业数量和经济运营指标，培育更多文旅企业入规纳统。重点将企业属性为法人且全年营业收入预达标的企业纳入培育库，做到常态化联系与信息更新，确保达标企业及时入库，为旅游经济增长提供新动能。邀请统计部门向旅游企业宣传各类扶持政策，讲解纳限入库统计所需的条件和工作流程，指导企业建立规范完整的业务统计台账。

（五）加快旅游企业的数字化转型

进一步激发旅游企业创新创业活力，强化企业创新主体地位，提升创新研发能力，加强科技创新与应用的实践探索，推进数字赋能文化旅游产业，培育数字文化旅游新业态。实施文化旅游科技创新工程，健全数字文化旅游产业体系。适时研究启动"上云用数赋智"试点工作，推进传统线下业态数字化改造和转型升级，促进产业上线上云，建成一批数字旅游产业新经济实体。发展壮大线上演播、沉浸式体验、数字会展、数字藏品等新业态，支持 OTA 等营销平台推出智慧产品，引导传统酒店、景区、度假区实施数字化提升改造。打造"5G＋文旅"应用示范场景、3D 裸眼四折幕等一批的沉浸式旅游体验新场景，培育"互联网＋旅游"创新示范基地。

四、加快推动旅游业高质量发展

继续实施《关于贯彻新发展理念推动旅游高质量发展的意见》，全面深入推进实施景区提升、酒店配套、文旅融合、业态创新、市场主体倍增、价值延伸工程、智慧旅游、宣传推广、品牌创建、人才兴旅十大工程，加快旅游高质量发展。遴选产业基础较好、面临转型升级挑战、具有创新意识能力的地区，开展文旅高质量发展示范区建设工作。

（一）建设高等级的旅游景区和度假区

做好"普洱景迈山古茶林文化景观"申报世界文化遗产的后半篇工作，推动普洱澜沧、西盟、孟连"绿三角"成为全省旅游业的新增长极。编制全省世界级旅游景区和世界级旅游度假区总体规划、重点培育项目建设规划，规划建设玉龙雪山—虎跳峡、三江并流等 10 个世界级旅游景区和苍山洱海、亚洲象生态旅游区等 10 个世界级旅游度假区。持续争创国家 5A 级旅游景区和国家级旅游度假区。推动腾冲和顺古镇、丽江泸沽湖、西双版纳野象谷、元阳哈尼梯田、普洱景迈山茶林、澄江帽天山、大理苍山石门关等加快建设国家 5A 级旅游景区。推动丽江玉龙—白沙、弥勒湖泉水乡、隆阳潞江坝、勐海勐巴拉、芒市大金塔—孔雀湖等加快建设成为国家级旅游度假区。

（二）培育高品质的旅游住宿体系

加快高品质酒店建设，按照统筹推进、分步实施、政府引导、市场运作原则和连锁化、集团化、品牌化工作思路，推进每个县域基本建成 1 个高星级标准的高品质酒店。推动高品质酒店融入旅游度假区、城市综合体、旅游综合体、旅游小镇等建设，打造综合型旅游休闲度假产品。推动旅游民宿发展有序、管理规范、服务质量提升。提高旅游民宿服务标准化、品牌化水平，加强民宿从业人员培训。支持优质乡村民宿开展连锁经营，发展嵌入式高端民宿。指导支持大理州开展特色酒店与民宿规范管理试点工作。出台特色酒店与民宿管理办法，健全完善治安、消防、食品、卫生、环境等管理机制，推进全省特色酒店与民宿有序健康发展。

（三）加快旅游业态创新步伐

聚焦"文、游、医、养、体、学、智"全产业链培育"旅游＋"新业态。促进"景区＋"，引导景区创新内容产品、传播消费等环节的合作机制。促进"酒店＋"，推动国际知名品牌酒店、精品酒店、旅游民宿等集聚发展，打造高品质旅游住宿集群。促进"旅行社+"，开发医药保健、温泉康养、森林康养等产品，为游客提供优质养生服务。聚焦"文、商、养、学、闲、情、奇"等要素，培育"+旅游"新业态，加快推进"文化、工业、农业、生态、教育、体育、医疗、科普、商务、旅拍、婚庆+旅游"等融合发展。积极发展"夜间游""城市度假""微度假"和城市"周边游"等旅游新业态，用好云茶、云咖、云花、云果、云酒等高原优质农特产品，推出一批农旅跨界型精品旅游业态。

（四）抓好低效旅游项目整治

由州（市）指导县（区）做好属地旅游项目摸底核查工作，共同确定闲置低效项目清单。按照"分类指导""一项一策"的思路，根据项目资源状况、业主实力、经营现状、发展能力，采取加快续建、"瘦身"止损、转变用途、转让重组、提升管理、完善手续、关停整改等方式，切实做好闲置低效旅游项目整治、盘活、提升工作，提高旅游资源和土地利用效率。对差少量资金就可以建设投运的项目，通过引进金融资本和合作伙伴等多种方式盘活。对在建的"半拉子"项目，坚持市场化、法治化原则，引进实力强的投资者进行后续开发。对于尚未开工或刚开工的项目，原则上交由市场主体开发建设，没有实现实体化转型的国有平台公司不得参与建设。对一些因手续不完善导致停工的项目，积极协调省有关部门在政策范围内帮助完善手续；对不符合相关法律法规、确实无法完善手续的项目，该停就停、该拆就拆、该整改就整改。

（五）及时兑现涉旅奖补政策

规范和加强涉旅奖补资金的发放和管理，确保奖补资金及时、足额、安全发放到奖补对象手中。对于近年来评估认定的各类旅游品牌创建和符合疫情防控期间纾困要求的补贴，如最美半山酒店、精品酒店、高等级民宿、旅游度假区、全域旅游示范区等，应按照相关流程，采取切实措施，确保奖补资金发放到位，以维护政府的公信力，提高旅游市场主体的积极性。

五、构建文旅全面深度融合新格局

积极探索旅游促进中华优秀传统文化创造性转化与创新性发展的新路径，妥善处理旅游发展与文化传承发展的关系，加快长征、长江国家文化公园（云南段）和国家考古遗址公园建设，推动文化和旅游与工业、科技、教育、体育、交通、水利、农业、林业、金融等深度融合，支持文化旅游企业融合工业制造、商品交易、科普教育、文化美学等元素，发展工业旅游、研学旅游、康养旅游等体验性、参与性、交互性的文化旅游业态。

（一）建设红色文化传承地

传承红色基因，弘扬长征精神、老山精神、杨善洲精神、西畴精神，深度挖掘革命、建设、改革等不同时期和新时代重大事件、重大成就、重要人物事迹，打造精品力作、精品景区和经典线路，加强红色文化教育基地建设。推进《昆明的眼睛——翠湖见证的云南革命史》《云岭星火》《狂飙诗人柯仲平》《腾冲往事》等获得省级奖励的歌舞艺术精品或高品质大型演艺节目进行常态化商业演出，支持《王德三》《兰之英》《桂梅老师》等已经公演尤其是获得各类奖项的文学艺术精品进红色景区、进教育基地、进文化广场。加快红色文化创意产品开发，推出情景剧场、剧本游戏等红色文化体验、研学教育的新形式，丰富红色旅游融合发展的手段。鼓励民间资本参与红色文化旅游产业，培育一批具有市场竞争力的红色文化旅游产品，让红色文化成为游客尤其是年轻游客喜闻乐见的产品类型。

（二）推进影视与旅游全周期融合

延伸热播影视剧《去有风的地方》的时空效应，带动凤阳邑、沙溪古镇、云龙天池等地文化旅游业发展，探索在大理州推出一批"有风小院"，打造"风光"（景观依托型）、"风情"（非遗展演型）、"风味"（地方美食型）、"风物"（体验购物型）四类乡村院落。全面认识影视剧艺术创作与商业运营、旅游业蓄力储能与搭车借力之间的关系，尊重影视作品创作、拍摄与宣发的内在规律，根据自身旅游资源特征、旅游业发展阶段、文旅融合实际需要，探寻加快影视与旅游深度融合、推进影视旅游高质量发展的具体路径。借鉴以长安十二时辰沉浸式主题街区为代表的影视剧实景化、体验化、旅游化模式，引导全省各州市将影视作品剧本、故事情节和人物角色视为创意内容，将剧组视为创意资本，深度挖掘利用影视创意资源，为旅游发展提供新式景观、体验活动、消费场景和营销素材。引导腾冲、马龙、河口等地开展影视与旅游融合发展试点工作，完善临沧"亚微节"、大理国际影会的旅游元素与功能，策划"跟着电影游云南"专题旅游线路，实现"天然摄影棚"和"旅游天堂"的有机叠加、深入融合。

（三）加快文博场馆资源旅游化利用

强化博物馆、艺术馆、文化馆的要素整合，发挥公众教育功能，植入休闲旅游元素，提升旅游配套设施和服务，加大体验活动、文创产品与研学旅游开发力度。学习陕西历史博物馆、河南博物院、故宫博物院的经验，推广云南陆军讲武堂模式，积极探索博物馆 IP 授权、引入战略合作伙伴等方式，提升大理州博物馆、楚雄州博物馆等列入国家 A 级旅游景区的博物馆的创意化、体验化、智慧化水平，灵活调整开放时间、接待量和预约政策，提升吸引力和竞争力。积极推进巍山古城南诏博物馆、红河州博物馆开展文旅融合试点，完善文化旅游宣传推介、信息咨询等功能，打造成为州（市）县（区）游客服务中心。指导云龙诺邓古镇黄矞昌博物馆、巍山古城民俗博物馆（梁大小姐宅）等私人博物馆加强资源整合与自身能力建设，提升旅游服务功能，完善造血机制。推进大理太和城、晋宁石寨山国家考古遗址公园建设，积极申报元谋猿人、江川李家山、剑川海门口、广南牡宜、昌宁大甸山等国家考古遗址公园。

（四）创新非遗旅游融合方式方法

放大"中国传统制茶技艺及其相关习俗"列入联合国教科文组织新一批人类非物质文化遗产代表作名录和普洱景迈山古茶林文化景观申报世界文化遗产的效应，推进红茶制作技艺（滇红茶制作技艺）、普洱茶制作技艺（贡茶制作技艺）、普洱茶制作技艺（大益茶制作技艺）、黑茶制作技艺（下关沱茶制作技艺）、德昂族酸茶制作技艺和茶俗（白族三道茶）等云南省六个项目的推广，探索旅游驱动非物质文化遗产生态性保护、生产型创新和生活化传承的新模式。推广腾冲高黎贡国际旅游城刘永周皮影馆+皮影剧院模式，总结抗战题材裸眼4D皮影秀《腾冲往事》的创意研发与市场运营经验，让更多非物质文化遗产提升创意含量、科技含量，拥有新的表现形式，注入新的内容内涵，更好地融入新时代和新生活，为旅游休闲街区、旅游度假区、夜间文化和旅游消费集聚区提供更多的优质内容，服务于文化和旅游"双强省"建设。

（五）推进公共文化服务进景区

贯彻落实《关于推动云南省公共文化服务高质量发展的实施意见》，依托昆明、保山等国家公共文化服务体系示范区，让人们在领略自然之美中感悟文化之美，享有更加充实、更为丰富、更高质量的精神文化生活。引导各级文化馆、图书馆及群众文化服务品牌承办单位组织品牌活动进景区巡演、巡展，乡村文化带头人组织群众文艺队伍进景区开展活动、乡土文化能人艺人进旅游景区（旅游休闲街区、旅游度假区）进行技艺展示，丰富文化体验内容。鼓励各级公共图书馆可在景区设分馆、流动阅读区，提供文化、旅游、历史、地理、艺术、休闲等各类图书，让游客随时随地随手可阅读，为游客提供丰富的精神食粮，为研学游客提供参考资料。继续推进各级公共文化服务机构组织广大文旅志愿队伍、志愿者进景区开展景区知识讲解、道路指引、扶老助残、环境保护、秩序维护等服务，展现文旅志愿者风采，帮助景区为游客提供暖心、舒心和贴心服务。加强对创建申报工作的指导，力争有更多实践案例进入全国基层公共文化服务高质量发展典型案例、全国旅游公共服务典型案例。

（六）创建文化和旅游融合示范区

按照文化和旅游部、自然资源部、住房和城乡建设部《关于开展国家文化产业和旅游产业融合发展示范区建设工作的通知》，推进丽江市古城区、大理市、景洪市创建国家级文化产业和旅游产业融合发展示范区，加快建水、腾冲、澜沧、石林等地创建文化产业和旅游产业融合发展示范区的培育准备工作。强化政策集成和制度创新，加大对融合发展示范区的支持力度，引导资源要素集聚，补齐发展短板，着力打通上下游产业链，进一步提升供给体系质量和水平，增强文化产业和旅游产业质量效益和核心竞争力，发挥示范引领作用，带动辐射全省文化产业和旅游产业繁荣发展。

六、统筹推动文旅赋能乡村振兴

按照"依托农业农村特色资源,向开发农业多种功能、挖掘乡村多元价值要效益,向一、二、三产业融合发展要效益"的要求,统筹推进特色农业强省、文化旅游强省和数字云南建设,处理好旅游发展与推进乡村振兴、增进民生福祉的关系,结合"设计下乡"活动、"万名人才兴万村"行动、绿美乡镇(村庄)打造、现代化边境幸福村创建、宜居宜业和美乡村建设,推进乡村旅游资源深度开发、业态创新与产品升级,不断完善利益联结机制,打造一批农业、文旅"双强县"。

(一)编制全省乡村旅游发展规划

落实《云南省"十四五"文化和旅游发展规划》中提出"大力推进乡村旅游发展"的任务,根据文化和旅游部、国家发展改革委、农业农村部等17部门《关于印发〈关于促进乡村旅游可持续发展的指导意见〉的通知》(文旅资源发〔2018〕98号)中"制定乡村旅游发展规划"的要求,考虑云南省上一轮乡村旅游规划已过时失效,建议根据新环境、新理念、新要求,整合中国旅游研究院、云南高原特色农业与乡村振兴研究院、云南省乡村旅游协会等多方团队力量,重新编制《云南省乡村旅游发展规划》,规划建设一批跨县区的乡村度假长廊、休闲康养游憩带、乡村旅游集聚区、农耕文明旅游线路。将乡村旅游发展作为重要内容纳入经济社会发展规划、国土空间规划以及基础设施建设、生态环境保护等专项规划,在规划中充分体现乡村旅游的发展要求。推动相关部门制订实施《云南省乡村旅游促进办法》《关于推进云南省乡村旅游高质量发展的意见》《云南省乡村旅游高质量发展三年行动计划》,有效保护和合理利用乡村旅游资源,保障乡村旅游经营者、旅游者和农民的合法权益,促进乡村旅游产业持续健康发展,推动乡村振兴战略实施和高质量发展建设。

(二)培育一批精品农旅庄园

依托云花、云果、云茶、云咖等高原特色农业发展成果,推广普洱、保山、玉溪、德钦等地经验,支持农业产业化重点龙头企业和专精特新"小巨人"企业,在绿色种植、环保初加工、标准化精深加工、产品销售、品牌培育等方面融入文化旅游功能,培育一批接待服务功能完善、参与体验度高的精品旅游庄园,让游客看得到种植园、触得到加工过程、喝得到精品产品、听得到品牌故事、体验得到农耕文化,将庄园培育成为一二三产融合、乡村休闲度假的重要载体。推进楚雄摩尔农庄核桃庄园、新平褚橙庄园、维西腊普河谷酒庄、德钦太阳魂梅里冰酒庄、保山比顿咖啡庄园、澜沧柏联普洱茶庄园、临沧荣康达乌龙茶庄园、勐海雨林古茶坊庄园、弥勒云南红酒庄、昆明团结鑫苹果庄园等提高服务质量,积极创建旅游品牌。以高黎贡山—怒江峡谷、茶马古道起点—景迈山、玉溪国家农业绿色发展先行区为重点,培育推出一批以咖旅、茶旅、花旅、果旅、酒旅为主题等农文旅融合发展的乡村旅游精品线路。

（三）打造乡村文化旅游新业态

学习借鉴贵州省台江县台盘村"六月六"吃新节篮球赛发展成为"村BA"、榕江县三宝侗寨"村超"、雷山县南猛"村晚"等经验做法，根据需要实施乡村旅游新空间、新场景、新活动"三新"培育计划，通过内培外引等方式，因地制宜地打造乡愁书院、乡村书房、村史馆、美术馆、非遗馆、咖啡吧、创客空间、音乐节、美食节、露营地、研学旅行基地、乡村市集、文化院落、文化驿站、小剧场、休闲庭院、乡村讲堂、民俗博物馆等新业态，创新餐饮住宿、休闲娱乐、户外运动、商品购物、文化展演、民俗体验等产品，改变村村"花海"、寨寨"采摘"的同质化局面。

（四）加快乡村旅游品牌创建

强化迎评促建、以评促宣的理念，强化对全省各州县（市、区）乡村旅游品牌申报和创建工作的技术指导，提高数据统计、经验总结与材料撰写的水平。依托绿美村庄、和美乡村、现代化边境幸福村、民族团结示范村、美丽宜居示范村、乡村振兴示范村、少数民族特色村、森林乡村、传统村落，融入观光休闲、文化体验、旅居度假功能，创建一批等级民宿、星级接待单位，评定一批云南省金牌旅游村、云南省最美乡愁地，打造一批农文旅融合发展示范村、现代化边境旅游小康村。加快全国休闲农业与乡村旅游点、全国乡村旅游重点村、全国乡村旅游精品线路等品牌创建，支持元阳梯田、景迈山、高黎贡山、西双版纳等片区有条件有意愿的村寨争创世界旅游组织"最佳旅游乡村"。面向全省乡村旅游运营主体征集、编辑出版《云南省乡村旅游高质量发展案例》，总结维西塔城、泸水三河、隆阳新寨、腾冲帕连、芒市回贤、元阳阿者科等地乡村旅游创新发展的经验做法，促进各地之间的经验交流、学习借鉴与创新提升。

（五）实施文旅赋能乡村旅游计划

聚焦环城游憩带、重点旅游线路沿线、高等级景区（度假区）周边，做好"城边""路边""景边"旅游村寨挖潜赋能提级工作。发挥休闲农业与乡村旅游协会、旅游规划设计协会、文化创意产业协会、高原特色农业发展促进会的桥梁纽带作用，整合高校、院所、文联、科协的力量，推进"创意下乡""设计下乡""科技下乡"，加强对休闲农业与乡村旅游的智力与技术支持。重点帮助乡村旅游企业（业主）提高策划设计水平，挖掘展示在地文化内涵，丰富创意景观与体验活动，研发周边文创产品，畅通摄影旅拍、写生创作、户外运动等专业化客源渠道。

（六）加强乡村旅游调查和统计工作

鼓励具备条件的州（市）县（区）组织开展乡村旅游发展状况调查，摸清家底和现状，总结成绩与经验，遴选样板与标杆，查找短板和问题，为政府科学决策和企业投资开发提供依据。积极与统计、农业农村局及相关部门沟通联络，切实加强横向和纵向协作，主动对接休闲农业与乡村旅游经营户和经营单位，全方位多渠道搜集源头数据，及时掌握各种政策信息，有针对性地开展统计监测，全面反映休闲农业与乡村旅游发展实况，让乡村旅游的情况"说得清"、贡献"看得见"。选取昆明市富民县、安宁市、晋宁区或其他基础较好的县区开展休闲农业与乡村旅游试点，探索可行方法，积累有益经验，及时总结推广。

七、加快促进边境旅游创新发展

抓住国家口岸全面恢复客运通关的契机，落实省政府工作报告中提出的"加快发展口岸经济"任务，推进边境旅游试验区、跨境旅游合作区创建工作，促进边境旅游人次和旅游综合收入双提升，使边境旅游真正成为全省旅游业高质量发展的新增长点。

（一）探索创新口岸旅游经济模式

完善口岸的观光休闲、免税购物、文化体验、爱国主义教育功能，扩大旅客的综合消费，加快口岸城镇旅游化步伐，做好壮大口岸经济文章。挖掘、转化、展演历史文化与民族风情，策划、建设创意型口岸文化景观与空间，灵活推进口岸国门文化旅游区建设，化"通道"为"会客厅"，变"流量"为"留量"，改变停留时间短、综合消费少的单纯过境的局面，培育不同类型和层次的口岸型旅游目的地。完善口岸—通道—腹地旅游空间格局，依托口岸城镇、区域中心城市、沿边公路，做好腹地旅游资源开发文章，培育特色旅游产品体系，实现边境旅游人次和旅游综合收入双提升。重点恢复瑞丽姐告口岸、河口南溪口岸的旅游元气，完善泸水片马、麻栗坡天保、瑞丽畹町口岸的体验项目，加快勐腊磨憨、腾冲猴桥、耿马清水河、江城勐康口岸、马关都龙、金平金水河的资源整合，创新思茅港、关累港等水路口岸城镇的发展模式。

（二）打造一批国门文化旅游示范点

参照《云南省边境"国门文化"建设创建项目评定办法（试行）和标准（试行）》《云南省边境"国门文化"建设创建项目评定办法（试行）》，按照设计感和体验感强、创意度和融合度高、辐射性和延伸性强的要求，建设一批文旅融合与主客共享型国门书社、国门文化交流中心、国门文化友谊广场、国门文化传习馆，探索红色边哨、边贸集市等新型文旅吸引物和新型文化空间建设模式，培育一批国门文化旅游示范点。适时启动瑞丽江瑞丽站至弄岛、红河越南城至八条半、陇川龙安至拉影、腾冲猴桥镇胆扎至黑泥塘、镇康南伞至耿马孟定、勐腊关累至勐满、麻栗坡天保至马关都龙等国门文化旅游带示范项目建设，打造若干地域特色鲜明、活动内容丰富、配套设施完善、示范价值突出的省级国门文化旅游带。

（三）培育一批边境特色文化活动品牌

用好边境贸易交易会这一对外推介、招商引资的重要平台，大力发展边境商务会展旅游，融入旅游项目招商、线路考察、市场营销与商品展销等功能，办成集商贸、文化体育、旅游为一体的新型节事。结合文化睦邻与人文交流，用活跨境民族传统节日，创新节赛展会的形式与内容，总结德宏瑞丽—缅甸木姐跨国马拉松赛、河口县中越跨国春节联欢晚会、江城中老越三国丢包狂欢节、磨憨口岸中老泰国际赶摆的经验，支持盈江苏典诗蜜娃底露营音乐节、腾冲猴桥思佳多木民族音乐节、金平金水河国际伉缅节、马关金厂婎妆宙男民俗文化节等具有一定基础的文化活动赋能提级，培育一批类似中缅胞波狂欢节那样群众基础广泛、参与度体验度高、辐射带动作用强的边境特色文化活动品牌。

（四）建设一批旅游型现代化边境幸福村

贯彻落实《云南省建设现代化边境小康村规划（2021—2025年）》《云南省绿美乡村三年行动方案（2022—2024年）》，支持边境地区被评为云南省旅游特色村、全国乡村旅游重点村、云南省品牌旅游村、最美乡愁旅游地的村寨进入省级现代化边境幸福村建设名单，引导成功创建的现代化边境小康村（幸福村）融入观光休闲旅游功能，培育一批基础牢、产业兴、环境美、生活好、边疆稳、党建强、游客多、人气旺的旅游型现代化边境幸福村，推动边境旅游从口岸城镇向乡村腹地延伸。例如，鼓励勐海县打洛镇曼芽村、曼厂村、曼蚌村、龙利村等边境小康村创建边境文化幸福村、边境型旅游特色村，引导河口县瑶山乡水槽村五道河小组、南溪镇龙堡村三坪坝小组、桥头乡龙堡村老卡小组等与邻国村寨缔结友好关系的村寨开展边境旅游村寨试点工作。

（五）启动G219（云南段）旅游带规划工作

落实《云南省文化和旅游"十四五"规划》中建设沿边跨境文化旅游带的任务，依托G219云南段和天（保）猴（猴）高速公路，按照交旅融合与创新发展的理念要求，适时启动G219（云南段）旅游带专项规划的相关工作，深入推进新藏滇桂旅游合作。依托各州市县区新一轮旅游资源调查成果，广泛深入开展旅游要素调查研究，明确G219云南段边境旅游带的目标定位、总体布局、重点任务与工作抓手，谋划支撑项目与运行机制。利用云南省作为"中国G219旅游推广联盟"联席会议2023年度轮值单位的机遇，以怒江最美公路为先导，以周边省份全程自驾（带车自驾）和其他地区落地自驾为基本方式，开展G219云南段暨千里边关自驾旅游线路推介活动，激活沿线边境地区旅游资源潜力与产业动能，构建新藏滇桂旅游区域协同发展的大格局。

（六）继续开展"两区"创建相关工作

发挥边境地区生态、文化、商贸优势，学习借鉴广西防城港和内蒙古满洲里的经验，继续推进边境旅游试验区、跨境旅游合作区创建工作，助推云南边境地区高水平对外开放、推动共建"一带一路"高质量发展。抓住中老铁路开通后客流持续火爆、昆明托管磨憨镇共建国际口岸城市的利好，开通老铁路国际旅客列车，加强与老挝北部地区的旅游合作，重点推动勐腊县申报中老跨境旅游合作区。加快边境旅游吸引物培育创新，构建边境县市全域发展格局，重点支持瑞丽、河口开展创建边境旅游试验区的相关工作，鼓励麻栗坡、耿马、腾冲、马关、江城因地制宜地按照边境旅游试验区的要求探索推出边境旅游服务与管理规则、规制、管理、标准等方面的制度性举措。

八、适时开发生活型旅游产品

顺应深度化、真实性、慢旅游的市场需求趋势，发挥云南省各地区各民族生活资源、生活场景、生活方式多元化的独特优势，围绕打造世界一流"健康生活目的地牌"的目标，整合饮食、服饰、民居、非遗、游乐、街市、节庆等资源，培育一批生活方式型旅游市场主体，开发一批生活体验与康养旅居型旅游产品业态，推进旅游产品升级迭代，叫响"生活在云南"旅游品牌。

（一）培育在地生活体验型旅游产品

结合云南省高原特色农业与少数民族文化，统筹考虑城市更新"微改造"和乡村庭院经济发展，聚焦"花艺""茶咖""服饰""美食""戏曲""农耕""工艺""医养""集市""节庆"十类生活要素与场景，总结昆明篆新农贸市场、大理周城蓝续小院、丽江古城喜鹤纳西人家、兰坪罗古箐联合民宿、香格里拉藏民家访、保山新寨咖啡庄园、腾冲西董大院、勐腊南腊河星光夜市、景洪曼嘎俭"创意赶摆"、迪庆松茸之旅、大理目的地婚礼等经验做法，分类培育一批边地特色文化院落、城镇生活美学空间、夜间休闲旅游街区、云南生活体验基地、"生活在云南"打卡点，推介一批跨县（区）的"云南生活"体验线路。

（二）打造地域特色型乡村人家旅游业态

借鉴精品民宿、星级乡村旅游接待户、乡村旅游示范点的标准与做法，结合乡村振兴战略深入实施、高原特色产业提质增效、传统村落活化利用、乡村旅游创新发展、城镇更新改造，尝试活化展示在地文化、组织体验活动、链接生产空间、突出特色景观或产品、丰富消费内容，创建、评选、认定一批雨林人家（以西双版纳为重点，突出雨林秘境与生态文化）、茶山人家（以普洱和临沧为重点，突出农业遗产与茶叶品鉴）、边境人家（以德宏州为重点，突出边境风光与异域风情）、温泉人家（以保山市为重点，突出温泉休闲与养生服务）、峡谷人家（以怒江州为重点，突出峡谷景观与人文生活）、雪山人家（以迪庆州为重点，突出雪山景观与民族风俗）、湖畔人家（以大理州为重点，突出水体旅游与渔村文化）、古城人家（以丽江市为重点，突出传统院落与原味生活）、春城人家（以昆明市为重点，突出四季康养与花海特色）、梯田人家（以红河州为重点，突出梯田摄影与农耕文明）、田园人家（以文山州为重点，突出田园风光与休闲农业）。

（三）丰富康养旅居产业推进抓手

培育一批田园牧歌、森林秘境、在水一方、民族风情、城市旅居、小镇时光等健康生活场景，丰富康养旅居产品供给。打造"养生"云味，发力"养身"云药，培育"养性"云饮，绽放"养怡"云花，拓展健康养生产业链。挖掘高原特色体育运动，发展高原科普研学，彰显高原特色文化魅力，丰富健康活力业态。大力发展民宿经济，推广澄江小湾民宿村、兰坪罗古箐联合民宿、洱源凤羽白米仓等模式，将特色民宿培育成为导流引流的切口、休闲度假的基地。按照慢城的理念，将石屏宝秀、红河迤萨、墨江碧溪、禄丰黑井、西盟勐梭、腾冲界头、大理巍山等地建设成为慢生活小镇。评选推介一批"最适宜生活的小城"，提升屏边、石屏、剑川等县城的康养旅居吸引力。吸引高端客群前来休闲度假、康体养生、旅居生活、流动性办公、候鸟式生活，为全球创新企业和人才在云南提供"第二居所"，将云南省打造成为引领新时代健康生活方式的国际康养旅游示范区、美好生活建设示范省。

（四）孵育生活方式型市场主体

生活体验型旅游产品的开发、营销与运营需要生活方式型旅游创业者、生活方式型旅游企业、内容运营型文旅供应商等组成的新型市场主体。应总结大理柴米多生活农场、数字游民共居社区、桃溪谷莫催茶室、蒙自滇越驿站等经验，结合双创战略、小型微型企业支持政策的实施，灵活扶持、招引、集聚生活方式型草根创客和小微旅游企业，发挥生活方式型旅游移民的力量，培育小剧场、露营地、宝藏小店、文化院落、创意市集、家庭农场、生活街区等业态，为夜间经济、休闲经济、创意经济注入新活力，加快文化旅游深度融合与高质量发展。

（五）加强美好生活宣传推介

基于"健康生活目的地"要求，引导16州（市）策划具有浓郁生活气息的形象口号，构建全省生活型旅游形象体系，如"柔情傣乡""幸福保山""美好德宏""清凉曲靖""桃源文山""红火楚雄""休闲丽江""醇香普洱"等。结合数字云南、数字文旅、数字乡村行动的实施，培养一批接地气、热爱生活、综合素质好、社会责任感强的旅游主播，支持具备条件的连锁民宿、旅游休闲街区、旅游度假区、旅游型特色小镇培养自己的签约主播，评选一批美好生活推荐官，建立曼远傣寨、告庄夜市、斯文建水等云南生活直播基地，组织开展"生活在云南"大型直播和体验活动。

九、加快中老铁路沿线旅游开发

落实《贯彻落实习近平总书记重要讲话精神维护好运营好中老铁路开发好建设好中老铁路沿线三年行动计划》，主动承接中老铁路建成通车运营后带来的溢出效应，加强昆明市、玉溪市、普洱市、西双版纳州涉旅部门的深度合作，加大沿线县（市、区）文化旅游产品开发供给，面向国内外游客推出特色鲜明、类型多样的铁路旅游产品。加强与老挝的交流合作，共同推动中老铁路沿线旅游综合开发，促进更多有经济实力、有国际视野、有责任感的旅游企业带着客源、人才和技术"走出去"，增强中国旅游的国际话语权。

（一）推进沿线旅游业高质量发展

依托玉溪、研和、峨山、罗里、元江、墨江、宁洱、普洱、野象谷、西双版纳、橄榄坝、勐腊、磨憨等中老铁路昆磨段客运站点，加快峨山、元江、墨江、宁洱、思茅、勐腊等县（区）旅游资源开发利用力度，推进新平、镇沅、景谷、江城、勐海等临近县份提升旅游吸引力和竞争力。重点推进峨山天子山温泉旅游度假区、新平哀牢山—红河谷旅游区、元江羊街—那诺云海梯田乡村旅游带、墨江国际双胞旅游城、镇沅千家寨八大古茶园、宁洱精品咖啡庄园群、江城"一眼望三国"边境公园、景谷芒玉大峡谷等旅游项目建设，全面提升"哀牢山""红河谷""双胞城""无量山"等旅游品牌。主动适应市场需求变化，加大知名旅游企业招商，推动旅游与茶叶、咖啡、农业、文化、生态、健康等融合发展，培育一批农文旅融合的精品庄园、田园综合体和乡村振兴示范区。支持沿线及临近县份旅游企业开通景区直通车，提高游览的便利化水平，包装推出半日游、一日游等产品，让旅客"闻香下马"，将"乘客"变为"游客"。

（二）打造跨境铁路旅游品牌

开通中老铁路国际旅客列车，将中老国际旅游班列打造成为具有国际竞争力和美誉度的跨境铁路旅游品牌。加快磨憨"智慧口岸"建设，提高出入境边防检查站通关效率，开足验证通道，发挥旅客预录预检等功能，实现联检单位协同化、数据化查验，减少游客出入境通关时间，改变中老铁路老挝段和云南段区间通车的状况。根据旅游客流占比高的实际，完善旅游信息咨询、文旅产品宣推、沿途景观解说、门票酒店预订、交通订制服务等功能，根据各州（市）需要推出主题文化列车，设立旅游团队专用车厢，提供特色化服务。开发好"铁路+景区""铁路+村镇""铁路+庄园""铁路+城市""铁路+酒店""铁路+购物""铁路+餐饮"等融合性旅游产品业态，开发好"铁路+航空""铁路+公路""铁路+水运""铁路+公路+航空"等复合式联运国际旅游产品，将线路拓展到老挝南部波罗芬高原，延伸至泰国东北部，推出"中老泰三国游"。鼓励成渝、华中、广深等重点客源地组团社组织旅游专列，推出银发专列、研学专列、泼水节专列等适应市场需求的专列产品，重点面向来自西南地区的游客推介"一程多站游滇老""坐着火车去老挝"，将我国的昆明、普洱、西双版纳和老挝的琅勃拉邦、万荣、万象列入一次行程。借鉴"东方快车""非洲之傲"等国际豪华列车旅游运营管理的经验，用好"哀牢秘境""茶源道始""雨林王国""千年佛都""石缸遗址""户外天堂""黄金水道"等素材，打造具有国际品质的豪华列车旅游产品。

（三）加快旅游企业"走出去"步伐

用好《区域全面经济伙伴关系协定》（RCEP）规则，支持有条件的旅游企业沿着中老铁路、跟随中国游客"走出去"，构建具有在地文化特色、适应国人需求特征的旅游接待网络，收购优质资源资产，加强国际化布局，参与国际竞争。各类涉旅协会、商会及中介组织应积极发挥桥梁纽带作用，推动更多拥有经济实力、熟悉国际规则、具备社会责任感的旅游企业跨国投资中老铁路沿线磨万段住宿、景区、娱乐、购物等项目。积极开拓国际旅游市场，培育国际旅游品牌，增强国际竞争力，更好地满足中国出境游客的需求，促进利润回流。输出我国在战略研究、规划编制、标准制定、质量认证、人才培养等方面的成熟经验，更大范围、更深层次参与澜沧江—湄公河合作及其他相关合作机制中的旅游规则及标准制订，推动澜湄旅游城市合作联盟成为扩大我国旅游国际影响力的平台，不断提高中国旅游的国际话语权。

（四）提升旅游开放合作水平

以中老铁路和国际旅客列车为载体，统筹航空口岸、公路口岸，全面提升新时期昆明、玉溪、普洱、西双版纳旅游业开放合作水平。联动四川、重庆、贵州、广西，依托高速铁路网络和世界级文化旅游品牌，针对西南、中南、华南片区旅游客源，推出跨省区、跨国境的长线铁路旅游产品。依托云南—老北、澜沧江——湄公河、中国—东盟自由贸易区等合作机制，积极推进澜湄旅游城市合作联盟的相关工作，建立与老挝、泰国旅游行政管理部门、行业协会、意见领袖型旅游企业的常态化沟通交流合作机制。待西双版纳州嘎洒航空口岸和磨憨铁路口岸 144 小时过境免签政策获批后，联动做好口岸免签入境人员管控工作，推动人员通关便利化。切实把中老铁路建设成为提升两国生态环境的风景带、扩大两国往来的旅游带、展示两国风情的文化带、促进两国发展的经济带和增进两国情谊的友谊带，推动中老铁路率先成为东南亚旅游的主动脉和提振入境旅游的加速器，持续巩固云南面向南亚、东南亚辐射中心的地位。

十、开展"十四五"规划中期评估

顺应环境形势发展变化，推进规划编制实施接续奋力，扎实开展《云南省"十四五"文化和旅游发展规划》中期评估工作，对 2021 年以来全省旅游业发展情况进行全面系统梳理，总结成绩、查找短板、分析原因、提出对策，持续推动各项任务顺利实施。

（一）明确目标方向开展科学评估

坚持系统全面与突出重点、总结经验与查找问题、定量分析与定性评价有机结合。在全面评估"十四五"规划目标任务实施进展基础上，重点聚焦主要任务与支撑项目等抓手的实施进展，客观评价政府履行公共职能、企业投资运营、游客消费带动等领域的情况，提高评估的针对性和实效性。既要注重提炼规划实施过程中的创新做法、特色亮点和典型案例，又要找出薄弱环节、主要短板和深层原因，提出改进规划实施的对策建议，确保各项重点任务取得阶段性成果。对规划确定的主要指标实现进度进行监测评价，包括预期进度、完成五年目标的趋势判断等，并深入分析指标变化带来的结构性、成长性变动情况；对规划确定的重点任务，在定性评价的同时，加强横向或纵向的量化分析，增强评估的科学性和公信力。

（二）聚焦重点任务与项目实施评估

坚持突出重点，锚定旅游"十四五"规划确定的建设国际康养旅游目的地、我国面向南亚东南亚人文交流中心、打造万亿级现代旅游文化产业和建设成为世界知名旅游目的地的目标，系统评估旅游总人数及年均增长率、旅游总收入及年均增长率、旅游产业增加值及年均增长率等主要指标进度，构建旅游高质量发展新格局、锻造旅游新业态新产品、提高旅游开放合作新水平、强化数字化科技新驱动、打造高品质服务新优势等重点任务完成情况，建设世界级旅游景区和度假区、世界旅游名城、国家级旅游休闲城市和街区、高品质旅游度假酒店、康养旅游新业态、文旅融合新业态、专项旅游新业态新产品、乡村旅游业态产品等项目的进展，以及规划预计完成度，尽最大努力确保各项指标任务如期完成。

（三）坚持问题导向提出对策建议

突出问题导向，客观分析在云南省在推进"十四五"旅游规划重点任务和项目建设方面存在的短板、弱项和制约因素，寻找差距和剖析原因，提出针对性改进建议。重点分析新冠疫情、城乡居民消费疲弱、全球经济增速下行、周边国家局势动荡、丽香铁路和大瑞铁路建设不断推进、中老铁路沿线开发、民航强省建设三年行动计划制订实施、普洱景迈山古茶园申报世界文化遗产等内外部环境新变化、新趋势及其对旅游行业发展的影响，及时调整政策的着力点和工作的发力点，研究提出进一步推动规划实施的对策建议。坚持实事求是，客观总结成绩和经验，确保评估数据和内容真实准确，审慎调整发展目标与建设项目。

（四）统筹安排各项规划评估工作

云南省文化和旅游厅各相关处室围绕各重点领域进行评估，形成专题评估素材。评估领导小组在各专题评估素材和行业专项规划评估报告的基础上，起草形成《云南省"十四五"文化和旅游发展规划实施中期评估报告》，按照程序按程序报送。行业专项规划牵头部门要组织对相应的规划开展中期评估，形成中期评估报告，形成正式评估报告后按程序报送。指导州（市）、县（区）结合当地政府工作安排，务实高效地完成各地"十四五"旅游发展规划实施中期评估工作，全面评价"十四五"规划实施取得的成效，总结推进规划实施的主要亮点、经验做法，深入分析存在的主要问题、深层原因，并结合未来的主攻方向和工作重点，提出优化调整规划实施的对策建议。

附录　云南旅游业大事记（2022年）

1月

1月1日　"中国交建杯"2021中国·怒江皮划艇野水公开赛暨全国皮划艇激流回旋秋季冠军赛，在怒江州泸水市成功举办。

1月1日　弥勒市首个"森林书吧"——髯翁森林公园书吧正式开放。

1月1日　《区域全面经济伙伴关系协定》（RCEP）正式生效。文莱、柬埔寨、老挝、新加坡、泰国、越南6个东盟成员国和中国、日本、新西兰、澳大利亚4个非东盟成员国正式开始实施协定。

1月1日　罗平"城市会客厅"项目——金花玉湖旅游文化小镇地标建筑金花玉湖广场酒店正式开业迎宾。

1月3日　禄劝县罗婺古歌"咪敖"抢救保护项目成果专家评审会在凤家古镇举行。与会各位专家对《罗婺古歌"咪敖"选编》给予充分肯定。

1月4日　交通运输部发布《关于对2021年度"十大最美农村路"等候选路线进行公示的公告》，68道拐公路拟入选2021年度"我家门口那条路——最具人气的路"候选名单。

1月6日　中国国家铁路集团有限公司发布消息，中老铁路开通运营1月以来，累计发送旅客67万人次、货物17万吨。

1月6日　2022年全国云南省文化和旅游厅局长会议以电视电话会议形式在京召开。

1月6日　国家林业和草原局发布《关于2021年国家湿地公园试点验收结果的通知》，云南3个国家湿地公园通过验收。

1月6日　西南联大蒙自分校纪念馆确定为国家3A级旅游景区。

1月6日　云南省美食家·年夜饭推荐榜上榜企业授牌仪式在昆明举行。

1月7日　云南省文化和旅游厅发布通知，即日起恢复云南省旅行社及在线旅游企业经营跨省团队旅游及"机票+酒店"业务。

1月9日　文化和旅游部公示了首批54处国家级旅游休闲街区名单，丽江古城区大研花巷、建水县临安古城主题特色街区上榜。

1月10日　云南省文化和旅游2022年"云南新旅程"抖音系列活动正式开启。

1月10日　中国林业产业联合会公布，屏边县被列为2021年国家级全域森林康养试点建设县18家单位之一，玉屏镇被列为2021年国家级全域森林康养试点建设乡（镇）31家单位之一。

1月13日　云南艾维集团与苏南瑞丽航空在昆签订战略合作协议，双方将发挥各自优势，整合强势资源，为航旅大健康发展做出贡献。

1月15日　文化和旅游部资源开发司公布2021年智慧旅游典型案例，丽江古城"智慧小镇"数字化转型实践等27个案例入选。

1月16日　云南省文化和旅游厅深入文山州丘北县督导调研普者黑景区生态环境保护治理问题整改工作。

1月20日　"玉游未尽——玉溪风光风情摄影展"在玉溪市博物馆开展。

1月21日　云南省旅游规划研究院召开2021云南省旅游智库联合体年会。

1月21日　新昆楚高速公路分段通行，从昆明到楚雄只需1个多小时。

1月24日　"2021年度中国旅游产业影响力案例"名单，云南有"年度中国最美星空目的地案例"香格里拉市仁安山谷松吉星空牧场等3个案例入选。

1月25日　大理州举行"苍山为盟·洱海为誓——情定大理·一生有你"文旅系列产品发布会，并派发200万元"2022年购大理文旅惠民消费季活动　过大年GO大理"文旅惠民消费券。

1月25日　中国科学院西双版纳热带植物园即日起到2月6日开展夜游植物园、雨林穿越、闻香之旅等科普活动。

1月26日　丽江古城大型沉浸式文旅游戏《创世·缘起》开始首秀。

1月27日　大理市政府与自动驾驶行业头部企业蘑菇车联签署战略合作框架协议，建设西南地区首个"智能网联+智慧旅游"生态示范区——环洱海自动驾驶生态旅游示范区。

1月27—28日，勐海县文化和旅游局与打洛出入境边防检查站、武警西双版纳支队勐海中队联合举办边境"国门文化"建设军警民融合发展揭（授）牌仪式暨文化进军警营活动。

1月28日　丽江市文化和旅游系统2022年春节假日市场工作部署会议召开。

1月28日　云南省博物馆首个实景剧本杀《古滇寻迹》正式上线。

1月29日　"2022年春节假期体育旅游精品线路"出炉，曲靖大海草山滑雪旅游线路入选。

1月29日 "游云南"平台联合"大理发布"、大理古城华侨城投资开发有限公司、大理旅游集团和微信搜一搜，在大理古城发起"自在大理·全城祝福——先预约·有惊喜"活动，引导游客预约出游。

1月30日 《云南省关于文旅行业的纾困帮扶措施》印发实施。

2月

2月1日 滇池度假区捞渔河湿地公园第七届郁金香花展正式开启。

2月1—6日 宜良县九乡风景区举行"趣探九乡"沉浸式体验、抽六福等活动。

2月1—6日 云南省博物馆云博书屋、文创体验店、朱苦拉咖啡厅、云博茶文化空间四店联动，开展购物满折活动。

2月6日 7天春节假期全省共发送旅客503.37万人。

2月7日 中国外文局发布公告，省委宣传部撰写参评的《生动讲好人与自然和谐共生的中国故事——以云南亚洲象群北移事件为例》被评为2021年度"对外传播十大优秀案例"。

2月9日 云南省文化和旅游厅发布《关于我省即日起恢复跨省团队旅游的通知》。

2月9日 昆明市第七届"龙泉探梅"非物质文化遗产展在黑龙潭公园开幕。

2月10日 省科技厅公布第十三批云南省科普基地名单，望天树景区等上榜。

2月11日 云南省旅游规划研究院、腾云信息产业有限公司联合打造的云上文旅学院"大咖开小会"之"国际康养旅游示范区建设"网络直播课第六期开讲，专家精彩分享了《国际康养度假发展与云南对策建议》。

2月11日 第十五届昆明海鸥文化节之创艺五华文化活动周在翠湖边拉开帷幕。

2月14日 大理市政府邀请轻舟智航、百度智行、蘑菇车联公司在生态廊道封闭路段进行为期一周的"智行大理 漫步苍洱"自动驾驶体验活动，并向公众开放预约试乘。

2月14日 2022年普洱市文化和旅游工作暨文化和旅游局长会议召开。

2月15日 云南省第十二届民族民间歌舞乐展演节目展播启动仪式在昆明举行。

2月15日 2022年保山市文化和旅游工作会议在隆阳区召开。

2月15日 "遇见楚雄美美与共——中国·永仁2022直苴云上赛装节"系列活动拉开序幕。

2月17日 滇池度假区举行2022年招商引资工作座谈会，旨在进一步加强政企联动，共同助力度假区高质量发展。

2月17日 王予波在昆明市调研文化和旅游发展情况时强调，统筹兼顾、精准施策，推动文旅产业加快复苏、转型发展。

2月18日　云南民族村举行建村30周年庆祝活动。

2月20日　临沧市旅游产业发展领导小组印发《临沧市加快茶旅融合发展实施方案》。

2月21日　"七彩云南·运动德宏"2022年体育文化旅游节虎跃龙腾自行车线上联赛开启报名。

2月23日　昭通航空旅游集团旗下云南绿道投资开发有限公司与上海李也旅游文化发展有限公司在昭阳区就昭璞绿道蒋家山驿站项目举行签约仪式。

2月23日　云南省文化和旅游厅指导的一路有"礼"2021中老铁路文旅产品创意设计大赛获奖名单揭晓。

2月24日　德宏州文化和旅游工作会议在芒市召开，推动文化旅游产业跨越赶超。

2月24日　国家电影局电影精品专项资金资助项目电影《你是我的一束光》昆明首映式活动举行。

2月25日　省委省政府一季度重大项目集中开工仪式在海埂会堂举行，其中旅游业项目148个，占总数的11.02%。

2月25日　昆明动物园第二十二届樱花节暨第七届"圆通樱潮"非物质文化遗产展开幕。

2月27日　《诗刊》社主编李少君与楚雄州文联就建立中国作协《诗刊》社楚雄创作基地举行了签约仪式。

2月28日　省委常委会召开会议强调推动旅游业恢复发展。

2月28日　联合国粮农组织驻华代表处以全球重要农业文化遗产地云南红河哈尼梯田为拍摄地出品的纪录片《梯田守望者》正式发布。

3月

3月1日　《丽江市旅游条例》开始施行。

3月1日　中国人民银行丽江市中心支行、世界文化遗产丽江古城保护管理局共同召开金融支持丽江古城旅游复苏融资对接会议。

3月1日　2022年大理州文化和旅游工作会暨文化旅游项目工作会议召开。

3月2日　昆明老街、玉溪青花街、怒江西岸街区等24地入选云南首批省级夜间文化和旅游消费集聚区。

3月3日　云南3人入选全国红色旅游五好讲解员培养项目。

3月3日　中老铁路开通3个月客货量双破百万。

3月3日　石林县全域旅游发展联盟智慧平台"阿诗玛游石林"上线运营，该县全域旅游综合服务中心同时开放。

3月4日　省政府办公厅印发《关于精准做好疫情防控加快旅游业恢复发展若干政策措施的通知》。

3月4日　云南省文化和旅游厅召开贯彻落实《关于进一步加强非物质文化遗产保护工作的实施意见》政策解读暨新闻通报会。

3月4日　西双版纳州与韩国京畿道议政府市以线上视频形式举行建立友好城市关系意向性协议书签字仪式。

3月4日　辉楼文创中心在昆明电台旧址挂牌成立，并发布首部获得版权登记的电影同名改编的红色"剧本游"作品《追光》。

3月5日　湄公河集团打造的大型沉浸式主题演出——《穿越时空的马帮》在普洱市茶马古城首演成功，实现了普洱市沉浸式视听剧目的突破。

3月5日　我国首个以高速公路建设和生物多样性研究保护为主题的"路域生物多样性（楚雄）科普示范园"在楚雄州建成开馆。

3月8日　玉溪市餐饮业营业额增速全省第一。

3月8日　省政府办公厅印发《关于精准做好疫情防控加快旅游业恢复发展的若干政策措施》。

3月8日　丽江市万名文旅人才专项培训班正式开班，将开展涵盖13个工种涉及近5000人的培训。

3月8日　位于凤庆县安石村的滇红活态博物馆建成开馆。

3月10日　大理古城成为云南省首个实现"一码通游"服务试点景区。

3月10日　乌龙古渔村成为昆明新晋"网红打卡点"。

3月10日　省政府办公厅印发《云南省"十四五"健康服务业发展规划》，提出围绕打造健康生活目的地建设特色鲜明的国际康养旅游示范区。

3月10日　电视剧《去有风的地方》开机。

3月11日　兰坪通用机场开展低空旅游验证飞行。

3月14日　云南省文化和旅游厅与携程集团签署战略合作协议。

3月14日　楚雄州文化和旅游局与楚雄州民族艺术剧院决定面向社会公开征集楚雄文旅IP主题歌原创歌词。

3月15日　云南·武定2022年云上牡丹文化旅游节在狮子山景区"云上"开幕。

3月16日，大理州文化和旅游局发布关于确定弥渡小河淌水·天生桥景区等2家单位为国家3A级旅游景区的通知，弥渡小河淌水·天生桥景区、剑川墨斗山鲁班文化旅游区正式确定为国家3A级旅游景区。

3月17日　世界记忆遗产——纳西东巴古籍文献馆开馆仪式在丽江黑龙潭公园举行。

3月18日　FUN SIX六国音乐现场项目在景洪市告庄西双景拉开帷幕，标志着西双版纳夜市开始有序恢复。

3月20日　云南最大室外滑雪场落户昭阳区。

3月20日　昆明滇池绿道海埂片区段全线贯通。

3月21日　香格里拉市政府与贵州璞悦匠庐酒店管理有限公司在线上成功签订投资协议。

3月21日　楚雄州召开2022年第一季度全州重大文旅项目投资调度会议。

3月21日　昆明飞往广州的MU5735次航班在广西藤县坠毁。

3月22日　云南旅游图书馆开馆仪式暨春之声读书会在昆明举行。

3月23日　大理州宾川县乔甸镇新庄村入选全国乡村旅游扶贫示范案例。

3月24日　以"百年滇越米轨　焕发文旅新机"为主题的2022年度百年米轨滇越铁路文旅品牌打造系列活动研讨会在昆明举行。

3月25日　云南·呈贡首届网络文化节系列活动暨中国·呈贡第十届万溪梨花节启动。

3月26日　2022年昭通市文化旅游产业高质量发展座谈会召开。

3月26日　丽江中国大研纳西古乐会·宣科书房开幕仪式音乐会举行。

3月31日　昆明市发布《涉旅企业诚信评价》地方标准，并于5月1日起正式实施。

3月31日　新楚大高速公路建成通车。

3月31日　玉溪融媒文化传媒投资有限公司发布"聂耳和国歌"主题文化创意作品征集公告。

4月

4月1日　昆明市委网信办为10个来自互联网各个领域的网络账号颁发昆明城市IP网络推荐官聘书

4月2日　云南省文化和旅游厅发布云南文化和旅游形象宣传语征集公告。

4月3日　云南省发展和改革委员会、财政厅等14部门印发《关于落实促进服务业领域困难行业恢复发展的若干政策》。

4月8日　云南省文化和旅游厅召开新闻通气会，通报全省文旅系统贯彻国务院常务会议精神、国家发展改革委等14部门《关于促进服务业领域困难行业恢复发展的若干政策》以及云南关于文旅行业纾困和恢复发展的政策措施推进落实情况。

4月8日　丽江市文化和旅游局在丽江市图书馆开展了2022年文旅行业安全生产暨疫情防控工作会议。

4月10日　"吃勐海特色烤鸡　品勐海普洱茶"为主题的勐海夜市街——流沙河·星光夜市在沙河小镇开市。

4月10日　由八叶数字娱乐科技（云南）有限公司打造的剧本游《珍珑迷局》在天龙八部影视城全新上线。

4月11日　大理州政府办公室印发落实《关于精准做好疫情防控加快旅游业恢复发展的若干政策措施》任务分解的通知。

4月12日　云南省文化和旅游厅发布《关于开展第一批云南省"金牌导游（讲解员）"培养工作的通知》。

4月12日　大理州2022年旅游业固定资产投资一季度现场调度会在剑川县召开。

4月14日　临沧市政府印发《临沧市贯彻新发展理念推动旅游高质量发展实施方案》，提出实施"十大行动"。

4月14日　大理州2022年"三月街、五一"系列文旅活动发布仪式在云禾壹伴山海景庄园举行。

4月15日　西双版纳州政府采取线上直播的形式举办"云过泼水节"欢庆活动。

4月15日　大理州2022年数字"三月街"民族节盛大启幕。

4月18日　昆明市文化和旅游局公布5个未经许可经营旅行社业务"不合理低价游"专项整治行动指导案例。

4月18日　丽江市文化和旅游局召开的促进文旅行业恢复发展工作推进会议。

4月18日　楚雄高新区与伟光汇通文化旅游投资集团有限公司签约建设楚雄彝风文旅康养度假区项目。

4月18日　云南大彝天成影业、保山比顿咖啡有限公司联合出品的《时光恋人》在保山开机。

4月19日　云南省文化和旅游厅公示"全省旅行社拟纾困补助名单"，100家旅行社拟获得4500万元纾困补助资金。

4月19日　丽江市文化和旅游局启动"我为丽江文旅献一计"打造世界文化旅游名城金点子征集活动。

4月19日　云南省文化和旅游厅印发《关于进一步优化营商环境激发文旅市场主体活力的指导意见》，从深化简政放权、推进地方立法、健全监管方式、规范旅游购物等方面推出27条措施。

4月19日　住建部公布"2022年传统村落集中连片保护利用示范县（市、区）名单"，全国共有建水县、腾冲市等40地入选。

4月20日　全省完成涉旅企业诚信评价174227家。

4月22日　澜沧老达保冬早蔬菜品种多样性生态园艺技术博览示范园正式开园。

4月22日　"只为遇见你，麒麟伴手礼"——麒麟区第一届农旅暨文创产品推介会在麒麟水乡·爨宿举行。

4月22日　大理州苍洱文化旅游投资开发有限公司成立揭牌仪式在大理国际会议中心举行。

4月22日　云南22家单位入选中国科协命名的"全国科普教育基地"。

4月23日　"云南人游云南·徒步滇越铁路"活动在昆明举行。

4月25日　云南省文化和旅游厅联合中石油、中石化两家油企，面向省内及周边低风险省份发放2亿元"文旅消费券"以及1亿元"文旅加油券"。

4月26日　由昆明五华区华山街道发起的"翠湖大文创"产业联盟正式成立，首批35家企事业单位携手入盟。

4月26日　大理州政府与上海千机创新文旅科技集团在大理国际会议中心签署战略合作协议。

4月26日　"云南人游保山""保山人游保山"暨"五一畅游家乡"活动启动仪式在保山市隆阳区举办。

4月27日　丽江市在铂尔曼度假酒店举行文旅游戏剧本交易大会。

4月27日　"中国·楚雄——绿孔雀之乡"品牌打造活动启动。

4月28日　丽江发放500万元消费券。

4月28日　西双版纳州政府办公室印发《2022年文化和旅游产业发展十项重点任务》。

4月30日　在马鹿塘乡举办第一届杜鹃花海乡村旅游节，以花为媒，延伸产业链，推进禄劝文旅融合蓬勃发展。

4月30日　云南省文化和旅游厅发布《云南省文化和旅游厅关于2022年执行政府指导价门票A级旅游景区门票减免活动景区名单的公示》。

4月30日　云南省文化和旅游厅主要领导和分管领导分别分组召开文旅行业调研座谈会。

5月

5月1日　第六届"昆明地标"穿越城市定向越野挑战赛开赛。

5月1日　昆明市地方标准《涉旅企业诚信评价》开始实施。该地方标准填补了云南旅游标准体系诚信建设领域的空白。

5月1日　红河州文化和旅游局全新打造的"创意宣传长廊"惊艳亮相昆明长水国际机场。

5月1日　大理州引进的智慧碳中和无下水道卫生公厕正式在大理洱海生态廊道投入使用。

5月4日　楚雄州牟定县以"遇见楚雄——相约中国左脚舞之乡"为主题，举办

2022中国·牟定"三月会"左脚舞云上文化节。

5月4日　大理州委书记到永平县调研茶文旅融合发展时强调打造一条"走博南古道，逛曲硐老街，赏古树名木，品百味美食"的旅游环线。

5月5日　世界500强企业泰康医养项目落地呈贡，建成后将为云南乃至全国老年人提供"医养+旅居"的全新养老生活方式。

5月5日　《经济日报》头版点赞云南鲜花消费带动假日经济。

5月7日　大理旅游集团洱海游船分公司打造的"夜游西洱河"新玩法正式运营。

5月7日　云南首部红色题材沉浸式行进互动演艺《百年之旅》在昆明市博物馆展演。

5月10日　云南省文化和旅游厅与同程集团举行工作座谈。

5月11日　蔡金发、蔡金海兄弟首次在快手直播露面。"我是云南的"破圈走红，在全网掀起为家乡代言打CALL的"上分"热潮。

5月11日　云南省健康产业发展集团与云南颐高投资有限公司签订合作协议，布局免税旅游购物业态。

5月11日　由澄江市政府牵头，建行玉溪市分行和澄江市民宿行业协会、澄江市同城优选联合主办的建行助力澄江旅游消费交流促进会召开，60余名澄江市旅游业商户参会。

5月13日　省商务厅拟定并印发《促进餐饮业零售业等困难行业恢复发展政策指南》。

5月15日　澄江化石地世界自然遗产博物馆入选全国博物馆十大陈列展览精品推介活动。

5月16日　2022年度西双版纳州社会科学普及活动周启动暨望天树景区省级社科普及示范基地授牌仪式在望天树景区雨林学校举行。

5月17日　"龙泉古镇博物馆群落·市民文化中心"正式亮相。

5月18日　昆明五华区"博物馆的力量——传承与新生"主题活动在云南解放纪念馆、聂耳故居纪念馆等各馆开展。

5月18日　云南省文化和旅游厅落实系列奖补措施引客入滇。

5月18日　临沧市召开旅游精品线路建设工作推进电视电话会议，打造旅游核心产品，推进临沧旅游产业高质量发展。

5月18日　云南省"5·18国际博物馆日"主会场系列宣传活动启动仪式在澄江化石地世界自然遗产博物馆举办。

5月18日　屏边县文化和旅游局组织开展"5·18国际博物馆日""5·19国际旅游日""反诈你我同行　共建平安屏边"暨"文明健康　绿色环保"系列宣传活动。

5月18日　第十九届（2021年度）全国博物馆十大陈列展览精品推介活动终评在武汉揭晓，澄江化石地世界自然遗产博物馆（云南省自然博物馆）上榜。

5月19日　2022年"中国旅游日"云南分会场暨昆明主会场活动在云南民族村举行。

5月19日　云南开展文旅行业创新典型示范宣传推广活动。

5月19日　云南首个数字文旅推荐官"彩云"正式上线，将入驻云南省文化和旅游厅官方抖音号，向全世界推介云南的文化和旅游。

5月19日　云南省文化和旅游厅发布《旅行社招徕省外游客入滇奖励实施方案》。

5月19日　丽江"天雨流芳·文旅大集"启动。

5月19日　普洱市2022年"中国旅游日"主题活动启动仪式在茶马古道景区定波湖畔举行，活动现场发布了2022年度普洱文旅文创产品，推出了"银旅携手　惠游普洱"信用卡优惠活动。

5月19日　由省旅游规划研究院、德宏州文化和旅游局共同主办的第十一届云旅四季论坛暨德宏州旅游恢复发展研讨会在芒市举行。

5月19日　昆明市旅行社行业协会联合省导游协会、昆明市导游协会，共同举办第五届"品质生活　幸福文旅5·19中国旅游日"暨昆明导游"云旅游"直播接力活动。

5月19日　由怒江州文化和旅游局主办、怒江州文化馆承办的2022年中国旅游日"感悟中华文化、享受美好旅程""我的家乡——怒江"摄影作品展在州文化馆开展。

5月19日　西双版纳州在中国旅游日主题宣传活动中，推出30余条涵盖景区免费、打折优惠、旅游助老助残以及对抗疫工作者、劳模等先进群体实施旅游奖励的便民惠民措施。

5月20日　昆明滇池国家旅游度假区首届插秧节活动举行。

5月20日　德宏州咖啡产业发展大会在芒市傣族古镇举行。

5月20日　云上第十六届中国·墨江北回归线国际双胞胎节暨哈尼太阳节开幕。

5月21日　丽江市委、市政府出台《建设世界文化旅游名城提升"文化丽江"品牌三年行动计划（2022—2024）》。

5月23日　云南省文化和旅游厅与中国工商银行云南省分行在昆明签署战略合作协议，助力文旅企业纾困，推进云南文旅业恢复发展。

5月24日　云南省文化和旅游厅公示《礼·遇云南——云南旅游商品创意创新大赛评选结果》。

5月26日　由西双版纳州乡村旅游协会组织的西双版纳州乡村振兴产业发展培训在景洪举行。

5月26日　国家林业和草原局同意新建弥勒云峰山国家石漠公园、丘北舍得国家石漠公园。

5月26—27日　昆明市与西双版纳州共同建设磨憨国际口岸城市工作会议在西双版纳州召开。

5月27日　省政府办公厅发布《云南省"十四五"文化和旅游发展规划》。

5月27日　昆明世博园旅游区实行免费开放优惠政策。

5月27日　云南省乡村旅游助推农民增收工作现场会在丽江召开。

5月28日　云南旅游汽车有限公司联合昆明饭店、迪卡侬在昆明饭店广场举办"六一"儿童节亲子活动。

5月28日　首届香格里拉户外运动大会在普达措国家公园启动。

5月28日　由石林风景名胜区管理局和云南森木文化传媒有限公司联合举办的"2022年长湖风景区端午露营音乐节"启幕，以山游迹4.0"音乐＋露营＋旅游＋集市＋非遗"的多维度形式开展。

5月30日　寻甸县七星镇彩色水稻"开秧门"仪式暨农耕文化体验活动在鲁口哨中央红军"4·29"渡江令发布遗址举行。

5月31日　省委副书记、省长王予波主持召开国家公园创建专题会议时强调，要把国家公园创建作为争当生态文明建设排头兵的标志性工程，确保今年取得突破性进展。

6月

6月1日　云南省文旅产业"35102"重点项目推介招商会在昆明举办。对外宣传发布了首批30个项目，总投资约1300亿元。

6月1日　省委常委、市委书记刘洪建率队到阳宗海风景名胜区调研，并主持召开座谈会，强调要坚持当好高原湖泊保护治理的示范，打造国际知名的高原滨湖休闲旅游度假区。

6月2日　省民宗委、云南省文化和旅游厅联合印发《关于开展民族团结进步创建"进景区"的指导意见》。

6月2日　云南金融业助力文旅行业复苏回暖。

6月2日　全省共有62个文旅融合发展项目纳入项目储备库，争取中央资金11.5665亿元。

6月2日　德宏州盈江县与万达酒店管理（珠海）有限公司签订乡村振兴示范园建设合作协议。

6月2—4日　西双版纳原始森林公园开启端午《森灵国》大型户外剧本游戏"夜行森灵国"，寻找"森灵秘宝"。

6月3日　喜迎二十大·"吉祥迪庆"香格里拉云上端午赛马节，在香格里拉市呀啦嗦马场激情上演。

6月3日　云南省70余家A级旅游景区推出门票减免或优惠政策。同时，云南省文化和旅游厅将开展对2022年A级旅游景区门票减免活动的补贴工作。

6月3日　云南民族村举办以"吉祥端午·佳人相约"为主题的"2022端午节暨普米族情人节"系列活动。

6月3日　为期四天的普洱市第十届端午百草根美食文化旅游节开幕。

6月3日　云南省创新两个旅游险种护航团队游。

6月3日　副省长和良辉赴昆明世博园开展国家5A级旅游景区复核保级工作调研，并就有关工作做了安排部署。

6月3日　云南面向本省和全国来滇游客发放第一轮1800万元文旅消费券和加油券。

6月3—5日　古滇名城举办"昆明首届城市度假节"。

6月5日　多个在线旅游平台发布端午假期旅游大数据。携程数据显示云南旅游热度排在全国前列。

6月6日　端午节期间民航铁路客流回升。

6月8日　省政府印发《云南省"十四五"旅游业发展实施方案》。

6月8日　云南省"三区三州"公共文化建设暨全省旅游厕所建设管理培训班在迪庆开班。

6月10日　"窑想千年·陶醉建水"茶陶文旅融合发展研讨会在红河州建水县举行。

6月10—12日　西双版纳州各县（市）通过非遗赶摆街、非遗歌舞乐展演等文化体验形式开展"文化和自然遗产日"系列活动，让更多群众认识和感受到西双版纳的非遗魅力。

6月11日　2022年云南省"文化和自然遗产日"非遗宣传展示暨"七彩云南·非遗购物节"系列活动在云南美术馆启动。

6月11日　2022年阳宗海首届文化旅游节拉开帷幕。

6月11日　云南首款文旅数字藏品建水紫陶"兽耳方尊"在昆明举行线上发售仪式，限量发售的611件藏品当天上线即售罄。

6月13日　省政府办公厅发布《云南省"十四五"旅游业发展实施方案》。

6月14日　省委书记王宁、省长王予波在昆明会见了华侨城集团董事长张振高、总经理刘凤喜一行。双方围绕深化文旅产业合作等进行了交流。

6月14日　"首届昆明市最美阅读空间评选活动"53个最美阅读空间出炉，包括"最美图书馆"3个、"最美书店"10个、"最美城市阅读空间"18个、"最美社区阅读空间"12个、"最美乡村阅读空间"10个。

6月15日　《人类的记忆——中国的世界遗产　丽江古城》在央视CCTV-4频道播出后收到热烈反响，获得2022年第二季度央视纪录片收视率第一。

6月15日　瑞丽片区"践行十三五"云南省优秀旅游饭店业及云南省抗击疫情先进集体和先进个人颁奖授牌仪式在瑞丽举行。

6月16日　省委宣传部主办，"云南发布"、云南网、"学习强国"云南学习平台联合推出的"我为云南新地标点赞"网络互动活动启动。

6月16日　阳宗海风景名胜区新型公共文化空间九溪云舒挂牌启用。

6月16日　云南省文化和旅游厅公示了第五批省级非物质文化遗产代表性项目名录推荐项目名单。

6月17日　"2022年云南航空文旅进县下乡送温暖系列活动"（大理站）首发启动仪式在喜洲镇举办，推出了"首飞、首乘+家庭游"惠民机票产品及服务。

6月17日　"七彩云南·运动德宏"2022年体育文化旅游节系列活动之"虎跃龙腾线上自行车联赛"和"四象送福线上跑步联赛"（第三站）正在开启报名。

6月17日　元江2022年金芒果文化旅游节正式开启。

6月18日　云南省首届彩云购物节启动仪式在五华区南屏街举行。

6月20日　昆明机场获"CAPSE2021机场交通服务提升卓越奖"。

6月20日　环洱海旅游观光巴士正式开行。

6月22日　云南各地景区针对全国中、高考毕业生、大学毕业生等群体推出免费、半价、折扣等优惠政策。

6月22日　2022年海南自由贸易港旅游推介会（昆明站）在昆明举行。

6月23日　"坐着火车游云南"旅游专列Y771次昆明站到西双版纳站首发。

6月23日　丽江市旅游纠纷调解室揭牌成立。

6月24日　2022年云南旅游新业态线路产品大赛启动报名。

6月24日　保山市旅游行业协会成立大会暨第一届会员代表大会召开，五个分会正式成立。

6月27日　2022年普洱市旅游行业技术技能竞赛暨云南省星级饭店从业人员服务技能竞赛普洱市选拔赛在思茅区开赛。

6月28日　"奋进新征程　建功新时代　打造世界的香格里拉"文化旅游事业和产业发展新闻发布会召开。

6月28日　以革命烈士孙兰英为原型的红色花灯剧《兰之英》在易门会厅首演。

6月29日　楚雄州文化旅游产业招商推介大会在昆明举行。

6月29日　2022丽江雪山音乐节品牌新闻发布会举行。

6月29日　工信部通知通信行程卡"星号"标记取消，云南暑期跨省游释放加速回暖信号。

6月29日　昆明地铁5号线正式开通运营，省会地铁交通"米"字骨架成型。

6月29日　"云境十六州·自在大理"数字藏品正式上线限量售卖。

6月30日　贡山伊拉米拉云居酒店开业迎客。

6月30日　"2022年首届香格里拉松茸论坛暨顺丰松茸寄递解决方案发布会"在香格里拉市举行。

7月

7月1日　《云南省新平彝族傣族自治县旅游条例》正式施行。

7月1日　云南省健康产业发展集团有限公司与国际现代五项联盟亚太发展中心签署战略合作框架协议。

7月1日　"舍不得的丽江"赴重庆宣传推广丽江文旅。

7月1日　松赞茶马古道穿越线上的第一站——普洱绿谷酒店正式开业迎宾。

7月1日　大（理）南（涧）高速公路通车，南涧到大理进入"1小时交通经济圈"。

7月4日　大理州文旅产业高质量发展专题研讨班在州委党校开班。

7月4日　香格里拉市建塘镇深入践行习近平总书记"两山"理论暨2022年吉迪松茸节在建塘镇吉迪村举行。

7月5日　"游云南"平台将发放第一批总金额达1000万元的云南文旅消费券。

7月5日　"喜迎二十大，奋进新征程——2022年永胜非遗进乡村"系列活动在丽江市永胜县程海镇潘茛村举行。

7月5日　云南省文化和旅游定点帮扶永胜县美术创作助力乡村振兴宣传活动在永胜瓷厂举行。

7月5日　马来西亚与丽江旅游对话会在丽江举行。

7月5日　省政协与云南省文化和旅游厅等部门在昆明举行重点提案办理面商会，就民革云南省委会提交的《关于推进云南乡村民宿健康发展　助力乡村特色产业培育的建议》办理情况进行面对面协商。

7月5日　2022昆明国际友城旅游联盟中老铁路沿线会员城市（国内段）文旅宣传主题日活动在西双版纳湄公河星光夜市拉开帷幕。

7月6日　昆明大观公园举办的全国第36届荷花展吸引大批游客前来观赏。

7月6日　迪庆州政府与东航云南公司就定向帮扶工作举行会谈。

7月6日　白庚胜到玉龙文笔东巴文化书院调研提出打造东巴文化新地标。

7月7日　垛木屋美术馆、凤羽画廊、凤羽聆宇瑜伽学院在凤羽大地艺术谷联袂揭幕。

7月8日　香格里拉市建塘镇仓房社区供销合作社在独克宗古城文曲巷挂牌成立，标志着香格里拉市供销业务向旅游集散地延伸。

7月8日　大理州召开2022年暑期文旅市场秩序规范工作会议，贯彻落实全省暑期旅游市场秩序规范工作电视电话会议精神。

7月8日　以"大理文旅新体验　探索戏剧无限+"为主题的"沉浸式文旅创新发展论坛"在大理举办。

7月8日　省体育旅游精品项目评审委员会公布2022年云南省体育旅游精品项目和体育文化优秀项目名单，全省共有80个项目入选。

7月8日　云南省旅游规划研究院联合上海宽创国际文化科技股份有限公司、植物眼字幕组策划举行"元宇宙赋能云南文旅系列"直播第一期在线上开讲。

7月9日　中央广播电视总台《大美边疆行》走进云南和广西，领略两地多姿多彩的秀美风光，看它们在加快区域发展中的生动实践。

7月9日　"有一种生活叫大理"2022大理文旅影像大赛第一季度获奖作品颁奖仪式在大理古城床单厂艺术区举行。

7月11日　迪庆州文旅企业数字新经济转型推进培训会暨迪庆州文旅企业抖音业务培训交流会在香格里拉市举办。

7月11日　《云南发布》刊登了云南省体育旅游精品项目评审委员会公布的《2022年云南省体育旅游精品项目和体育文化优秀项目名单》，50个项目入选体育旅游精品项目、30个项目入选体育文化优秀项目。

7月12日　2022中国国际旅游交易会系列新闻发布会的首场——云南文化旅游发展情况新闻发布会召开。

7月12日　由旅交会云南执行委员会新闻宣传组牵头组织的2022中国国际旅游交易会新闻宣传系列主题采访团走进丽江。

7月12日　普洱市文化和旅游局发布《关于公开征求〈普洱市"十四五"文化和旅游发展规划〉意见建议的公告》。

7月12日　"两岸青年中老铁路体验营"活动在昆开营。

7月13日　情景剧《狂飙诗人柯仲平》在广南县举行首场演出。

7月15日　云南省南亚东南亚区域国际传播中心云桥网举办首期"'中老情·幸福路'澜湄OUTLOOK"英文线上沙龙，中国旅游从业者、摄影师，老挝媒体人、旅游达人等围绕话题"火车一响，黄金万两——中老共话文旅新'钱'景"进行探讨。

7月15日　澄江市召开2022年旅游产业发展专题会，分析研判当前旅游产业发展形势，安排部署下步工作。

7月15日　德宏州乡村振兴和乡村旅游发展协会在芒市回贤古寨成立。

7月15日　云南典籍博物馆在省图书馆开馆。

7月15—18日　由中国旅游景区协会主办的"茶马古道·红色热土"红色旅游专题

研讨会暨 2022 年中国旅游景区协会秘书长联席会系列活动在寻甸县举办。

7 月 16 日　昆明至吉隆坡国际客运航线在停航近两年后正式恢复开通。

7 月 16 日　玉溪市新平县举办 2022 年彝族传统火把节系列活动，助推旅游经济有序复苏。

7 月 16 日　西双版纳州在第二届"新时代·中国美丽城市、美丽乡村巡礼"暨"2022 中国文旅和景城融合发展峰会"上获评"中国最美绿色休闲旅游名城"和"中国最美康养度假旅游名城"荣誉称号。

7 月 17 日　云南省文化旅游发展德宏、保山、普洱、临沧专场新闻发布会在海埂会堂举行。

7 月 17 日　云南省"旅游协会和企业赴省外开展市场营销活动"奖补实施细则出台。

7 月 18 日　2022"中国云南·普者黑花脸节"在丘北县普者黑国家 5A 级旅游景区开幕。

7 月 18 日　2022 中国·弥勒东风韵葡萄艺术节在弥勒市东风韵艺术小镇开幕。

7 月 18 日　建水县临安府署、建水县贝山陶庄、建水县新房、弥勒市髯翁森林公园、个旧市老阴山确定为国家 3A 级旅游景区。

7 月 19—22 日　由文化和旅游部组织的 2022 驻华外交官"发现中国之旅"活动走进七彩云南。

7 月 19 日　大理州政府应对新型冠状病毒肺炎疫情防控工作领导小组指挥部决定开展暑期游客新冠病毒核酸免费检测服务。

7 月 19 日　在"聂耳和国歌"音乐文化系列活动期间，市文化和旅游局、市投资促进局承办的玉溪市音乐文化产业招商推介会隆重举行。

7 月 20 日　2022 年迪庆"乐购美团外卖·助力餐饮复苏"消费券发放活动正式启动。

7 月 20 日　"宁静山水　浪漫彝乡"2022 年文化旅游节暨招商活动在宁蒗彝族自治县开幕。

7 月 20 日　全球首辆全景观光山地旅游列车亮相丽江。

7 月 20 日　2022 年香格里拉松茸交易会在香格里拉松茸园区正式启动。

7 月 20 日　旅游促进各民族交往交流交融计划专项活动——西双版纳州第四届热带水果节在告庄西双景举行。

7 月 20 日　全省疫情防控工作视频调度会议在昆明举行。

7 月 20 日　由丽江市委、市政府和中央美院共同主办的"神采飞扬"首届丽江写生双年展在丽江启幕。

7 月 21 日　位于丽江—泸沽湖旅游线路上的丽江宁蒗毕摩谷景区开业迎客，成为展示小凉山彝族风情及毕摩文化的窗口。

7月21日　云南文旅专场推介会在昆明举行。

7月21日　昆明市高品质酒店招商引资推介会暨酒店发展论坛在昆明城市规划馆举办。

7月21日　保山市举行文化旅游专场新闻发布会。

7月22日　2022中国国际旅游交易会在昆明举办。

7月22日　云南省文化旅游招商推介会暨项目集中签约仪式在昆明市举行，共推出重点项目300多个，计划投资3000多亿元。

7月22日　"数字科技赋能旅游业高质量发展"主题智慧旅游创新发展论坛在昆明举行。

7月22日　"七彩滇黔路　多彩贵州游"2022云南车友"自驾游多彩贵州"活动发车仪式在昆明海埂公园举行。

7月22日　2022年春城文化节暨第十六届昆明·呈贡花都文化旅游节活动启幕。

7月22日　"爱云南@呈贡"2022年呈贡区网络文化节系列活动之"山歌颂"——刘家营山歌文化节开幕。

7月22日　2022中国国际旅游交易会组委会在昆明举行文旅新产品新线路推介招商会及项目集中签约仪式。

7月22日　副省长李玛琳出席2022中国国际旅游交易会《云南省体育局　红河州人民政府　中体产业集团股份有限公司"建设中国·弥勒亚高原全域体育训练基地战略合作框架协议"》及《云南省体育局　中体产业集团股份有限公司战略合作框架协议》签约仪式。

7月22日　教育部公示新增的20个全国中小学生研学实践教育基地和32个全国中小学生研学实践教育营地名单，澄江化石地世界自然遗产博物馆（云南省自然博物馆）被命名为全国中小学生研学实践教育基地。

7月22日　大瑞铁路大理至保山段开通运营，标志着保山进入动车时代，滇西一体化进程加速推进，中缅国际铁路通道建设取得重要进展。

7月22日　铁路旅游系列产品发布会在昆明滇池会展中心3号馆"铁路+旅游融合发展"展馆举行。

7月22日　为期一月的曲靖南中爨城首届"烟火夜市"拉开序幕。

7月23日　以"中老互联互通·文旅美美与共"为主题的2022中老文化旅游专题推介活动在昆明举办。

7月23日　鄂尔多斯市与西双版纳州"双城"文化旅游推介会在昆明市举办。

7月23日　2022华侨城文化旅游节云南区域产品推介会在2022中国国际旅游交易会上举行。

7月23日　RCEP框架下国际旅游交流与合作发展论坛在昆明滇池国际会展中心举行，发布了《合奏RCEP最强音，共创旅游好未来》专题研究报告。

7月23日　丽江至西双版纳的旅游列车Y774次正式通行。

7月23日　"旅游书店100+计划"发布会在昆明举行。

7月23日　迪庆州文化和旅游局和迪庆州旅游集团共同主办的"云南人游迪庆——世界的香格里拉旅游路演活动"在昆明公园1903举办。

7月23日　文山州在昆明会展中心百合厅举行旅游产品专场推介会。

7月23日　巍山县常态化小吃街在巍山古城正式开街。

7月23日　由云南省康旅控股集团有限公司牵头的"云南文旅产业高质量发展联盟"组建仪式在昆明滇池国际会展中心举行。

7月24日　2022中国国际旅游交易会——度假区高质量发展论坛在昆明滇池国际会展中心体育旅游馆举办。

7月24日　6款"云南数字文旅卡"面向全国在线开售。

7月25日　人民银行、文化和旅游部联合印发《关于金融支持文化和旅游行业恢复发展的通知》。

7月26日　2022年文旅消费券和加油券第三批次发放活动开始。

7月26日　"'点'亮滇池·圆梦春城"昆明滇池国家旅游度假区首届滇池论坛在昆明举办。

7月27日　《人民日报》经济版聚焦旅游市场，其中提及大理民宿、酒店入住率7月以来不断攀升。

7月28日　文化和旅游部、中国关心下一代工作委员会联合推出"乡村是座博物馆"全国乡村旅游精品线路128条。云南有"南诏古国·体验文博"之旅等3条线路入选。

7月28日　第二届丽江古城国风盛典活动在丽江市古城区举办。网易传媒授予丽江古城"中国国风打卡核心景区"称号。

7月28日　昭通市举行长征国家文化公园建设专题会议。

7月29日　昆明市旅游品牌建设促进会发起昆明市"文明旅游"原创摄影作品征集活动。

7月29日　云南省商标质押助力餐饮、文旅等重点行业纾困"知惠行"专项活动启动仪式在省市场监管局举行。

7月29日　以"点亮滇池·圆梦春城"为主题的千架无人机表演活动在昆明滇池大坝举行。

7月30日　西双版纳游客服务中心暨华侨城雀之翎生活体验馆正式在中老铁路西双版纳站前广场对外开放。

7月30日　楚雄州武定县插甸镇老木坝村与云南蜗牛优假露营管理有限公司签约，共同打造房车露营农旅度假营地。

7月30日　玉溪富康城铂尔曼酒店举行开业仪式，开启了玉溪市区国际联号酒店的新篇章。

7月30日　2022年"山水苗韵·云端屏边"主题系列活动在屏边县滴水苗城开幕。

8月

8月1日　2022"沪滇情·民族风"首届怒江峡谷文化周在福贡县开幕。

8月1日　昭通航旅集团黑颈鹤飞行营地揭牌仪式在鲁甸县新街镇酒房驿站举行。

8月1日　昆明市发布《旅游民宿服务规范》地方标准，该标准于9月1日起正式实施。

8月1日　怒江州福贡县老姆登景区投入试运营。

8月2日　第四届"西山睡美人"文化艺术节在昆明融创滇池后海拉开序幕。

8月3日　云南省文物考古研究所南南考古学院举办的"我是小小考古家"2022考古夏令营在昆明圆满结营。

8月3日　暑期昆明长水国际机场客流量持续攀升，旅客吞吐量连续上榜全国首位。

8月4日　昆明呈贡区"我们的节日·七夕节"主题活动暨首届斗南农旅文化节开幕。

8月4日　大理州文化和旅游局领导就暑期"报复式旅游"情况接受中央电视台新闻频道（CCTV-13）《新闻1+1》节目连线采访。

8月4日　大理州旅游行业协会目的地婚礼分会成立。

8月5日　曲靖市文化和旅游局召开2022年暑期文旅市场主体疫情防控、安全生产及旅游市场秩序规范整治工作会议。

8月6日　大理至西双版纳旅游专列首发列车经过12小时的运行后驶入西双版纳站，该线路旅游专列正式开通。

8月6日　晋宁区2022年旧寨渔人文化节开幕。

8月7日　西双版纳机场单日保障进出港航班152架次，旅客吞吐量超过2万人次。

8月8日　省政府召开全省旅游市场秩序整治工作电视电话会议。副省长王浩出席会议并讲话，对全省旅游市场秩序整治工作进行安排部署。

8月8日　中国·南华2022年野生菌美食文化节期间，南华县举办温泉康养旅游交流论坛。

8月8日　世界中餐业联合会会长办公会授予蒙自市"国际（过桥米线）美食名城"的荣誉称号。

8月8日 "胡志明主席遗产与新时代中国—越南关系"国际学术研讨会暨中国云南省昆明市五华区与越南老街省沙巴市缔结友好城市关系意向书签字仪式在昆举行。

8月8日 "短鼻家族"北上南归一周年,首届大象国际传播论坛在云南红河举办。

8月9日 剑川古城智慧旅游系统工程等项目在2022年世界5G大会5G融合应用揭榜赛上获奖。

8月10日 宜良首届彩色水稻文化旅游节开幕。

8月10日 丽江机场共起降航班182架次、旅客吞吐量2.21万人次、货邮54.4吨,单日航班保障架次、货邮吞吐量创年度新高。

8月10日 弥勒市与国家现代农业产业化重点龙头企业——寿光蔬菜产业控股集团签订云南弥勒"七彩庄园"特色产业园项目合作框架协议书。

8月10日 云南省文化和旅游厅公示2022年云南省文旅企业新增流动资金贷款财政贴息(第一批)名单,18家企业拟获得259.13万元贴息。

8月11日 省政府在楚雄州召开全省旅游业固定资产投资工作现场会议,对做好全省旅游业固定资产投资工作进行安排部署。

8月11日 云南省非物质文化遗产代表性传承人"非遗助力乡村振兴"主题培训在丽江举行。

8月11日 苍山洗马潭索道13时30分发生电力故障,被困游客1270人于当晚20时18分疏散完毕。

8月12日 中国野生动物保护协会、国家林业和草原局亚洲象研究中心主办的"世界大象日"公益活动在野象谷景区举行。

8月12日,由昆明市文化和旅游局主办、昆明市旅游品牌建设促进会承办的2022年暑期"美好心境游云南快乐文明昆明行"主题活动在昆明世博园举行。

8月13日 纪念云南李家山古墓群考古发现五十周年学术研讨会在玉溪举行。李家山国家考古遗址公园建设加快进行。

8月13日 石林长湖举办露营爱好者网易云音乐"云村营地音乐节"活动。

8月14日 省委书记王宁、省长王予波率队在昆明检查疫情防控工作,调研推动旅游业快速恢复。王宁在民族村调研时提出的"游客为什么不来"引发各界讨论。

8月15日 文山州文化和旅游局与越南河江省文化体育旅游厅举行视频会议,就下步合作内容形成共识。

8月15日 大理弥渡数字农业公园开园仪式在弥渡县寅街镇春沐源举行。

8月16日 西双版纳第8家乡愁书院告庄"云上乡愁书院"揭牌。

8月16日 "普洱这十年"系列新闻发布会·国际生态旅游胜地专场发布会在普洱市行政中心举行。

8月16日　云南省首个青年外事交流活动基地挂牌蒙自碧色寨景区。

8月18日　全省旅游业固定资产投资工作现场会召开，上半年旅游业固定资产投资完成同比增长50.7%。

8月17日　云南网推出2022年7月"云南舆情地图"，国际旅交会和暑期旅游话题关注度、讨论度飙升。

8月18日　2022"住在昆明"春城招商会暨招待会举行，活动包括昆明市与外国驻昆领团招商推介座谈会暨项目签约仪式、国际青年集市、春城招待会暨"金点子"颁奖仪式。

8月19日　"乐游玉溪"第一期文旅消费券优惠活动正式启动，共计发放消费券86万张，价值超3000万元。

8月19日　中国·宣威（2022）火腿美食文化旅游节开幕。

8月20日　保山市举办"绿色的奇迹　生命的摇篮"——生物多样性题材电影《花开高黎贡》放映推介活动。

8月22日　云南省文化和旅游厅公示2022年云南省首届"非遗伴手礼"评选入选作品名单。本次评选活动共征集作品339件（套），评选出非遗伴手礼优秀入选作品73件（套）。

8月22日　文化和旅游部公共服务司公示第六届青年志愿服务项目大赛文化和旅游志愿服务专项推报拟入选名单，"博悟滇韵，童知百科——云南省博物馆'科普小课堂'志愿服务项目""'南南考古学院'公众考古科普教育实践项目"榜上有名。

8月22日　西双版纳曼听御花园景区大型户外沉浸式剧本体验游《春欢千年婚约》正式启幕。

8月24日　2022乡愁中国·大理论坛在大理国际会议中心举行开幕式。

8月25日　"云南这十年"系列新闻发布会云南文化和旅游专场发布会在昆明举行。

8月26日　玉楚高速公路全线通车，楚雄州实现县县通高速。

8月26日　由省委网信办指导，云南省文化和旅游厅、共青团云南省委、字节跳动公益、山里DOU是好风光项目、抖音生活服务华西业务中心、头条学堂组织开展的"云南DOU是好风光"数字赋能文旅振兴行动在昆启动，"云南数字新媒体文旅技能培训营"正式开营。

8月26日　西南联大旧址（云南师范大学、蒙自校区及龙泉镇住区）、昆明饭店历史建筑入选"第六批中国20世纪建筑遗产"推介项目名录。

8月27日　东川区铜都街道龙洞村举办2022年金杞果丰收节。

8月27日　省登山户外运动协会主办、昆明蜂鸟运动有限公司执行的2022"百年米轨·护国之路"滇越铁路（狗街站—徐家渡站）线下徒步活动结束。

8月28日　昆明市政府办公室印发《昆明市传统村落保护发展实施方案》。

8月29日　大理州与百老汇托尼（中国）国际文化传媒集团有限公司举行项目合作座谈会暨签约仪式。

8月29日　丽江市政府与江苏省泰州市姜堰区政府签订深化教育文化旅游合作框架协议。

8月29日　国家方志馆南方丝绸之路分馆在剑川古城正式开馆，以"和谐共生：南方丝绸之路文化的交流与互鉴"为主题的2022推进全球生态文明建设（洱海）论坛·中国地方志与中华优秀传统文化论坛举办。

8月30日　云南省文化和旅游厅就《云南半山酒店和云南最美半山酒店评选办法（征求意见稿）》《云南半山酒店评选标准及评分细则（征求意见稿）》《云南最美半山酒店评选标准和评分细则（征求意见稿）》征求社会各界的意见建议。

8月30日　大理市环洱海流域湖滨缓冲带生态修复与湿地建设工程（洱海生态廊道工程）成功摘得2022年国际风景园林师联合会（IFLA）大奖——杰出奖。

8月31日　昆明与玉溪间正式开行直达城际动车，从玉溪站至昆明站最快仅需48分钟。

8月31日　文化和旅游部资源开发司发布《关于第二届全国旅游公益广告优秀作品公示》，包括《世界高黎贡山　世界自然遗产》在内的57部作品入选。

8月31日—9月2日　2022年云南省星级饭店从业人员服务技能竞赛总决赛在昆明举行。

9月

9月1日　《2021云南文化和旅游规划设计优秀成果集》出版。

9月1日　2022年中国国际服务贸易交易会期间，红河州文化和旅游局与北京房车露营自驾旅游协会签订《战略合作框架协议》。

9月3日　中国旅游协会最美小镇分会主办的第三届"最美小镇·乡村振兴"论坛暨大理古城最美小镇推介活动在大理州举办。

9月3日　建设"中国·弥勒体育城"启动暨红河州篮球协会揭牌仪式在弥勒市举行。

9月5日　曲靖市文化和旅游局召开2022年全市文旅产业重点工作安排会议。

9月6日　全国2022暑期旅行报告显示，昆明在2022年暑期全国热门旅行目的地排行榜中位列第三。

9月6日　马来西亚形象馆在昆明滇池国际会展中心开馆。

9月7日　怒江美丽公路入选"全国最美自驾公路"总台央视特别节目。

9月8日　云南省第十九届职工职业技能大赛导游（讲解员）技能竞赛决赛在昆明举行。

9月8日　云南省文化和旅游厅公布2022年云南省星级饭店从业人员服务技能竞赛总决赛获奖名单。

9月9日　腾冲市江苴古镇文旅农民专业合作社与佰洋古建筑工程有限公司签约。

9月9日　丽江市2022年旅游购物放心购试点授牌仪式举行，认定云南之窗为2022年丽江市旅游购物放心购试点企业。

9月9日　"七彩云南·乐购好礼"在云南的首家实体门店——滇池会展体验店正式开业，围绕"国际采购零关税商品"和"太阳魂"系列酒品等云南特色产品打造优质的购物体验。

9月10日　为期4天的中国·丽江首届房车露营文化节在猎鹰谷景区启幕。

9月10日　国家文物局公布2022年度"弘扬中华优秀传统文化、培育社会主义核心价值观"主题展览，曲靖"红旗漫卷"入选。

9月12日　《人民日报》假日生活版整版刊文聚焦大理州剑川县沙溪镇寺登村的古朴韵味。

9月13日　省发展改革委印发《深化沪滇产业协作工作方案》。

9月14日　第九届亚洲微电影艺术节在临沧开幕。

9月14日　保山市与云南省文化和旅游厅共同举办保山市文化和旅游产业招商推介会，会议在昆明举行。

9月15日　"七彩云南"保山腾冲旅游列车冠名开通。

9月15日　由临翔区委宣传部和昆明森翔文化传播有限公司联合拍摄的电影《昔归轶事》在邦东乡昔归村嘎里古渡举行开机仪式。

9月16日　由云南省文化和旅游厅与保山市共同主办的滇西旅游推介会在保山举行。

9月16日　由玉龙雪山省级旅游开发区管理委员会主办的以"舍不得的丽江　忘不了的雪山"为主题的丽江玉龙雪山婚俗文化节正式启动。

9月16日　普洱市政府办公室印发《普洱市贯彻落实文旅行业纾困帮扶措施的实施方案》，多措并举推动文旅产业恢复发展。

9月16日　湖南卫视和芒果TV共同制作的真实旅行友情体验团综《星星的约定》大理站开启。

9月16日　2022年度旅行者大会新文旅研讨营交流座谈会在丽江市文化和旅游局举行。

9月16日　文化和旅游部、国家广播电视总局发布《关于公布第二届全国旅游公益广告作品遴选结果的通知》，《七彩云南　云南自然地貌》《世界高黎贡山　世界自然遗产》《因为热爱　一往无前》《带上爸妈去旅行》入选。

9月17日　主题为"原点看世界·舍不得的丽江"穷游网TOP50年度旅行者大会在丽江市地中海国际度假区举办。

9月17日　红河州文化和旅游局联合云南报业传媒集团"文旅头条"全媒体矩阵开展的"2022红河文旅网红大V行活动"走进弥勒。

9月17日　鸡足山景区发布通告即日起至30日州内居民凭本人有效身份证免门票。

9月19日　云南省文化和旅游厅发布《关于云南省2022年国家4A级旅游景区拟确定名单的公示》，29家景区榜上有名。

9月19日　昆明市市委宣传部公布了"五个一批"生活美学空间和"五个一批"特色文化街区名单。

9月20日　大理旅游集团对外发行集团首款数字藏品"数藏大理·崇圣寺三塔"。

9月21日　红河州文化和旅游局发布公示，拟认定屏边牧羊河山水度假酒店、元阳万缮度假酒店、弥勒美憬阁精选酒店、弥勒太平湖森林木屋酒店等10个半山酒店为红河州最美半山酒店。

9月22日　国家体育总局、文化和旅游部发布"2022年国庆假期体育旅游精品线路"公告，"香格里拉虎跳峡高路徒步线路"入选。

9月22日　第四届中国石榴博览会在蒙自举行。

9月23日，大理州文化和旅游局发布通知，永平离天空最近的茶园、千年古核桃园梦里原乡·龙街十字口、弥渡小河淌水·白崖城3家景区正式成为国家3A级旅游景区。

9月24日　工映1970-神犁文化创意园昆明经开区（自贸试验区昆明片区）揭牌开园。

9月26日　"风花雪月"号新能源游船首航仪式在大理港码头举行。

9月26日　2022年云南省非物质文化遗产巡展在临沧市云县启幕。

9月27日　"2022理想旅行狂欢季"活动在丽江古城、玉龙雪山景区同步启动。"云南乡村振兴好物推荐官计划"同时启动。

9月27日　全国首个以农文旅产业供应链为核心，立足大理、面向滇西、服务云南的农文旅产业互联网平台"大理包"发布暨签约仪式在大理国际大酒店举行。

9月27日　云南世博集团在腾冲建设的世博牧云·悠所摩旅营地正式启幕，成为云南首个摩旅主题高端营地。

9月28日　昆明滇池国家旅游度假区管委会主办的第二届"点亮滇池　圆梦春城—文化铸魂展五百里滇池立体画卷，旅游塑形看数千年往事古今传奇"文创大赛启动。

9月28—29日　滇池度假区赴上海对普德赋亚洲总部、MAO设计＆拙旅文化、上海阮仪三城市遗产保护基金会等机构开展招商引资考察。

9月29日　云南旅游官方助手"游云南"App6.0版正式上线。

9月29日　云南省文化和旅游厅党组成员、副厅长杨澄率队做客"金色热线"，就群众关心的热点问题进行解答。

9月29日　文化和旅游部公布了2022年文化和旅游数字化创新实践案例，丽江古城智慧小镇案例入选优秀案例。

9月29日　勐海县举办柔性引才基地启动仪式暨2022年"智汇勐海"人才茶旅行项目发布会，以此引进高端人才。

9月29日　《人民日报》海外版刊登文章《洱海边的"跑马人"》，点赞大理建设健康生活目的地。

9月29日　云南旅游官方助手"游云南"App 6.0版正式发布上线，优化升级了直播、旅游日历、数字功能、目的地入口、核酸地图等功能。

9月30日　《2021云南文化和旅游规划设计优秀成果集》在云南旅游图书馆发布，2022云南文化和旅游规划设计优秀案例征集活动启动。

10月

10月1日　昆明市的大观公园、庚园、金殿名胜区、黑龙潭公园、西华公园、昙华寺公园、郊野公园7个公园实行长期免费开放。

10月1日　保山·东城彩虹公园迎来光影艺术公园全新一代的沉浸式科技体验、空间视错觉、光影特效的融合。

10月1日　以"草果·美食·音乐"为主题的第三届"怒江草果文化周"在泸水市上江镇怒江傈僳音乐小镇开幕。

10月1日　滇池绿道草海西岸王家堆段桥下空间转盘至环湖路三段明波路口段向公众开放。

10月2日　由云南大剧院、元动剧团打造的沉浸式庭院剧《天崩地裂》在和顺古镇上演，填补了保山市旅游沉浸式演出的空白。

10月3日　《人民日报》刊文《亚洲象国家公园创建持续推进　演绎人与自然和谐共生的生动故事。》

10月5日　CCTV2《第一时间》播出《假日好去处·热闹的非遗工坊　云南大理：打卡"白族扎染之乡"感受传统技艺魅力》新闻报道。

10月10日　国庆假日全省文化旅游市场总体安全平稳有序。全省共接待游客1989.4万人次，实现旅游收入136.2亿元。

10月11日　昆明玉龙湾、腾冲火山热海景区列入2022年国家青少年自然教育绿色营地拟认定名录公示名单。

10月14日　文山州红色文化旅游展示馆开馆仪式在州图书馆举行。

10月14日　昆明市文化和旅游局在官渡电子商务产业园开展昆明市文旅行业2022年"世界标准日"主题宣传活动。

10月14日　丽江古城典型经验《云南丽江实施"数字+"提升古城旅游服务质量》入选国家市场监督管理总局优秀案例。

10月14日　文山州红色文化旅游展示馆开馆仪式在州图书馆举行。

10月14—15日　省体育局经济处、省体育产业发展中心组织相关专家赴楚雄市开展全域体育与全域旅游深度融合调研。

10月16日　官渡区宝丰湿地、星海湿地向公众免费开放。

10月17日　副省长王浩元谋县调研文化旅游、"旅游+农业""旅游+科技"、文物保护等工作。

10月21日　昆明市盘龙区"2022年度最美文化空间"评选活动颁奖仪式在璞玉书店举行，推出21家公益类和商业类最美文化空间。

10月24日　2022年云南省文化旅游国内宣传推广及品牌营销专题培训班在云南大理开班，共87人参加培训。

10月24日　施甸县何元乡被中国地质学会正式公布为全国第二批挂牌筹建地质文化乡，这是云南省首个全国地质文化乡。

10月24日　亚洲象群"北上南归"事件向世界展示"七彩云南"旅游形象入选文化和旅游部资源开发司评选的2021年国内旅游宣传推广优秀案例名单。

10月25日　10个具有代表性、参考性的发展乡村旅游助农增收实践模式获全省推广。

10月25日　云南省文化和旅游厅组织开展云南半山酒店认定和最美半山酒店评选工作。

10月26日　云南省文化和旅游厅发布《关于确定29家景区为国家4A级旅游景区的通知》，昆明玉龙湾等29家景区成为国家4A级旅游景区。

10月26日　云南省2022年第四批新增专项债券成功发行，侏罗纪文化旅游产业园旅游基础设施建设项目等旅游项目入选。

10月26日　国际地质科学联合会（IUGS）在西班牙公布全球第一批地质遗产地名录，云南澄江寒武纪化石产地和化石库成功入选。

10月26日　第三届中国·云南咖啡烘焙精英赛总决赛暨咖啡新品种推介会在保山举行。

10月27日　中国非物质文化遗产保护协会公布了"全国非遗与旅游融合发展优选项目名录"入选名单，玉水寨、孟定芒团、那柯里茶马驿站、鹤庆新华银器小镇、双廊镇、娜允古镇、诺邓古村、喜洲古镇、巍山南街、普洱茶马古城、建水紫陶里、澜沧老达保、弥渡文盛街 13 个项目榜上有名。

10 月 27 日　迪庆州政府发布《关于贯彻新发展理念推动旅游高质量发展三年实施方案（2022—2024 年）》。

10 月 27 日　文山州政府与伟光汇通文化旅游投资集团围绕七都古镇、盘龙河生态旅游示范带进行了深入交流。

10 月 28 日　省委组织部在大理举办"红军长征过云南"党性教育现场教学精品路线建设研讨班。

10 月 28 日　文化和旅游厅办公室公布 2022 年"最美公共文化空间"典型案例名单，昆明市文化和旅游公共服务中心、普洱茶马古城旅游小镇、普达措国家公园碧塔海生态教育图书馆等 20 家单位榜上有名。

10 月 28 日　丘北县普者黑仙人洞村数字乡村服务平台正式投入使用。

10 月 31 日　农业农村部办公厅、共青团中央办公厅、全国少工委办公室公布农耕文化实践营地推荐名单（第一批），开远市卧龙米业农耕文化实践营地上榜。

10 月 31 日—11 月 4 日　云南省文化和旅游厅在文山丘北举办 2022 年全省 A 级旅游景区暨旅游度假区管理培训班。

11 月

11 月 1 日　农业农村部公示了第十二批全国"一村一品"示范村镇公示名单。其中，大理州云龙诺邓（火腿）、南涧无量山（茶）2 个镇入选。

11 月 1 日　2022 年全省 A 级旅游景区暨旅游度假区管理培训班在丘北县开班，来自全省文旅系统的 240 人参加培训。

11 月 2 日　文化和旅游部发布关于确定北京市 751 园区等 53 家单位为国家工业旅游示范基地的公告，大理州下关沱茶工业旅游区位列其中。

11 月 2 日　峨山县政府与力方数字科技集团有限公司合作签约仪式举行，重点建设峨山县文旅综合提升项目。

11 月 3 日　中国农民丰收节庆特色活动名单公布，云南省有沧源新米节、江川开渔节等 4 个节庆活动入选。

11 月 3—4 日　"同心共圆中国梦　苍洱处处石榴红"民族团结进步示范进景区惠民文艺演出活动在大理天龙八部影视城和崇圣寺三塔旅游区进行。

11 月 4 日　西双版纳州委书记带领代表团一行到丽江考察学习旅游产业转型升级工作，共商两地合作。

11 月 5 日　云南省文化和旅游厅启动重大文旅项目投资财政奖补申报工作。

11月5日　由新华网主办的第九届文化和旅游融合与创新论坛在北京召开，云南省多地入围文化和旅游发展典型案例。

11月5日　2022丽江雪山音乐节在阳光100雪山艺术村举行，时隔20年再度唱响。

11月5日　昆明市赴上海参加中老铁路沿线开发合作推介会暨第二届中国老挝磨憨—磨丁经济合作区联合招商对接会。

11月5日　第四届云南省户外运动嘉年华系列活动——2022年首届迪庆重走红军长征路翻越雅哈雪山徒步大会在香格里拉市圆满落幕。

11月6日　2022七彩云南格兰芬多国际自行车节（玉溪澄江站）在澄江市举办。

11月7日　全省文化和旅游行业社会信用体系建设"专题宣教月"系列活动启动。

11月7日　"七彩云南　花开四季·2022云南文化旅游宣传暨招商推介会"在江苏苏州举办。

11月7日　云南省文化旅游产业高质量发展专题培训班（第二期）在云南西南联大干部培训基地开班。

11月7—11日　由云南省文化和旅游厅主办的2022年云南省"旅游+"产业融合发展专题培训班在澄江市举办。

11月8日　云南省文化和旅游厅办公室公示第一批云南省"金牌导游（讲解员）"培养项目拟结项人员名单。

11月8日　昆明市委、市政府召开磨憨国际口岸城市建设百日会战行动专题会。

11月9日　"锦绣国门　魅力春城"昆明市文化旅游招商推介会在广西桂林举行。

11月9日　昆明、南宁、贵阳、红河、桂林、黔南"3+3"健康生活目的地精品旅游线路发布会在桂林市召开。

11月9—23日　第五届"一带一路·七彩云南"国际汽车拉力赛举行。

11月10日　农业农村部办公厅公布2022年中国美丽休闲乡村名单。全国入选的255个村落中，云南8个村落榜上有名。

11月10日　中国气象局公共气象服务中心发布公示，拟授予盘龙区、安宁市、墨江县、大姚县、水富市、南涧县6地"中国天然氧吧"称号。

11月11日　农业农村部发布2022年中国美丽休闲乡村名单，石林县和摩站、宾川县箐门口、凤庆县勐佑、梁河县芒陇、会泽县杨梅山、禄丰市大窝、新平县新寨、个旧市毕业红8村入选。

11月11日　昆明市政府办发布《关于精准做好疫情防控加快旅游业恢复发展的通知》。

11月11日　"锦绣国门　魅力春城"昆明文化旅游推介会在长沙举行，邀请湖南游客来春城感受"昆明味道"。

11月11日　2022七彩云南格兰芬多自行车节结束六天赛程，在丽江玉龙雪山下圆满收官。

11月12日　第五届"一带一路·七彩云南"国际汽车拉力赛商贸交流会在丽江市举行。

11月12日　2022年第四届云南省户外运动嘉年华系列活动——"铭记丰碑　为胜利奔跑"第三届丰碑之路线下山地越野赛在昆明郊野公园驼峰飞行纪念碑前展开较量。

11月12日　旅游人才助推乡村振兴、"万名文旅人才"培养计划等文旅人才工作成果亮相第六届云南国际人才交流会。

11月12—13日　2022第四届云南省户外运动嘉年华系列活动——第十八届AA百公里"走进女儿国"环泸沽湖徒步活动在宁蒗县泸沽湖畔举行。

11月13日　2022昆明高原半程马拉松在昆明会堂鸣枪起跑。

11月14日　云南省文化和旅游厅网站发布《关于2022年4A级旅游景区创建奖补拟补贴名单的公示》，云南29家景区拟获2900万元奖补。

11月14日　文化和旅游部发布《关于确定北京市751园区等53家单位为国家工业旅游示范基地的公告》，下关沱茶工业旅游区成为国家工业旅游示范基地。

11月14日　昆明市人民政府与中国铁路昆明局集团有限公司正式签订昆明至磨憨的《旅客列车开行合作协议》。

11月14日　省农业农村厅发布公示，拟认定普洱爱伲庄园、保山市新寨咖啡、怒江粒述咖啡等12家企业为2022年云南省"精品咖啡庄园"。

11月15日　文化和旅游部发布《关于进一步优化新冠肺炎疫情防控措施科学精准做好文化和旅游行业防控工作的通知》，跨省旅游经营活动不再与风险区实施联动管理。消息发布后，大理、昆明位居火车票预订量增幅城市TOP10。

11月15日　"千古博南·味道永平"2022云南·大理永平第七届博南文化节正式开幕，将举行"博南古道"徒步大赛、美食大赛和线上文艺节目展播、永平美食直播活动。

11月15日　中老铁路国内段高品质动车组列车昆明至磨憨C384/1次列车正式开行。

11月15日　文化和旅游部公共服务司公示"2022全国旅游厕所建设与管理优秀案例"名单，石林和玉龙雪山榜上有名。

11月15日　"丝路云裳·七彩云南"2022民族赛装文化节昆明民族时装周在云南广播电视台一号演播厅启幕。

11月16日　昆明市市委领导在调研西山风景区提升改造工作时强调大力推动旅游业转型发展，加快把昆明打造成为世界知名旅游目的地。

11月17日　云南省文化和旅游厅发布第一批云南省"金牌导游（讲解员）"结项人员名单。

11月17日　2022年"最普洱"文旅宣传推广活动启动。

11月17日　昆明市政府办公室发布《关于精准做好疫情防控加快旅游业恢复发展的通知》，出台9方面措施促进旅游业回暖复苏。

11月17日　珠江航运云南富宁港工程项目启动建设。

11月17日　"丝路云裳·七彩云南"2022民族赛装文化节大理专场秀《有一种生活叫大理》在云南广播电视台一号演播厅举行。

11月17—20日，由中国仿真学会、中国图像图形学学会、计算机学会联合主办的第二十二届中国虚拟现实大会（ChinaVR 2022）在昆明召开。

11月18日　由云南网开发的元宇宙数字文创平台"云境数字文创平台"正式上线。

11月18日　由芒市人民政府、德宏供销供应链管理有限公司共同主办的芒市2022年"稻田风物文化周"在德宏华侨城耕读拾光启动。

11月18—21日　由大理州文化和旅游局、中国煤矿文工团和大理州民族文化工作团联合出品的大型原创民族歌舞剧《七彩云霞》在苍山饭店会堂公演。

11月19日　第6届中国—南亚博览会暨第26届中国昆明进出口商品交易会在昆明滇池国际会展中心开幕。

11月19日　第二十五届云旅四季论坛暨腾冲童旅经济研讨会在腾冲市启迪小镇举办。

11月19日　"壮美广西　七彩云南"2022年冬季文化旅游联合推介会在昆明举行。

11月20日　"游云南"数字藏品平台"云穹"获第二届中国可信区块链安全攻防大赛全国总决赛卓越优秀案例奖。

11月20日　云南作家张庆国作品《犀鸟启示录》获首届"何建明中国创意写作奖"作品奖。

11月20日　云南省健康产业发展集团在第6届中国—南亚博览会签约4个项目，协议合作总额661亿元。

11月21日　弥渡美食街正式开街。

11月21日　CCTV《生财有道》"早餐里的中国"摄制组完成在通海县的拍摄工作。

11月22日　楚雄州政府办公室印发《楚雄州贯彻新发展理念推动旅游高质量发展实施方案（2022—2024年）》。

11月22—24日　由上海市黄浦区文化和旅游局、普洱市文化和旅游局联合主办的2022年黄浦·普洱文化旅游高质量发展专题研修班在墨江县开班。

11月23日　大理文化生态保护实验区全国非遗旅游街区喜洲展示馆开馆仪式暨非遗展示展演活动在喜洲古镇举行，匠志集·大理民艺中心正式面向公众开放。

11月24日　《中国县域旅游竞争力报告2022》发布，云南省多地上榜中国县域旅游综合竞争力百强县市，大理市排名第 6 位。

11 月 24 日　昆明长水国际机场改扩建工程 T2 航站楼及附属工程岩土工程在施工现场举行开工仪式。

11 月 25 日　云南省文化和旅游厅在昆明举办发布会，推出"冬游云南"旅游线路产品，包括 7 条冬季主题旅游线路、6 条茶咖旅融合旅游线路和 10 条云南冬季特色旅游线路。

11 月 25 日　"云境数字文创平台"首批数字文创艺术品"云境创世徽章"上线发布。

11 月 26 日　"国门文化集市"展销活动在普洱启动。

11 月 28 日　丽江观光火车一期工程（丽江轨道交通一号线）空载试运行发车仪式举行。

11 月 28 日　普洱市文化和旅游局组织召开 2022 年研学旅行合作洽谈座谈会。

11 月 28 日　元江县与老挝万象省万荣县举行线上签署发展友好城市关系意向书仪式。

11 月 29 日　"中国传统制茶技艺及其相关习俗"被列入联合国教科文组织人类非物质文化遗产代表作名录，该名录包括云南省的大理白族三道茶等 6 个子项目。

11 月 29 日　云南省第十三届人民代表大会常务委员会第三十五次会议举行联组会议，审议省人民政府《关于云南省旅游业发展情况的报告》，并对"一机游"等旅游业发展情况进行专题询问。

11 月 30 日　经过 10 余天休市之后，斗南花市开始安全有序复市。

11 月 30 日　《楚雄民用机场项目预可研报告》获得国务院、中央军委批复，标志着该项目前期工作取得突破性进展。

12 月

12 月 1 日　国家体育总局体育文化发展中心公布"2022 中国体育旅游精品项目"入选名单，弥勒可邑小镇等 13 项在列，总数全国第一。

12 月 1 日至 3 日　由省政府和中国科学技术协会共同主办的 2022 腾冲科学家首届论坛举办。

12 月 1 日　西双版纳州文化和旅游局发布 2022 年第二批文旅企业纾困解难州级财政奖补资金项目名单公示，3 家旅行社榜上有名。

12 月 2 日　2022 世界旅游文化小姐大赛中国总决赛签约仪式在西双版纳州举行。

12 月 2 日　昆明市文化和旅游局公示朵拉萌宠乐园、捞渔河湿地公园、红军长征柯渡纪念馆等 7 家国家 3A 级旅游景区名单。

12 月 2 日　在 2022 携程集团全球合作伙伴峰会上，大理入选 2022 携程集团"新晋美食目的地""年度飙升目的地"两大目的地榜单,大理州文化和旅游局荣获 2022 携程集团"年度创新突破奖"。

12 月 2 日　"数字云南·智领未来"2022 首届云南省现代服务业数字化最佳实践论坛在昆明举办。

12 月 2 日　云南省文化和旅游厅启动"茶香云南　共享非遗"申遗成功系列宣传活动。

12 月 3 日　省农业农村厅、农业科学院主办的"品质云花　全球出彩"——花卉宣传推介活动在昆明举办。

12 月 3 日　中老铁路开通运营一年,累计发送旅客 850 万人次。

12 月 6 日　临沧市文化和旅游局印发《临沧市绿美景区十年规划（2022—2031）》。

12 月 6 日　大理州文化和旅游局会同人力资源和社会保障局、乡村振兴局公布了第一批州级非遗工坊,璞真白族扎染等 20 家单位入选。

12 月 7 日　国务院联防联控机制发布《关于进一步优化落实新冠肺炎疫情防控措施的通知》,昆明长水国际机场取消查验进出港旅客的核酸阴性证明、健康码、行程卡,不再进行落地核酸检测。

12 月 7 日　省文化和旅游厅发布《关于特色旅游商品研发设计补助名单的公示》,7 家单位拟获得补助。

12 月 7—19 日　COP15 第二阶段会议在加拿大蒙特利尔举行,云南省最新对外宣传片《七彩云南　世界花园》正式发布。

12 月 8 日　文化和旅游部发布《关于公布第四批全国乡村旅游重点村和第二批全国乡村旅游重点镇（乡）名单的通知》。

12 月 8 日　省文化和旅游厅办公室发布《关于更加科学精准做好文化和旅游行业疫情防控工作的通知》。

12 月 8 日　聂耳和国歌传习中心项目开工仪式举行。

12 月 8 日　缅甸联邦酒店与旅游部部长吴特奥组织召开线上促进缅中旅游业合作推进磋商会,德宏州贸易商会驻缅甸商务代表处（瑞丽试验区工管委对缅交流合作办）、州文化和旅游局负责人受邀参会并作交流发言。

12 月 9 日　云南省文化和旅游厅牵头开展的"云南文旅城市名命名歌曲评选活动"进入投票阶段。

12 月 10 日　昆明市通过云闪付、支付宝平台发放下半年第二期"彩云昆明消费券",涉及住宿餐饮券、加油券等。

12 月 10 日　CCTV10 科教频道少儿科普节目《跟着书本去旅行》——魅力云南之美丽昆明开始录制。

12月12日 《光明日报》刊发报道《"北移象群"的奇幻之旅和神秘家园》，关注"北移象群"的长途旅行。

12月12日 云南省文化和旅游厅发布《关于创意文旅项目拟补助名单》的公示，杏林大观园、摩崖市井、西双版纳原始森林公园非遗器乐展演等13个项目拟入选。

12月12日 云南省文化和旅游网站发布《关于创作歌舞艺术精品或高品质大型演艺节目拟奖励名单的公示》，9个州市12家演艺单位申报的12个演艺节目进入公示名单。

12月12日 文化和旅游部公布了第四批全国乡村旅游重点村和第二批全国乡村旅游重点镇（乡）名单，云南省福贡县匹河乡老姆登村等村镇榜上有名。

12月12日 "2022奔跑彩云南九大高原湖泊领跑赛"从线下拓展到线上，定制小程序"奔跑彩云南"开通。

12月13日 全省首个元宇宙服务贸易虚拟产业园落户中国（云南）自由贸易试验区昆明片区，计划构建包括"一带一路"跨境旅游线路体验、沿边跨境文化旅游体验在内的10项服务贸易虚拟应用场景。

12月14日 文化和旅游部公示"非遗工坊典型案例"推荐名单，云南福贡县群发民族服饰加工专业合作社等2个案例拟入选。

12月15日 昭通市市长带队到云南省文化和旅游厅对接文化和旅游产业发展工作，并举行座谈会。

12月15日 "南亚风情第壹城——云南首届飞盘大赛"新闻发布会在昆明南亚第壹城召开。

12月15—17日 第二届中国（玉溪）品质生活论坛在玉溪举办。

12月16日 弥蒙高铁全线开通运营，"云上梯田·梦想红河"旅游推介暨旅游列车首发活动在昆明举行。

12月16日 石寨山考古遗址公园列入国家文物局第四批国家考古遗址公园立项名单。

12月17日 2022年"天雨流芳·文旅大集"文旅消费提升系列活动季活动（第三期）在丽江雪山艺术村举行。

12月17日 《人民日报》假日生活版整版刊文《云南省腾冲市固东镇江东社区：银杏村里的金色时光》。

12月19日 昆明公租房公司首个以应急健康监测中心为核心的多功能商务酒店——太平惠宁酒店投入运营。

12月20日 以"峡谷怒江 阔时欢歌"为主题的2023怒江傈僳"阔时"文化节启动仪式暨主题文艺演出在泸水市怒江傈僳音乐小镇举行。

12月20日 基于快手大数据研究院发布2022快手年度十大热词，"我是云南的"

入选。

12月20日　怒江州文化和旅游局认定怒江绿色香料产业园、百鸟谷、石月亮、富和山4家景区确定为国家3A级旅游景区。

12月20日　丽江古城申遗成功25周年暨《世界遗产公约》分布50周年纪念大会在丽江古城木府举行。

12月20日　省政府办公厅印发《滇菜标准化品牌化产业化发展三年行动计划（2023—2025年）》。

12月21日　云南省文化和旅游厅发布《关于旅行社招徕省外游客入滇奖励等7项恢复旅游业发展措施拟奖补名单的公示》。

12月21日　由中华中医药学会主办，云南网联合云南省公共营养师协会、携手无限极（中国）有限公司云南分公司发起的"云养百味　无限美好"药食同源推荐官征集颁奖活动在昆明举行。

12月21日　传统村落保护宣传活动云南站——传统村落保护宣传短视频征集和"中国之美·看见云南"活动启动仪式在大理市喜洲古镇举行。

12月22日　大理环洱海自动驾驶生态旅游示范项目正式落地，蘑菇车联信息科技有限公司近百辆自动驾驶车辆在大理洱海开启测试。

12月22日　普洱市文化和旅游局认定淞茂滇草六味中医药博览园、云南农业大学热带作物学院、爱伲庄园世界咖啡博览园等9家国家3A级旅游景区。

12月22日　云南省文化和旅游厅发布《关于2022年A级旅游景区门票减免补贴资金（第四批）拟补贴景区名单的公示》，50家旅游企业拟获得2765.87万元补贴。

12月22日　云南省文化和旅游厅和省旅行社协会发布的"2022云南新业态旅游线路产品大赛"获奖名单公示，其中一等奖20条、二等奖30条、三等奖50条。

12月23日　云南省文化和旅游厅公布了《云南省2022年国家丙级旅游民宿名单》，确定157家民宿为国家丙级旅游民宿。

12月23日　德宏州文化和旅游局发布公示，15个景区（半山酒店、帐篷露营地、农家乐）达到文旅品牌评定标准，其中国家3A级旅游景区4个。

12月23日　玉溪市文化和旅游局发布公示，通海县天禧玫瑰花主题园等3家拟确定为国家2A级旅游景区，玉溪市规划馆等3家拟确定为国家3A级旅游景区。

12月23日　"五象北上"大益文学院五作家研讨暨"为了一种新小说"先锋文学论坛活动在线上举行。

12月23—26日　省政府驻广东办事处携手深圳市乡村振兴和协作交流局，联合举办深圳市对口帮扶合作地区特色美食文化展。

12月24日　华侨城昆明阳宗海度假区开业。

12月26日　云南省文化和旅游厅发布关于拟认定6家单位为省级全域旅游示范区、6家单位为省级旅游度假区的公示。

12月26日　保山市文化和旅游局确定板桥青龙街等14家景区为国家3A级旅游景区。

12月26日　石林县举行石林喀斯特世界地质遗产地揭牌仪式。

12月26日　昆明至倘甸高速公路通车仪式在昆倘高速沙靠收费站举行。

12月26日　大型纪录片《人类的记忆——中国的世界遗产》之《天书密语——澄江化石地》在CCTV—4中文国际频道播出。

12月27日　云南省文化和旅游厅办公室印发《云南省文化和旅游标准体系建设指南（2021—2025年）》。

12月28日　沧源翁丁老寨重启迎客。

12月28日　"大象旅行团"云南文旅IP及大象旅行团主题曲《大象旅行记》MV正式发布。

12月28日　腾冲市和顺古镇景区和顺人家上演沉浸式互动带餐喜剧《金玉满堂》。

12月29日　刘洪建与法拉利主题公园团队一行举行座谈。

12月29日　第二届中国萨王纳科学论坛暨全面推进数字元江乡村振兴产融大会开幕。

12月29日　省委宣传部主办的云南省文旅项目推介会在深圳举行。

12月29日　同程旅行发布2023年元旦旅行消费趋势预测显示，西双版纳元旦假期出行的酒店预订量同比上涨超10倍。

12月29日　西双版纳机场"无忧畅行·候鸟无忧"服务项目获评2022年度中国民用机场服务优秀案例。

12月30日　省委经济工作会议在昆明举行。会议提出大力推进旅游业态创新，推动旅游业从"门票经济""观光经济"向"综合消费经济"转变。

12月30日　云南省文化和旅游厅主题推广曲《云南》重磅上线。

12月30日　"中国交建杯"2022中国怒江皮划艇野水公开赛正式开赛。

12月30日　云南省文化和旅游联合中青旅联科数字营销有限公司、"游侠客"打造的"跟着大象游云南"绿色生态高品质系列旅游线路产品正式推出。

12月31日　昆明市城市文化建设"五个一批"示范项目启动仪式在公园1903举行。

后 记

《云南旅游产业发展年度报告（2022—2023）》（以下简称《报告》）是由云南省旅游规划研究院暨中国旅游研究院昆明分院（以下简称"两院"）牵头组织书稿撰写，是"云南旅游发展研究丛书"（以下简称"丛书"）的主要成果。该系列丛书自2010年出版至今已经走过了13个年头，得到了业内外的好评。

《报告》于2023年3月正式启动编写工作，在认真总结以往编写的经验基础上，在各位专家学者、撰稿人员、参与研究人员的共同努力下，历时半年有余编写而成，今天书稿即将付梓。全书由云南省旅游规划研究院蒙睿院长提出撰写提纲并审定书稿，云南师范大学地理学部旅游与地理学院副教授、云南旅游产业研究院副院长李庆雷负责全书统稿和审定工作，云南省旅游规划研究院党政工作部负责人张文娟协助统稿及日常联络等工作。下列执笔者进行了艰辛的劳动，他们是：李庆雷、罗冬晖、高大帅、蒋梅英。还多众多研究人员也参与了《报告》编写，并做了大量的资料收集和整理工作，他们是：张冬、杨晓、张文娟、苏训美、周子渊、李亚、王珍、黄诗琪、江醒、阎晓娜、张来凤、潘龙宇、石晓红、吕明、杨婷、许力才、乔茜、李从文、黄雅新。

云南省文化和旅游厅机关各处室、省内十六州市文化和旅游局的同志们为报告的撰写提供了相关资料。正是有了大家的配合和支持，《报告》的撰写工作才得以顺利进行，再次对所有参加《报告》编撰工作的人员表示衷心的感谢。中国旅游出版社也为本书的顺利出版做了大量的工作，在此一并感谢！

《报告》编写涉及面广、内容多，再加上参编人员多、编写时间紧等客观原因，书稿中错漏之处在所难免，敬请读者给予批评指正。

《云南旅游产业发展年度报告（2022—2023）》编委会

2023年10月

项目策划：武　洋
责任编辑：武　洋
责任印制：钱　宬
封面设计：武爱听

图书在版编目（CIP）数据

云南旅游产业发展年度报告 . 2022-2023 / 云南省旅游规划研究院暨中国旅游研究院昆明分院编著 . -- 北京：中国旅游出版社，2024.5

（云南省旅游规划研究院暨中国旅游研究院昆明分院云南旅游发展研究丛书）

ISBN 978-7-5032-7277-6

Ⅰ．①云… Ⅱ．①云… Ⅲ．①地方旅游业－旅游业发展－研究报告－云南－ 2022-2023 Ⅳ．① F592.74

中国国家版本馆CIP数据核字(2024)第028575号

书　　名：	云南旅游产业发展年度报告 2022-2023
作　　者：	云南省旅游规划研究院暨中国旅游研究院昆明分院　编著
出版发行：	中国旅游出版社
	（北京静安东里6号　邮编：100028）
	http://www.cttp.net.cn　E-mail:cttp@mct.gov.cn
	营销中心电话：010-57377103，010-57377106
	读者服务部电话：010-57377107
排　　版：	北京旅教文化传播有限公司
经　　销：	全国各地新华书店
印　　刷：	北京工商事务印刷有限公司
版　　次：	2024年5月第1版　2024年5月第1次印刷
开　　本：	787毫米 × 1092毫米　1/16
印　　张：	11.25
字　　数：	216千
定　　价：	59.80元
ISBN　978-7-5032-7277-6	

版权所有　翻印必究
如发现质量问题，请直接与营销中心联系调换